Fromme Eltern – unfromme Kinder?

Matthias Hilbert

Fromme Eltern – unfromme Kinder?

*Lebensgeschichten
großer Zweifler*

edition ✛ chrismon

Bibliografische Information der Deutschen Nationalbibliothek:
Die Deutsche Nationalbibliothek verzeichnet diese Publikation
in der Deutschen Nationalbibliografie; detaillierte bibliografische
Daten sind im Internet über http://dnb.d-nb.de abrufbar.

© 2017 by edition chrismon in der
Evangelischen Verlagsanstalt GmbH · Leipzig
Printed in Germany

Das Buch wurde auf alterungsbeständigem Papier gedruckt.
Lektorat: Anika Mélix, Leipzig
Cover: Hansisches Druck- und Verlagshaus GmbH · Frankfurt am
Main, Theresa Duck/Anja Haß
Satz und Layout: Formenorm, Friederike Arndt, Leipzig
Druck und Bindung: BELTZ Bad Langensalza GmbH

ISBN 978-3-96038-045-0
www.eva-leipzig.de

Inhalt

Heinz-Horst Deichmann

Frommer Unternehmer mit
sozialem Gewissen

Er galt unter den deutschen Top-Unternehmern als Exot: der
am 2. Oktober 2014 im Alter von 88 Jahren verstorbene Heinz-
Horst Deichmann, der das Familienunternehmen »Deichmann« aus bescheidenen Anfängen heraus zu einem weltweit operierenden Schuhhandel-Giganten ausgebaut hat.
Dass dieser Firmenpatriarch tatsächlich eine außergewöhnliche Persönlichkeit war, ist schon daraus ersichtlich, dass Berichte über ihn in den Medien mit Überschriften wie »Der
Schuhverkäufer mit dem mildtätigen Herzen«, »Missionar
und Marketing-Profi« oder »Ein Unternehmer lebt seinen
Glauben« versehen wurden. Andere eröffneten ihre Porträts
gleich mit verblüffenden Deichmann-Zitaten: »Mir gehört
nur, was ich verschenke«, »Wer viel Geld hat, muss Menschen in Not helfen« oder »Die Firma muss den Menschen
dienen«.

Diese für einen Erfolgsmanager unserer Tage höchst un-
typischen und erstaunlichen Aussagen waren dabei keine
leeren Worthülsen. Sie trafen auf Heinz-Horst Deichmann

tatsächlich zu. Und dass sich bei ihm der clevere Geschäftsmann mit dem christlichen Missionar und Wohltäter harmonisch zu verbinden wusste, hatte wiederum sehr stark mit seinem Vater und dem frommen Elternhaus zu tun, in dem er aufgewachsen war. »Mein Vater war Schuhhändler, und ich habe von ihm den Umgang mit Schuhen genauso gelernt wie den Umgang mit der Bibel«, sagte 1988 in einem Interview der Sohn einmal über Heinrich Deichmann, seinen Vater, und fuhr dann fort: »Um noch weiterzugehen: Ich lernte von ihm auch das Bezeugen des Evangeliums und das Ausüben der Nächstenliebe an Armen, Kranken und an den Juden in den Dreißigerjahren. Bis heute hat mich das tief geprägt.« Offensichtlich außergewöhnliche Männer – der Vater wie der Sohn.

Der gelernte Schuhmacher Heinrich Deichmann eröffnet kurz nach seiner Heirat 1913 im Essener Stadtteil Borbeck eine Schuhmacherei. Für die Schuhreparatur schafft er sich auf Kredit moderne Maschinen an, um schneller und preiswerter als andere Schuster arbeiten zu können. Nach dem Ersten Weltkrieg (1914–1918) verkauft Deichmann in seinem kleinen Laden auch Schuhe, die in Fabriken hergestellt werden. Da seine Kundschaft in erster Linie aus Bergleuten und ihren Familien besteht, legt er von Anfang an großen Wert darauf, dass seine Schuhartikel sich nicht nur durch Robustheit auszeichnen, sondern auch zu erschwinglichen Preisen angeboten werden können. Das Geschäft läuft so gut, dass Deichmann 1930 eine Filiale in der Nähe des Borbecker Markts eröffnen kann.

Vier Mädchen werden dem Unternehmerpaar Heinrich und Julie Deichmann geschenkt. Dann kommt am 30. September 1926 als fünftes und letztes Kind ein Junge, Heinz-

Horst genannt, zur Welt. Der typische Geruch von Schuhleder und Schuhleim umgibt den Kleinen von Anfang an und wird ihm zu etwas Wohlvertrautem. Alles befindet sich ja in einer relativ kleinen Wohnung: Laden, Lager und Werkstatt sowie die wenigen Wohnräume für die Familie, die teil- und zeitweise auch noch als zusätzliche Lagerstätten für die Schuhe fungieren. Oftmals wird der Junge in seinem Stubenwagen ins Lager geschoben, während seine Mutter im Laden die Kunden bedient.

Fleißig und geschäftstüchtig sind die Eltern ohne Frage – und fromm! Vor den Mahlzeiten betet man. Nach dem Essen wird ein Abschnitt aus der Bibel vorgelesen. Sonntags gehen die Deichmann-Kinder in die Sonntagsschule. Hier erzählen ihnen »Onkel« oder »Tanten« die biblischen Geschichten. Es ist eine freikirchliche Gemeinschaft, schlicht Versammlung genannt, der die Eltern angehören. In ihr fühlt man sich wie in einer großen Familie. Auch gibt es keine ordinierten Pastoren, sondern bibelkundige »Brüder« dienen am Wort. Die Säuglingstaufe wird nicht praktiziert. Getauft wird man erst, wenn man bekennt, dass man an Jesus Christus als seinen persönlichen Herrn und Erlöser glaubt und ihm nachfolgen will.

Heinz-Horst ist noch keine zwölf Jahre alt, als er sich auf eigenen Wunsch hin taufen lässt. Nach einer Evangelisationsveranstaltung, auf der in besonderer Weise zum Glauben eingeladen wird, kniet er zu Hause nieder und vertraut Jesus Christus im Gebet sein Leben an. Dass bei dieser Bekehrung tatsächlich etwas Konkretes und Entscheidendes bei und an ihm geschehen ist, dessen ist sich Heinz-Horst Deichmann sein Leben lang dankbar bewusst. So bekennt er 1988 in einem Vortrag vor der »Internationalen Vereinigung Christlicher Geschäftsleute« freimütig: »Christ wurde ich nach einer Veranstaltung in der Gemeinde. Da wurde das Evangelium verkündet. Es wird ja immer, wenn in der Bibel gelesen und das Wort Gottes gesagt wird, das Evangelium verkündet [...], die frohe Botschaft von Jesus Christus. Aber da wurde ich eben besonders angesprochen. Elf Jahre war ich alt. Wenn man so von Bekehrung redet, dann lächeln viele Leute, sie wissen nichts damit anzufangen. Dabei heißt das ›Tut Buße‹, das in der Bibel immer wieder gesagt wird, richtig übersetzt: ›Kehrt um, denkt um, bekehrt euch.‹ [...] Gemeint ist: ›Bitte, kehrt euch um, ihr seid jetzt mit dem Rücken zu Gott. Kehrt euch um, geht nach vorne, geht auf Gott zu, Gott ist da.‹ Die frohe Botschaft liegt darin: Gott ist euch nahegekommen. Gott hat seinen Sohn auf die Erde gesandt. [...] Ich weiß nur, dass ich damals irgendwie nach der Versammlung gebetet habe, dass Jesus seinen Platz in mir einnehmen möchte, dass ich Jesus nachfolgen möchte. Ich kann das so wörtlich gar nicht mehr sagen. Aber wenn man es ernsthaft tut und Jesus annimmt als seinen Heiland, als den, der für einen gestorben ist und der einem ein neues Leben schenken will, dann geschieht etwas in einem, das sich auch ganz subjektiv bemerkbar machen kann als etwas sehr Angenehmes.«

Dass die Eltern den Kindern ihren Glauben überzeugend und authentisch vorleben, trägt sicherlich mit dazu bei, dass Heinz-Horst Deichmann sich bereits in so jungen Jahren bewusst dafür entscheidet, Christ zu werden. Denn »das, was mein Vater jeden Tag aus der Bibel vorlas, von der Liebe Christi, von der Liebe Gottes«, so Deichmann, »wurde praktisch ausgeübt im täglichen Umgang mit anderen Menschen«. So sehr und so nachhaltig prägt das Vorbild des Vaters den Sohn, dass dieser später einmal feststellt: »Wenn ich an meinen Vater denke, an das väterliche Erbe und den väterlichen Auftrag, dann sehe ich auch seinen lebendigen Glauben an Jesus Christus und sein soziales Engagement.«

Und in der Tat stimmen bei Heinrich Deichmann Glauben und Tun, Reden und Verhalten auf symbiotische Weise überein. Das zeigt sich etwa darin, dass er in seiner freien Zeit kranke, alte und notleidende Menschen besucht. Dabei liest er ihnen nicht nur aus der Bibel vor und betet mit ihnen, sondern ist auch bemüht, ihnen ganz praktisch beizustehen und zu helfen. Nicht selten nimmt er bei seinen Besuchen seine Kinder mit. Vor allem an Weihnachten. Dann erwartet er von ihnen, dass sie von ihren eigenen Weihnachtstellern etwas an die Notleidenden verschenken. Es beeindruckt den Sohn zudem tief, wie es der Vater versteht, mit Lieferanten, Mitarbeitern und Kunden zwanglose Unterhaltungen zu führen, »und zwar über Fragen, die Leben und Tod und das ewige Leben betreffen«. Auch das ist etwas, was Heinz-Horst Deichmann von seinem Vater lernt. In großer Selbstverständlichkeit legt auch er später Zeugnis von seinem Glauben ab – in Interviews und Vorträgen, in seiner Mitarbeiterzeitschrift oder eben im persönlichen Gespräch.

Auch während der unseligen Nazizeit bewährt sich Heinrich Deichmanns Glaube. Der Judenhass der Nationalsozialisten erfüllt ihn nicht nur mit Abscheu, sondern auch mit tiefer Sorge. Denn für ihn steht fest, dass, wer sich an dem von Gott erwählten jüdischen Volk versündigt, nach dem Wort des alttestamentlichen Propheten Sacharja »Gottes Augapfel antastet«. Und natürlich ist sich der bibelfeste Mann, der »die Bibel mindestens ebenso gut kannte wie irgendein Pfarrer«, auch jener Stelle aus dem elften Kapitel des Römerbriefes bewusst, in der Paulus darauf hinweist, dass der christliche Glaube sich jüdischer Herkunft verdankt: »Nicht du trägst die Wurzel, sondern die Wurzel trägt dich.« Mit besonderer Wertschätzung begegnet Heinrich Deichmann daher seinen jüdischen Nachbarn.

Und dann vergeht sich auch in Borbeck an jenem 9. November 1938, dem verhängnisvollen Tag der sogenannten »Reichskristallnacht«, der Mob an den hier wohnenden jüdischen Geschäftsleuten, bedroht sie und demoliert ihre Geschäfte. Heinz-Horst Deichmann ist damals gerade einmal zwölf Jahre alt. Doch er hat diesen Tag nie vergessen: »In den Abendstunden«, so schildert er später den antisemitischen Pogrom, »gab es auf der Straße auf einmal einen großen Lärm. Draußen waren viele Leute, fast alles Männer, manche von ihnen offensichtlich angetrunken. Sie trugen Bretter und Balken in den Händen. Und dann hörten wir, wie es krachte und knallte, wie Glas zersplitterte, ein wahnsinniges Getöse, und das dauerte eine ganze Zeit lang. Wir Kinder wussten nicht, worum es ging, aber wir rannten aus Angst vor dem Lärm in den Keller. Als alles vorbei war, trauten wir uns wieder nach oben, und dann sahen wir es: Die jüdischen Geschäfte in unserer Nachbarschaft waren das Ziel des Angriffs gewesen. Aber auch bei uns war eine Scheibe eingeschlagen worden – absichtlich oder aus Versehen? Immerhin war mein Vater als Judenfreund bekannt.«

Auch in dieser Nacht besucht Heinrich Deichmann seine jüdischen Nachbarn und Freunde. Und auch später noch, als bereits nur noch wenige von ihnen in Borbeck verblieben sind – zum Teil verborgen in Kellern oder auf Dachböden hausend –, sucht er sie auf und versucht, ihnen beizustehen. »Überall, wo du bist«, lässt er seinen Sohn wissen, »muss ein klein wenig vom Licht Gottes sichtbar werden.« Er liest den

Juden aus dem Alten Testament vor, um ihnen »Trost aus der Bibel zu sagen«. Wie etwa das 53. Kapitel des Jesaja-Buches, wo von »dem leidenden Gottesknecht, der unser aller Sünden trug und für uns den Tod erlitt«, die Rede ist. Mehrmals lädt die Gestapo den unerschrockenen christlichen Schuhhändler vor. Versuchte sie, ihm zu drohen, ihn unter Druck zu setzen? Heinz-Horst Deichmann hat es nicht erfahren. Den frühen Tod des Vaters bringt der Sohn jedoch später mit den Ereignissen jener Tage in Verbindung, wenn er meint, dass »in dieser Zeit bei meinem Vater der Blutdruck und die körperlichen Beschwerden begonnen [haben], die dann letztlich zum Tod führten. Es hat ihn krank gemacht, wirklich.« Am 20. Juli 1940 stirbt der Vater an den Folgen eines Schlaganfalls. Er wurde nur 52 Jahre alt.

Das Haus, in dem die Familie Deichmann wohnt, gehört einem jüdischen Vermieter. Dieser emigriert gerade noch rechtzeitig vor dem Pogrom mit seiner Familie aus Deutschland. Zuvor kauft ihm Heinrich Deichmann das zum Verkauf angebotene Haus zu einem fairen Preis ab. Das Geld wird jedoch vom Staat beschlagnahmt. Zwar darf die jüdische Familie ausreisen, sie darf aber kein Kapital ausführen. Als Heinz Horst Deichmann nach dem Krieg erfährt, dass die ehemaligen Vermieter im Ausland überlebt haben, zahlt er ihnen daher 1948 noch einmal den vollen Kaufpreis für das Haus aus. Bei seinen Schuhlieferanten nimmt er dafür eigens ein Darlehen auf.

Doch zurück zu Heinz-Horst Deichmanns Kindheit und Jugend im Dritten Reich. Noch als der Vater lebt, holt er sich von der zuständigen freiherrlichen Grundstücksverwaltung die Erlaubnis zur Benutzung einer zum Gelände des Borbecker Schlosses gehörenden Wiese ein. Auf der von ihm umgegrabenen Parzelle legt er Gemüsebeete an und düngt diese mit Mist aus den Ställen der Bergleute. Von dem Verkauf der geernteten Früchte kauft er sodann seinem Freund ein Fahrrad, das er aber auch selbst benutzt, um den Geschäftskunden der Eltern die reparierten oder neu bestellten Schuhe auszuliefern. Offensichtlich verfügt bereits das Kind ansatzweise über jene Eigenschaften, die für den später so erfolgreichen Unternehmer Deichmann typisch sein sollten: Fleiß, Kreativität und Wagemut.

In Borbeck besucht der Junge das Gymnasium in der Prinzenstraße. Nebenbei lernt und spielt er vorzüglich Geige. Das Lernen fällt ihm so leicht, dass er in allen Fächern – mit Ausnahme von Sport – Bestnoten erzielt. Doch der Zweite Weltkrieg sollte sich schon bald auf den Schul- und Lebensalltag der Schüler auswirken. Als Heinz-Horst Deichmann sechzehn Jahre alt ist, wird er mit anderen Mitschülern im nahe gelegenen Frintrop zum Luftwaffenhelfer geschult und bei der Flak, den Flugabwehrkanonen, eingesetzt. In den Ausbildungs- und Gefechtspausen erteilen die Schullehrer den halbwüchsigen Jungen provisorischen Unterricht in den wichtigsten Schulfächern. Im März 1944 hält Deichmann ein Jahr vor dem offiziellen Schulende das »Notabitur« in seinen Händen. Denn die Primaner sollen so schnell wie möglich im vormilitärischen Reichsarbeitsdienst und dann, nach einer mehrmonatigen militärischen Ausbildung, an der Kriegsfront eingesetzt werden.

Heinz-Horst Deichmann wird auf eigenen Wunsch zum Fallschirmjäger ausgebildet. Inzwischen ist die Kriegslage für Deutschland aussichtslos geworden, und immer noch gibt Nazideutschland nicht auf. Im März 1945 erhält Deichmann dann den Marschbefehl an die Ostfront. Er wird zu einem Infanterieeinsatz bei Angermünde an der Oder beordert. Doch die sich bereits auf dem Rückzug befindende Truppe wird von den Russen eingeschlossen und von den jaulenden Granaten der gefürchteten »Stalinorgel« immer wieder beschossen. Der junge Deichmann will gerade – zum ersten Mal in seinem Leben – eine Panzerfaust gegen den Feind abschießen, da wird er von einem Granatsplitter getroffen. Das Geschoss reißt seine rechte Schulter auf und dringt nur wenige Millimeter an der Halsschlagader vorbei in den Hals ein, wo es neben dem Kehlkopf stecken bleibt. »Ich konnte die Hand, in der ich die Panzerfaust hatte, noch bewegen. Aber ich schoss sie nicht mehr ab, hätte es vielleicht auch nicht mehr geschafft. Ich hatte das Gefühl, dass eine Hand auf mir liegt, dass mich irgendetwas nach unten drückt. Und dann der Gedanke: Um dich herum sterben sie. Da gegenüber liegt derjenige, der dich totschießen will. Und den du totschießen wolltest. Du kannst es nicht. Du bist in Gottes Hand. Dir ist dein Leben noch einmal geschenkt worden, und wenn du hier rauskommst, dann muss dein Leben der Hilfe für Menschen gewidmet sein. – Dann habe ich angefangen zu beten: ›Gott, du hast die Kraft, bring uns hier raus!‹ Als ich dort lag, habe ich zum ersten Mal den Gedanken gehabt, ich könnte Arzt werden, vielleicht Missionsarzt.« Es ist wie ein Berufungserlebnis.

Deichmann kann mit anderen verletzten Kameraden den Hauptverbandsplatz erreichen. Hier wird er notversorgt und der Granatsplitter operativ entfernt. Dann nehmen Marinesoldaten ihn und andere Verwundete auf ihrer Fahrt nach Schwerin mit. Doch Deichmann, der sich über die politische und militärische Lage keine Illusionen macht, will weiter, will unbedingt über die Oder zurück nach Westdeutschland.

Und es gelingt ihm. »Ein Stück bin ich gelaufen, dann hat mich jemand auf dem Kotflügel seines Autos mitfahren lassen – wenn ein Tiefflieger kam, war ich wenigstens schnell im Graben. Bis Travemünde ging das so, aber da hatte ich auch noch kein sicheres Gefühl, und deshalb bin ich lieber gleich bis Glückstadt durchgelaufen. Dort blieb ich ein paar Tage im Marinelazarett, bis mich ein Lastwagen nach Hamburg mitnehmen konnte.«

Im Hamburger Stadtteil Stellingen nötigt der Fahrer den kranken jungen Soldaten zum Aussteigen. »Da stand ich auf der Straße. Und ich hörte, der Engländer marschiert ein. Vor mir sah ich ein Krankenhaus. Das war Zufall. Aber was heißt schon Zufall ...?« In dem größtenteils zerstörten Diakonissen-Krankenhaus wird er zunächst vierzehn Tage lang von den Diakonissen gepflegt. Eigentlich müssten sie ihren Patienten der britischen Kommandantur melden. Doch dann wäre der Soldat in britische Kriegsgefangenschaft gekommen. Also unterlassen sie es, und als Deichmann schließlich das Krankenhaus verlässt, um sich Richtung Essen aufzumachen, bescheinigt ihm ein freundlicher Medizinstudent in Abwesenheit eines diensthabenden Arztes, dass er »Schüler« und »auf dem Weg nach Hause« sei.

Nach zweiwöchigem Fußmarsch kommt Heinz-Horst Deichmann schließlich am 25. Mai 1945 zu Hause an. Er besucht noch einmal für ein Schuljahr das Gymnasium, um das »richtige« Abitur nachzuholen, und sorgt sich gleichzeitig um das nunmehr mütterliche Geschäft. Da neue Schuhe zu der Zeit weder bezogen noch verkauft werden können, müssen gebrauchte Schuhe so gut es geht repariert werden. Der Bedarf ist so groß, dass Heinz-Horst und seine Mutter eine ganze Reihe arbeitssuchender Männer anstellen, die sich auf so etwas verstehen. Aber der improvisationsbegabte Sohn lässt auch selbst strapazierfähige »Pappelschuhe« herstellen: Aus dem Holz gefällter Pappeln werden Holzsohlen gefertigt und diese dann mit einem Oberteil aus den Gurten von ausrangierten Fallschirmen versehen. 50.000 Paar solcher Treter werden am Ende verkauft!

Nachdem Heinz-Horst Deichmann im Frühjahr 1946 die Abiturprüfungen bestanden hat, zieht er nach Bad Godesberg, um an der Bonner Universität Medizin und Theologie zu studieren. Besonders die Dogmatik-Vorlesungen des bekannten Schweizer Theologen Karl Barth, der in jenem Jahr in Bonn eine Gastprofessur antritt, tun es dem jungen Studenten an: »Barth hat mir deutlich gemacht, dass auch das Verhältnis zu meinem Gott von Freiheit und Freiwilligkeit geprägt ist. Gott selber ist es, der uns aus freien Stücken zu sich ruft, und wir dürfen in aller Freiheit darauf antworten. Das ist keine Leistung, auf die wir stolz sein können, sondern eine Gnade, die wir dankbar annehmen dürfen.« Aber er verehrt auch den Menschen Karl Barth, der im Dritten Reich maßgeblich an der »Barmer Theologischen Erklärung« mitgewirkt hatte. In dieser war gegenüber dem Machtanspruch des totalitären Staates – sowohl auf die Christen als auch auf die christliche Gemeinde als Ganze – Jesus Christus als das »eine Wort Gottes« bezeugt worden, »das wir zu hören, dem wir im Leben und im Sterben zu vertrauen und zu gehorchen haben«. Mit Barth teilt der Student aber auch die Überzeugung, dass die Christen an der Seite der Juden stehen müssen.

Und auch jetzt kümmert sich Heinz-Horst Deichmann nebenher um das Geschäft in Borbeck. Da inzwischen die Schuhfabrikation wieder anläuft, organisiert er ein »Kompensationsgeschäft« mit dem »Salamander«-Werk in Korn-westheim: Steinkohle aus dem Ruhrgebiet gegen die Abnah-me neuer Schuhe! In einem Güterwaggon reist Deichmann mit Säcken voller Kohlen zu dem schwäbischen Schuhliefe-ranten, und mit den für das schwarze Gold getauschten Schuhen fährt er dann wieder zurück nach Essen.

Ab dem Wintersemester 1947/48 setzt Deichmann sein Medizinstudium in Düsseldorf fort. Er hat inzwischen das Physikum bestanden und sein Theologiestudium aufgege-ben. Doch auch hier bleibt er Student und Jungunternehmer in Personalunion und sorgt dafür, dass an seinem neuen Stu-dienort zwei »Deichmann«-Filialen entstehen. Bevor er zu den Vorlesungen geht, transportiert er in aller Frühe im An-hänger eines alten Opels die Schuhe von Borbeck in die Lä-den nach Düsseldorf.

Nachdem er sein Medizinstudium mit Approbation und Promotion erfolgreich abgeschlossen hat, arbeitet Heinz-Horst Deichmann noch einige Jahre als Facharzt für Chirur-gie und Orthopädie in einem Krankenhaus. Obwohl er zu sehr lukrativen Bedingungen in eine Gemeinschaftspraxis einsteigen und viel mehr Geld als mit einem Schuhladen ver-dienen könnte, entscheidet er sich schließlich zu hundert Prozent für die Firma, die er ab 1956 ganz von der Mutter und den Schwestern übernimmt und nunmehr auf eigene Rechnung führt: »Ich wechselte zum Kaufmannsberuf über, und zwar aus einem Gefühl der Verpflichtung gegenüber dem Elternhaus und den Hoffnungen und Wertsetzungen des Vaters, der sich mir als Vorbild tief eingeprägt hatte.« Da-bei hatte ihn seine Mutter nie zu diesem Schritt gedrängt, sie war sich aber stets ganz sicher gewesen, dass es doch einmal so kommen würde.

Konsequent baut nun der Sohn das Geschäft weiter zu einem Filialunternehmen aus. Er löst das anfangs noch relativ kleine Unternehmen aus der Schuheinkaufsvereinigung und kann auf diese Weise unabhängiger agieren. Und er führt in seinen Schuhfilialen eine Neuheit ein, die er sich 1955 bei einem Aufenthalt in London bei den Läden der »British Shoe Corporation« abgeschaut hat: Er offeriert den Kunden die sortierte Schuhware halbpaarig oder auch ganzpaarig in Auswahlständern, so dass diese selbstständig ihre Schuhe auswählen und anprobieren können – ohne dass, wie bisher üblich, die Verkäuferinnen erst umständlich eine Auswahl von infrage kommenden Schuhen aus dem Lager holen und den Käufern anbieten müssen. Gleichzeitig ist Deichmann bestrebt, stets nah bei den Kunden zu sein und bei seinem Angebot die beiden entscheidenden Fragen zu berücksichtigen: An welchen Schuhen sind die Leute vorrangig interessiert und welchen Preis sind sie bereit bzw. in der Lage, dafür zu bezahlen? Der Kundschaft gute Schuhe zu einem günstigen Preis zu verkaufen, wird zu seinem unternehmerischen Mantra.

Das Konzept kommt bei den Kunden gut an. Da Deichmann seine Gewinne immer wieder in die Firma reinvestiert, kommt schnell eine Niederlassung zur nächsten: zunächst im Ruhrgebiet, dann deutschlandweit. 1973 übernimmt Deichmann die Firma »Dosenbach« in der Schweiz, 1984 »Lerner Shoes« (heute »Rack Rooms Shoes«) in den USA und 1985 »van Haren« in Holland. 2014 ist die Firma »Deichmann« mit über 35.000 Beschäftigten in 23 Ländern Europas und den USA vertreten. Die Anzahl der Filialen beträgt rund 3.500. In ihnen werden 172 Millionen Paar Schuhe verkauft.

Deichmann, der zu Hause im kleinen Betrieb seiner Eltern erlebt hat, dass dort »die Mitarbeiter fast mit zur Familie gehörten«, achtet von Anfang an auf ein gutes Betriebsklima, auf ein firmeneigenes Wir-Gefühl aller Mitarbeiter: »Sie sind nicht in erster Linie ein Kostenfaktor, sondern sie gehören zum Unternehmen.« Er ist um einen kooperativen, partnerschaftlichen Führungsstil bemüht, bei dem die Beschäftigten sich wertgeschätzt und ernst genommen fühlen sollen. Solange es der Firmenchef bei der immer größer werdenden Anzahl seiner Filialen ermöglichen kann, besucht er jede einzelne von ihnen mindestens einmal im Jahr. Weniger der Kontrolle wegen als vielmehr, um den persönlichen Kontakt mit den Mitarbeitern zu pflegen und Informationen aus erster Hand zu erhalten. Mit den Firmenjubilaren feiert er gerne im eigenen Haus oder auf großen Jubilarausflügen. Die betrieblichen Weihnachtsfeiern werden so begangen, dass dem eigentlichen Festanlass auch tatsächlich Rechnung getragen und zugleich den vielen »Deichmann«-Angestellten ein wirkliches Gemeinschaftserlebnis vermittelt wird. Auch in die sozialen und missionarischen Aktivitäten des Unternehmens, von denen noch zu berichten sein wird, bindet man die Mitarbeiter ein. Sie werden hierüber nicht nur laufend informiert, sondern sie sind sich auch darüber bewusst, dass ein guter Umsatz, zu dem sie ja selbst beitragen, auch vermehrt Mittel für diakonische Projekte freisetzt. Viele beteiligen sich an diesen zudem durch eigene Spenden.

Deichmann, der stolz darauf ist, nie einen Mitarbeiter aus betriebsbedingten Gründen entlassen zu haben, und der überdies stets bereit ist, vielen Jugendlichen einen Ausbildungsplatz in seinem Unternehmen zu ermöglichen, verlangt von seinen Angestellten zwar vollen Einsatz, er ist aber auch bereit, sie gut zu bezahlen und verantwortungsvoll für sie zu sorgen. Er führt eine Unterstützungskasse für Notleidende und eine betriebliche Altersversorgung ein, die im Einzelhandel wohl ihresgleichen sucht. Bei besonderen Familienereignissen, wie etwa Hochzeit, Geburt oder Todesfall, gibt es Beihilfen. Jeder Angestellte kann einmal an einer kostenlosen Gesundheitswoche in einem Schweizer Sanatorium bei St. Gallen im Sinne präventiver Medizin teilnehmen. »Wir haben Dinge, von denen andere träumen«, meinte einmal der langjährige Betriebsratsvorsitzende Helmut Deterding.

Doch auch ein gutes, vertrauensvolles Verhältnis zu den Lieferanten ist Deichmann wichtig. »Die Lieferanten«, führt er 2006 in seinem Vortrag »Christliche Unternehmensethik und globale Verantwortung« aus, »sehen wir ebenfalls als Gegenüber, die durch ihre Geschäfte mit uns profitieren sollen. Sie sollen die Möglichkeit haben, durch das, was sie mit uns verdienen, in ihren Ländern und ihrem sozialen Umfeld zu einem guten Leben beizutragen. Wir haben kein Interesse daran, Lieferanten auszubeuten bis in den Ruin und dann zur Konkurrenz zu wechseln. Langfristige Partnerschaften allein garantieren kontinuierliche Qualität und Qualitätsverbesserungen.«

Deichmann bezieht seine Schuhe aus sogenannten »Billiglohnländern«, wie etwa Indien oder Vietnam. Vernichtet er damit nicht Arbeitsplätze in Deutschland? In dem schon oben erwähnten Vortrag meint der Schuhmogul dazu: »Darf man das? Arbeitsplätze verlagern [...], obwohl wir ja keine Arbeitsplätze verlagern, sondern einfach einen bestimmten Auftrag an einen bestimmten Betrieb irgendwo in der Welt vergeben. Ich frage dann manchmal zurück: ›Ist das falsch?‹

Oder anders: Warum gilt ein Arbeitsplatz in Deutschland als besser im Vergleich zu einem in Indien? Gehört nicht die Armutsbekämpfung in der ganzen Welt zu den vordringlichsten Aufgaben verantwortlichen Wirtschaftens? Und wie kann Armut besser bekämpft werden als durch die Vergabe von Aufträgen, so dass qualifizierte Arbeitsplätze gerade auch in den sogenannten Schwellen- und Entwicklungsländern entstehen?«

Nun ist es allerdings traurige Realität, dass in nicht wenigen Schwellenländern die Fabrikanten ihre Arbeiter unter unmenschlichen Arbeitsbedingungen und unter Verweigerung bzw. Missachtung selbst minimaler Arbeiterrechte beschäftigen. Das Problem blendet auch Deichmann nicht aus. In dem Leitbild des Unternehmens heißt es dann auch, dass man darauf achtet, »dass die Menschen in den Ländern der Produktionsstandorte unter menschlichen Bedingungen arbeiten können« und man sich »seinem Code of Conduct verpflichtet [fühlt]«. Dieser Verhaltenskodex orientiert sich an den Leitlinien der »International Labour Organization«, einer Sonderorganisation der UN. Zulieferer und Produzenten müssen sich dazu verpflichten, den »Code of Conduct« einzuhalten. Mit der Überprüfung der Umsetzung beauftragt Deichmann unabhängige, zertifizierte Organisationen. Auch bringt er bereits 1999 zusammen mit der »Gesellschaft für Technische Zusammenarbeit« (GTZ) ein Pilotprojekt zur Verbesserung von Sozial- und Umweltstandards auf den Weg. Als Bestätigung dafür, dass der Firma »Deichmann« humane Arbeitsbedingungen bei den ausländischen Geschäftspartnern tatsächlich ein ernsthaftes Anliegen sind, mag etwa gelten, dass »Terre des hommes« sie zu den Unternehmen zählt, deren Bemühungen es »für vorbildlich hält, weil sie seriös und engagiert gegen Missstände in ihren Produktionsstätten und bei ihren Zulieferern vorgehen«.

Als Deichmann im April 2001 vom Krankenbett aus einen Beitrag des ARD-Magazins »Report Mainz« zu sehen bekommt, in dem skandalöse Zustände in einer indischen Schuhfabrik, die unter anderem auch mit Deichmann in Verbindung gebracht wird, zu sehen sind, ist er schockiert: Fabrikarbeiter ohne Schutzkleidung, Gerber, die knöcheltief im Wasser stehen, Abwässer, die ungefiltert in einen Fluss geleitet werden. Zwar stellt sich später heraus, dass der Film Zustände in einem Betrieb zeigt, mit dem das »Deichmann«-Unternehmen selbst in keinem direkten Kontakt steht. Auch bestätigte die GTZ die Haltlosigkeit der gegenüber Deichmann erhobenen Vorwürfe. Dennoch ist Deichmanns Ruf angekratzt. Für den frommen Unternehmer ist die Sendung aber ein Anlass, sich um weitere Verbesserungen im Vertrags- und Kontrollsystems mit seinen ausländischen Geschäftspartnern zu bemühen. So müssen sich etwa fortan die Zulieferer mit einem »Corrective Action Plan« einverstanden erklären, der unter anderem auch Vereinbarungen zum Umgang mit gefährlichen Stoffen und zur Entsorgung von Abfällen festlegt. Auch werden seitdem die Kontrollen in den Fabriken zum Teil durch eigene Inspektoren vorgenommen. Allerdings kann im globalen Geschäft letztendlich auch Deichmann nicht garantieren, dass in jedem Fall und auf jeder Stufe der Produktion die geforderten Mindeststandards eingehalten werden.

Einem ungezügelten Kapitalismus ohne ethisch-moralische Normierung und Begrenzung steht Deichmann sehr kritisch gegenüber. Zwar betont er einmal in einem Beitrag in der »Welt am Sonntag«, dass »ein langes, ein fast das Jahrhundert füllendes Experiment verstaatlichter Wirtschaft es ans Licht gebracht [hat], mit einem epochalen Fiasko endend, wie unentbehrlich persönliche, eigenverantwortliche, eigentumsmäßig freie Formen des Wirtschaftens sind«. Er stellt im gleichen Atemzug aber auch klar:»Das heißt aber nicht, dass eine Wirtschaft besonders ethisch genannt werden kann, die ihren Wirtschaftserfolg einzig den Aktionären zuwendet [›Shareholder Value‹], die Arbeitenden aber in die Arbeitslosigkeit schickt, die Kunden mit Monopolisierung nötigt und die Politik mit den Folgekosten siegreicher Börsenmanöver belastet. [...] Erwähnen will ich die Zehn Gebote, an denen wir Maß nehmen können. Im zehnten ist vom Eigentum die Rede, aber nicht so sehr, was mir gehört, sondern von dem, was dem Nächsten verbleiben soll. Begehre nicht! Solange der arbeitende Mensch seine Mitmenschlichkeit, ohne die er nicht Mensch sein kann, vergisst und seinen echten Lebensanspruch mit seinen leeren Begierden verwechselt, muss seine Arbeit im Zeichen der Konkurrenz (Kapitalismus) oder des Klassenkampfes (Sozialismus), also im Zeichen eines Krieges stehen.« Und vor Studenten und Professoren der israelischen Ben-Gurion-Universität stellt er einmal die herausfordernde Frage:»Könnte wirtschaftliche Ethik der Beweis gelingen, dass ehrlich am längsten währt, dass Loyalität sich auszahlt, dass vielleicht sogar soziale Marktwirtschaft wirtschaftlicher sein könnte als Shareholder Value pur?«

Für den christlichen Unternehmer Deichmann ist zwar klar, dass er dafür verantwortlich ist, sein Unternehmen so auszurichten und zu gestalten, dass es profitabel arbeitet und Gewinne erwirtschaftet. Doch spricht er dem Profit keinen Wert an sich, sondern nur einen dienenden Wert zu. In dem

Vortrag »Christliche Unternehmensethik und globale Verantwortung« macht er in diesem Zusammenhang neben
grundsätzlichen auch sehr persönliche, die eigene Firmen-
philosophie betreffende Ausführungen: »Nicht der Verdienst
ist das Ziel, sondern nur ein wichtiges Mittel, ein bestimmtes
Ziel zu erreichen. [...] Für die meisten Aktiengesellschaften
ist das Ziel: Gewinnoptimierung, damit die Aktionäre zufrieden sind. [...] Demgegenüber verweise ich auf die Definition
von Wirtschaftsethik, wie sie Professor Herms in Tübingen
formuliert hat, die sich am Begriff des ›Guten‹ orientiert, die
also einen fundamentalen Grundwert benennt, der über das
rein Ökonomische hinausgeht.« Dabei ist sich Deichmann
bewusst, dass auch seine Firma profitabel arbeiten muss. Daher führt er wenig später aus: »In unserem Unternehmens-
leitbild heißt es dazu: ›Dabei ist die Gewinnerzielung für uns
kein Selbstzweck. Gewinne sind notwendig, um das Unternehmen gesund zu erhalten, Arbeitsplätze zu sichern und
neue zu schaffen, die Expansion aus eigener Kraft zu ermöglichen sowie soziale Aufgaben wahrzunehmen.‹ Ich habe als
Unternehmer einen gewissen Freiraum zwischen staatlich
vorgegebenen Rahmenbedingungen [...] und dem Verhalten
der unmittelbaren Konkurrenz auf dem Markt. [...] In diesem
Rahmen kann ich meine Ziele und die des Unternehmens
formulieren und so gut wie möglich umzusetzen versuchen.
Diese Ziele aber sind die Folge meines Christseins. Denn in
diesen Zielen weiß ich mich nicht nur meiner Familie, der
Firma und meiner sozialen Umwelt verantwortlich, sondern
in erster Linie meinem Schöpfer und Herrn. Darum hat die
Firma ›Deichmann‹ von Anfang an ein klares, ›übergeordne-
tes Unternehmensziel‹ formuliert, das ganz schlicht in dem
einen Satz zusammengefasst ist: ›Das Unternehmen muss

den Menschen dienen.‹ [...] Es ist der Mensch, der als Gottes Geschöpf und Ebenbild allem wirtschaftlichen Handeln sein Ziel und sein Maß gibt.«

Mitte der Siebzigerjahre besucht Heinz-Horst Deichmann zum ersten Mal Indien, wohin er aufgrund eines gespendeten Hilfsprojekts eingeladen wird. »Und dann saßen auf einmal«, berichtet er später, »500 Leprakranke vor mir. [...] Sie saßen da mit ihren entstellten Gesichtern, mit ihren Gliedmaßen ohne Hände, ohne Finger, ohne Füße, zum Teil Blinde, schrecklich anzusehen! Man hätte weglaufen wollen.« Doch da erinnert sich der Christ und promovierte Arzt: »Jesus hat diese Kranken geheilt, indem er sie anrührte, die Ausgestoßenen der Welt, den Auswurf der Welt. Er hat sie geliebt. Und da habe ich gemerkt, dass man keine Verkündigung machen kann ohne innere Anteilnahme, ohne innere Bewegung, ohne dass sich ›die Eingeweide in einem umdrehen‹. So heißt das Wort, das immer im Evangelium steht, wenn es heißt, dass Jesus sich erbarmte. Und dann kann man diese Wracks von Menschen ansehen als Menschen, die Gott liebt, für die Jesus gestorben ist, die Jesus angefasst und geheilt hat.« Später schiebt der Deutsche dann selber einigen dieser von der Lepra gezeichneten Elendsgestalten bei der gemeinsamen Feier des Abendmahls das Brot zwischen die Lippen und gießt ihnen Wein in den Mund, »denn sie hatten keine Hände, keine Finger, um es selbst zu tun«. Deichmann ist überzeugt: Gerade den von der Gesellschaft ausgestoßenen Leprakranken, die ihr Schicksal als »Karma« und Fluch der Götter begreifen, dürfe und müsse die frohe Botschaft verkündet werden, dass Jesus für unsere Sünden bezahlt hat und er uns einlädt, an ihn, den von Gott gesandten Erlöser, zu glauben und ihm nachzufolgen. Aber auch ganz konkret

und praktisch, durch Taten der Nächstenliebe, müsse diesen Elenden die Liebe Gottes nahegebracht werden! Fortan unterstützt Deichmann nach Kräften durch das von ihm gegründete Hilfswerk »wortundtat«[1] systematisch die indischen Christen, die sich um diese Leprakranken im indischen Bundesstaat Andhra Pradesh bemühen.

Ganzheitlich und nachhaltig den Menschen zu helfen, ist seine Vision, sein Programm, das er gemeinsam mit dem indischen Partner, dem Hilfswerk »AMG India«, verfolgt. Von Anfang an wird der Dienst an den Leprakranken in ein Lepra-Ausrottungsprogramm der indischen Regierung eingebunden. Dabei werden erste Feldstudien therapeutischer Art durchgeführt. Neben Kliniken werden neue Dörfer mit Unterstützung von »wortundtat« für die Aussätzigen errichtet, in denen sie leben und – soweit es ihnen möglich ist – arbeiten können. Etwa in der Milchwirtschaft oder Schweinezucht, in den Gärten und auf den Gemüsefeldern in einer einst öden Gegend, die jetzt »das Tal der Liebe« genannt wird. Wohnheime für Kinder werden geschaffen, Schulen gegründet und den jungen Menschen Ausbildungsmöglichkeiten in den unterschiedlichsten Berufsfeldern angeboten.

Knapp 20 Jahre nach seiner Erstbegegnung mit den indischen Leprakranken hat Heinz-Horst Deichmann wiederum

---

1 Die 1977 von Deichmann initiierte Hilfsorganisation »wortundtat« wird jedes Jahr von der Deichmann-Stiftung mit großen Geldbeträgen unterstützt. Aber auch mehrere Tausend Einzelspender tragen das Werk mit. »wortundtat« sendet selbst keine Europäer in die Entwicklungsregionen, sondern wünscht ausdrücklich, dass die Hilfe vor Ort durch Einheimische geschieht. Somit tragen die ausländischen Partner von »wortundtat« auch die Verantwortung für die Umsetzung der Hilfsprojekte. »wortundtat« unterstützt die Partnerorganisationen aber mit Ideen, Know-how und finanziellen Mitteln und steht mit ihnen im ständigen Kontakt.

ein Erlebnis, bei dem sich »einem das Herz im Leibe umdreht«. In den Steinbrüchen des ostindischen Städtchens Yeleswaram sieht er die vielen Kinder, die »mit ihren Hämmern in der Hitze des Tages Steine klopfen«. Zum Teil sind sie erst sechs oder sieben Jahre alt. Sie schuften wie Arbeitssklaven, vom frühen Morgen bis zum Abend, sechs Tage die Woche, zu einem Hungerlohn. Oft kommt es bei der Bearbeitung der Granitblöcke und -steine durch Absplitterungen zu bösen Verletzungen. Der Steinstaub brennt in den Augen und kriecht in die Lunge. Erneut fühlt sich Deichmann verpflichtet zu helfen. Mit Unterstützung von »wortundtat« entstehen Schulen, in denen Hunderte dieser Kinder nun lernen, mit dem Nötigsten versorgt werden und in ihrer Freizeit spielen können. Die Eltern erhalten für den »Verdienstausfall« ihrer Kinder eine Entschädigung, und nach der Schulzeit können die Heranwachsenden eine Berufsausbildung absolvieren. Sie haben eine Perspektive.

Die Unterstützungen von »wortundtat« erstrecken sich allerdings nicht nur auf Maßnahmen für Leprakranke und die Steinbruchkinder, sondern dehnen sich im Laufe der Jahre auf immer neue Tätigkeitsfelder aus, wie etwa Infrastrukturhilfen, die Bekämpfung der Tuberkulose oder ein Hilfsprogramm für HIV-Infizierte. Und auch außerhalb des indischen Subkontinents engagiert man sich. So gibt es mittlerweile auch in Tansania und in Moldawien Hilfsprojekte medizinischer und diakonischer Art sowie Maßnahmen zur Bildung und Ausbildung von Kindern und Jugendlichen. Christliche Entwicklungshilfe, die nicht danach fragt, welcher Religion die Hilfsbedürftigen angehören.

Bei alledem steht Deichmann seine Frau Ruth, eine ehemalige Lehrerin, zur Seite, die er 1950 geheiratet hat und die ihren Mann beim anfänglichen Aufbau des Geschäftes tatkräftig unterstützt hat. Später begleitet sie ihn regelmäßig bei seinen vielen Reisen zu den Orten der ausländischen Hilfsprojekte. Auch lassen die Deichmanns schon früh neben ihrem Haus in einem ländlich gelegenen Stadtteil von Velbert ein weiteres Haus bauen, in dem sie milieugeschädigte Kinder unterbringen. Eine Art privates Kinderheim, das von einer unverheirateten Schwester Ruth Deichmanns geleitet wird. Diese Kinder wachsen mit den Deichmann-Kindern gemeinsam auf und werden zum Teil sogar mit in den Urlaub genommen. Für viele von ihnen wird der Schuhhändler »Onkel Heinz« so etwas wie ein Ersatzvater auf Zeit.

Und selbst das Schicksal der Obdachlosen in seinen Heimatstädten Velbert und Essen lässt Deichmann nicht kalt. Er gründet einen Verein, der Sozialarbeiter beschäftigt, die sich gezielt um Obdachlose kümmern und die vor allen Dingen dabei mithelfen sollen, dass von Obdachlosigkeit bedrohte Menschen erst gar nicht in die Obdachlosigkeit geraten. Die Liste seiner stets ganz praktisch ausgerichteten Unterstützungsmaßnahmen und -projekte gerade im Ruhrgebiet ließe sich mühelos erweitern. In seiner Laudatio zur Aufnahme Deichmanns in die Hall of Fame des »Manager Magazins« meinte der damalige Bundespräsident Johannes Rau, der selbst mit dem Essener Unternehmer befreundet war, über den Geehrten bezeichnenderweise: »Ich selber, der ich 20 Jahre Ministerpräsident in Nordrhein-Westfalen war […], ich selber habe es gelegentlich erlebt, wenn da ein Mensch zwischen die Maschen zu fallen drohte. Wenn kein Bundessozialhilfegesetz und keine andere Rechtsverordnung half und man etwas brauchte, etwa den ersten Bus, den ersten Krankenwagen für Leipzig nach dem Fall der Mauer im November 1989. Dass dann der Anruf bei Deichmann hilfreich war: ›Können Sie nicht helfen?‹«

Und so versucht Deichmann aus christlichem Verantwortungsgefühl heraus und gemäß dem Wahlspruch seines Vaters: »Wer mehr hat, muss auch mehr geben«, gezielt immer wieder anderen Menschen beizustehen.

Aber auch das hat er von seinem Vater übernommen: die Liebe zum Volk der Juden. So beteiligt sich die »Deichmann-Stiftung« mit einer halben Million Euro an den Kosten der Umgestaltung der großen Alten Synagoge in Essen in ein »Haus der jüdischen Kultur«, einem Ort der Begegnung mit jüdischem Leben. Zudem unterstützt Deichmann die Ben-Gurion-Universität im israelischen Beer Sheva über einen deutschen BGU-Förderkreis mit großzügigen Spenden.

Bei seinem ersten Besuch der Universität Mitte der Achtzigerjahre bekennt er vor vollbesetztem Hörsaal in schlichten Worten: »Golgatha und Yad Vashem, die Gedenkstätten für die Opfer des Nationalsozialismus, gehören für mich zusammen. Ich weiß, dass durch Golgatha auch mir als Deutschem vergeben ist. Und ich bitte Sie, vergeben auch Sie mir und nehmen Sie mich an.« Später schütteln ihm Zuhörer mit Tränen in den Augen die Hände.

Heinz-Horst Deichmann ist es wichtig, dass die Firma »Deichmann« auch in Zukunft ein Familienunternehmen bleiben wird. Die entsprechenden Weichen hat er rechtzeitig gestellt: Sein 1962 geborener Sohn Heinrich tritt 1989 in das elterliche Unternehmen ein. Zehn Jahre später übernimmt er dann den Vorsitz der Geschäftsführung. Auch wenn Deichmann sen. weiterhin sein Büro in den Geschäftsräumen besitzt und dem Sohn jederzeit als Ansprechpartner und Ratgeber zur Verfügung steht, räumt er diesem doch alle

Freiheiten ein. Dazu sagte der Sohn einmal: »Ich habe großen Respekt davor, wie mein Vater mit dem Thema Generationswechsel umgegangen ist. Sich Stück für Stück zurückzuziehen, ist für einen Vollblutunternehmer nicht leicht. Das hat er großartig gemeistert.«

Und wie Deichmann sen. sich einst seinen Vater zum Beispiel und Leitbild für sein Leben nahm, so ergeht es auch Heinrich Deichmann jun. mit seinem Vater. »Mir war schon früh klar«, gibt er 2003 in einem Doppel-Interview mit ihm und seinem Vater zu, »dass ich in die Fußstapfen meines Vaters treten wollte. Schließlich war er mein Vorbild. Ich habe ihn schon als Jugendlicher bewundert, wollte ihm nacheifern.«

Auch in Bezug auf Werte und Interessen habe ihn sein Vater sehr geprägt. Und auf die erstaunte Nachfrage der Reporterin, ob es tatsächlich wahr sei, dass es bei ihnen nie den klassischen Vater-Sohn-Konflikt gegeben hatte, antwortet Heinz-Horst Deichmann: »Es war alles ganz natürlich. Ich habe nie an ihm gezweifelt.« Er habe immer teilgenommen am Leben seines Sohnes. Als dieser beispielsweise während seines Betriebswirtschaftsstudiums auch Philosophie- und Religionsvorlesungen besucht habe, sei er manchmal eigens nach Bonn zur Universität gefahren, um ebenfalls daran teilzunehmen. »Es hat mich glücklich gemacht, dass er Freude hat an Themen, mit denen auch ich mich früher beschäftigt habe.«

Als Wesensunterschiede zu seinem Vater benennt Heinrich Deichmann jun., dass er selbst mehr Analytiker sei und eine starke rationale Komponente habe, während sein Vater hingegen mehr Temperament besitze und stark von Spontaneität und Intuition lebe. Aber ein überzeugter Christ wie seine Eltern sei auch er. Und auch für ihn sei es ungemein wichtig, dass die eigene Firma »weiterhin Teil unserer Philosophie, unseres Glaubens ist. Deshalb halte ich es für selbstverständlich, dass Teile der Gewinne in sozial-karitative Projekte in der Dritten Welt gehen.«

Friedrich Dürrenmatt

Rebellierender Pfarrerssohn wird am Ende Atheist

Dass sich Jugendliche während ihrer Pubertät gegen die Autorität ihrer Eltern auflehnen, ist bekanntlich nichts Außergewöhnliches. Bei dem Schweizer Schriftsteller Friedrich Dürrenmatt (1921–1990) lief jedoch die pubertäre Protest- und Rebellionsphase nicht nur besonders intensiv ab, sie dauerte auch noch weit über den üblichen entwicklungspsychologischen Zeitrahmen hinaus an. Das hing zum Teil sicherlich mit der besonderen Persönlichkeitsstruktur des unangepassten Außenseiters zusammen, der unerschrocken und zuweilen auch provokant Gegenpositionen zum Mainstream seiner Zeit bezog. Bereits sein Großvater, der Schulmeister, Journalist und Politiker Ulrich Dürrenmatt (1849–1913), galt als auffallend eigenständige und humorvolle, aber auch streitlustige Persönlichkeit. Wegen eines respektlosen Gedichtes in der »Berner Volkszeitung« wurde er sogar für mehrere Tage ins Gefängnis gesetzt. Sein Enkel, Friedrich Dürrenmatt, charakterisierte diesen widersprüchlichen Mann später als einen »seltsamen, einsamen und eigensinnigen Rebell[en]: klein, gebückt, bärtig, bebrillt, mit scharfen Augen, ein Berner, der eine eigene Zeitung herausgab; der den Freisinn, den Sozialismus und die Juden hasste; auf den kein politisches Klischee passte und der für eine christliche, föderalistische, bäuerliche Schweiz kämpfte, zu einer Zeit, als sie sich anschickte, ein moderner Industriestaat zu werden, ein politisches Unikum, dessen Titelgedichte berühmt waren und von einer Schärfe, die man heute selten wagt«.

Doch der auffallende Hang zur Rebellion war Dürrenmatt nicht nur durch seinen Großvater »vererbt« worden, er wurde zusätzlich auch noch durch seinen Sonderstatus als Pfarrerssohn nicht unwesentlich verstärkt. Peter Rüedi weist in seiner großen Dürrenmatt-Biographie darauf hin, dass »der Vater-Sohn-Konflikt in einem Pfarrhaus überhöht [wird] durch das Verhältnis des Menschen zu Gott. Mehr als jeder andere ist der Pfarrerssohn mit dem konfrontiert, was Peter von Matt ›die große Koalition‹ nennt.« Zumal wenn man, wie Dürrenmatt, in einem dörflichen Umfeld und noch innerhalb der ersten Hälfte des letzten Jahrhunderts aufgewachsen ist. Denn der Pfarrer war – mehr als dies heute der Fall ist – nicht nur Respektsperson im Ort, sondern sein Ehe- und Familienleben erhob auch den Anspruch auf Vorbildlichkeit. Das konnte sich durchaus belastend und konfliktträchtig auf die Situation und die Rolle der Pfarrerskinder auswirken. Friedrich Dürrenmatt, der aus dem kleinen Flecken Konolfingen im Emmental stammt, schilderte dies so: »[Das Dorf] typisiert die Menschen. Es ist überschaubar, die Funktion eines jeden ist bekannt [...]. Der Sohn des Pfarrers hat im Dorf eine bestimmte Stellung. Er ist der Sohn seines Vaters, die schwache Stelle eines Menschen, der eine moralische Position einnimmt. An seinem Sohn lässt sich diese Position messen, an dieser Position der Sohn, und weil der Vater für das Dorf ein Vorbild war, wurde ich nach meinem Vater gerichtet. Das Dorf ist grausam. Noch unerbittlicher die Kinder. Der Sohn des Pfarrers ist nicht einer von ihnen. Er ist anders. Vor ihm verschweigt man vieles, auch die Erwachsenen reden nicht ohne Vorsicht [...]. Der Sohn des Pfarrers lebt mit der Jugend des Dorfes, ohne ihr anzugehören. Er ist von ihr nur geduldet. Sie ist ihm gegenüber misstrauisch, oft höhnisch. Ich wusste nie, zu welcher Gruppe ich gehörte. Ich wurde ein Einzelgänger, und so begann ich, gegen den zu rebellieren, der mich zum Einzelgänger gemacht hatte, gegen meinen Vater.« Unangenehm war auch, dass eine bestimmte Jungenclique eine Zeitlang ihr Vergnügen darin fand, dem Pfarrerssohn aufzulauern und ihn zu verprügeln. Oft musste dieser dann Schleichwege benutzen.

Dass er sich gegen den Glauben seines Vaters stellte, wurde Friedrich Dürrenmatt »zum ersten Mal bewusst, als ich mich für diesen Glauben zu schämen begann«. Er sei damals ungefähr zehn Jahre alt gewesen.[2] Mit dem Fahrrad war er unterwegs, als er von einem Lastwagen erfasst wurde. »Im Konsum kam ich wieder zu mir. Leute umstanden mich, sie hatten mich hineingetragen. Ich betete laut, Gott solle mich nicht sterben lassen. Dann verlor ich wieder das Bewusstsein. Ich erinnere mich noch an einen Blutsturz in der Nacht darauf. Nachher schämte ich mich, gebetet zu haben. Mein Beten kam mir als eine Flucht in den Glauben vor, als eine Kapitulation. Die Religion wurde mir peinlich, ich misstraute ihr und hatte ein schlechtes Gewissen, weil ich ihr, als es

---

2   Bei der Altersangabe hat sich Dürrenmatt jedoch offensichtlich getäuscht. Ein Schulaufsatz über jenen Verkehrsunfall erhellt, dass er damals wohl 13 Jahre alt gewesen ist.

ernst wurde, doch nicht gewachsen gewesen war.« So wird bei dem Jungen aus dem Widerspruch gegen den Vater auch ein Widerspruch, ja eine Rebellion gegen Gott.

Reinhold Dürrenmatt ist bereits vierzig, als seine Frau Hulda am 5. Januar 1921 nach Jahren einer kinderlosen Ehe mit dem kleinen Friedrich endlich das erste Kind gebiert. Ihr Mann ist ein stiller, friedliebender und – nach Aussage seines Sohnes – »ungeheuer gütiger« Mensch, der seine Dienste als Gemeindepfarrer mit großer Gewissenhaftigkeit versieht. Dass in seinem Studierzimmer eine Rembrandtkopie hängt, die den Mennonitenprediger Cornelius von Anslo zeigt, wie er beim Kerzenschimmer eine alte Frau tröstet, ist durchaus bezeichnend für sein pastorales Selbstverständnis. Bei den Bewohnern genießt der Konolfinger Pfarrer allgemeine Achtung und Wertschätzung, auch wegen seines ausgleichenden und toleranten Wesens. Das zeigt sich unter anderem daran, dass er mit Gläubigen unterschiedlichster Benennungen und Gruppierungen sowie mit dem im Ort angesiedelten Missionshaus ausgesprochen gut zurechtkommt. Denn in Konolfingen und Umgebung gibt es zahlreiche Freikirchen und pietistische Gemeinschaften. Er ist ein konsequenter Abstinenzler, der sich redlich und geduldig auch um die Menschen bemüht, die dem Alkohol verfallen sind. Friedrich Dürrenmatt erinnert sich noch sehr gut eines Kunstmalers aus der Nähe seines Heimatortes, den er »einige Male im Jahr vor unserer Haustüre im Garten auf einer Bank schlafen [sah], das Gesicht gegen die Wand gekehrt, der Entschluss, ein neues Leben zu beginnen und bei meinem Vater zu ›unterschreiben‹ – wie der Beitritt zum Blauen Kreuz genannt wurde –, hatte ihn viele Schnäpse gekostet. Mein Vater ließ den Kunstmaler ausschlafen, er störe niemanden, und gegen Abend unterschrieb er dann. Dass die Bekehrung selten mehr als eine Woche dauerte, kümmerte meinen Vater nicht, auch wenn er nur eine Woche nicht saufe, sei das schon ein Fortschritt.« Überhaupt haben Reinhold und Hulda Dürrenmatt neben einem offenen Herz für andere Menschen auch eine offene Tür. »Meine Eltern«, so Friedrich Dürrenmatt später, »waren gastliche Pfarrsleute, sie wiesen niemanden ab und ließen mitessen, wer mitessen wollte, so die Kinder eines Zirkusunternehmens, welches das Dorf jährlich besuchte, und einmal fand sich auch ein Neger ein.« 1940 nehmen die Dürrenmatts für längere Zeit eine junge jüdische Emigrantin bei sich auf.

An des Vaters Erziehungsstil kann es kaum gelegen haben, dass der Sohn später gegen ihn opponiert. Er schlägt diesen nie und hat auch kein autoritäres Gehabe an sich. Vielmehr zeigt er sich duldsam und dialogbereit. Auf seinen ausgedehnten Gängen zu Stubenversammlungen oder seelsorgerlichen Besuchen nimmt er häufig seinen Jungen mit. Unterwegs erzählt er ihm mit Vorliebe Sagen aus der griechischen Mythologie: »Beim Hingehen, sei es durch einen dunklen Tannenwald [...] oder steil hinauf ins ›Holz‹, zu einsamen Bauernhäuschen hoch über dem Dorf, schwieg mein Vater: Er dachte an seine Predigt, die er dann in einer Bauernstube halten musste. Wenn wir darauf in tiefer Dunkelheit wieder hinabstiegen, kam er auf die griechischen Sagen zu sprechen [...]. An der Hand meines Vaters hörte ich von den zwölf Aufgaben, die der Halbgott [gemeint ist Herkules] zu lösen hatte, wie er den Titan Atlas überlistete, der das Weltgebäude trug, keuchend unter der ungeheuren Last, die alles zerschmettern würde, ließe er sie fallen, wie er in die Unterwelt hinunterstieg und den Höllenhund bändigte, und während von Hünigen herauf der Kettenhund des Großbauern kläffte, an welchem wir vorbeimussten, erzählte mein Vater, wie der Niebesiegte, bevor er vom Nessushemd zerfressen wurde, die beiden Adler herunterschoss, die an der Leber des Prometheus herumhackten. Am liebsten jedoch erzählte mein Vater vom königlichen Theseus, wie er die Räuber Prokrustes und Pityokamptes besiegte, und vom Labyrinth des Minos, von Dädalus erbaut, den ungefügen Minotaurus gefangen zu halten.« Auch bietet die väterliche Bibliothek viel anregende Literatur für den Heranwachsenden, wie etwa John Bunyans allegorischen Erbauungsroman *Die Pilgerreise*, eine illustrierte Ausgabe von Shakespeares Werken, bebilderte Bände über die Wiedertäufer, über Babylon und Ninive und vieles mehr.

Friedrichs Mutter, Hulda Dürrenmatt, ist eine resolute, tatkräftige Frau. Einmal rennt sie ihrem flüchtenden Sohn, dem sie ansonsten vieles durchgehen lässt, wutentbrannt mit einer Bohnenstange nach, als sie bemerkt, dass er nie seine Rechenaufgaben macht: »Sonst strafte sie uns, indem sie tagelang ›traurig‹ war; wir lebten dann wie unter einem Schatten.« Ein anderes Mal kämpft sie mutig gegen einen großen Schäferhund an, der sich in Friedrich – er ist zu diesem Zeitpunkt bereits um die fünfzehn Jahre alt – verbissen hat. In der Familie führt sie das eigentliche Regiment, ist »unmittelbare Instanz«. Der Sohn ist fasziniert von ihrer anschaulichen Erzählkunst: »Sie löste in der Sonntagsschule die Tochter des frommen Zahnarztes ab, bei der wir uns gelangweilt hatten. Wurden uns vorher fromme Sprüche mit sanfter kindlicher Stimme vorgeleiert, entrollte nun meine Mutter ein Epos.« Neben den biblischen Geschichten macht sie ihren Sohn und seine nachgeborenen Schwester Verena nicht zuletzt auch mit den Erzählungen des großen Schweizer Dichters Jeremias Gotthelf, der in Wirklichkeit Albert Bitzius heißt, vertraut.

Als Pfarrfrau ist Hulda Dürrenmatt überaus aktiv. Sie pflegt viele Sozialkontakte, organisiert und gestaltet neben Wohltätigkeitsbasaren auch Pfarrfrauentagungen und Mütterabende im ganzen Land und hält dabei selbst Vorträge, zum Beispiel über Kindererziehung. In der Vor- und Nachkriegszeit engagiert sie sich in dem von der »Flüchtlingsmutter« Gertrud Kurz gegründeten Hilfswerk für Emigranten. Ihr Sohn geht jedoch zunehmend auf Distanz zu ihr. Er spricht im Alter davon, dass immer eine Mauer zwischen ihm und ihr bestanden habe, »eine Mauer, die ich errichtet hatte und die ich nicht niederreißen konnte«. Er führt diese Barriere auf verschiedene Eigenheiten zurück, die sie besessen habe und die ihn nerven. Etwa, wenn sie »die Bescheidene spielte, ohne es nötig zu haben«. Auch ist sie überaus neugierig, was er verdient: »Ich gab ihr nie Bescheid; dafür pumpte sie mich hemmungslos an, was ich ihr hoch anrechnete, aber nie für sich, immer für andere. Es quält mich noch jetzt, ihr gegenüber kein nachsichtigerer Sohn gewesen zu sein.«

Besonders stört er sich aber daran, wie sie ihrer Frömmigkeit Ausdruck verleiht. »Ihre Gebetserhörungen, sie machten mich wütend, solange sie lebte; sie waren für mich etwas Unanständiges, das ich nicht akzeptieren konnte, denn meine Mutter war eine leidenschaftliche Beterin, und alles, was sich um sie herum ereignete, geschah als Erfüllung ihrer Gebete. Sie hatte etwas Triumphierendes, alles geschah durch Gottes Gnade, auch später war jeder meiner literarischen Erfolge von Gott inszeniert, eine Vorstellung, die mich maßlos ärgerte, umso mehr, als sie meinen Ärger lächelnd ertrug.«

Es gibt einen ergreifenden Brief des Sohnes aus dem Jahr 1942 an seine Mutter. In ihm lässt er Hulda Dürrenmatt anlässlich ihres 56. Geburtstages wissen: »Mutter. Heute feierst Du Deinen Geburtstag. Darum will ich Dir schreiben. Dir allein. Ich will Dir schreiben, dass ich Dich lieb habe. Du bist mein Bestes auf der Welt und ach, wie groß ist die Kluft doch wiederum zwischen mir und Dir. Wie oft habe ich Dich nicht verstanden, wie oft habe ich Dich beleidigt und gequält, wie oft hast Du über mich weinen müssen. [...] Du hättest einen tausendmal besseren Sohn verdient, als ich es bin. Ich gäbe alles drum, wenn ich die Wunden heilen könnte, die ich Dir geschlagen. Aber vielleicht ist dies unmöglich. Warum sind wir beide doch so verschieden, Du und ich, sind wir doch Mutter und Sohn! Warum kann ich nicht an einen Gott glauben wie Du! Es ist mir manchmal, als wären alle meine Gefühle erfroren, und wenn ich fühle, gibt es keinen Namen dafür. Ich möchte meinen Kopf in Deinen Schoß legen und schlafen.«

Doch zurück zu Dürrenmatts Kindheit. Von 1928 bis 1932 besucht Friedrich die Primarschule in Konolfingen, danach die Sekundarschule im Nachbardorf Großhöchstetten. Gerne geht er nicht zur Schule. Ein »Kindergefängnis« nennt Dürrenmatt sie später. Nach seinem eigenen Bekunden ist sie für ihn »etwas Entsetzliches, dieses Gehorchen-Müssen, das habe ich als fortwährende Bedrückung empfunden«. Zuweilen gibt er vor, krank zu sein, damit die Eltern ihn zu Hause lassen. Dann kann er, das Bett vor das Fenster geschoben, »wohlig beobachten«, wie die »unglücklichen Buben und Mädchen in die Primarschule trotteten«. Die Sekundarschule beginnt der junge Dürrenmatt zu hassen. Den meisten Fächern kann er partout nichts abgewinnen. Das Französische verleidet ihm nicht zuletzt ein sadistisch veranlagter Französischlehrer. Er empfindet die Schule »als wahnsinnigen Zwang, ich war ein Einzelgänger und als solcher immer irgendwie der böse Geist in der Klasse. Ich habe immer revoltiert.« Aber der dicke, majestätische Geschichts- und Geographielehrer Ständer sagt ihm zu! Statt die Themen und Inhalte seiner Fächer zu unterrichten, »schilderte« er sie vielmehr, nämlich anschaulich, plastisch und spannend: Landschaften genauso wie die großen eidgenössische Schlachten. Und außerhalb des Lehrstoffs die Recken der germanischen Mythologie, ihre Kämpfe und Abenteuer. Kein Wunder, dass Friedrich und die anderen Jungen versuchen, das Gehörte in ihrer Freizeit nachzuspielen, und sich nun ihrerseits Schlachten liefern – mit Bohnenstangen, Holzschwertern und Holzgewehren. Lästig und ärgerlich ist nur, dass die Erwachsenen die Freiheit der Kinder immer wieder beschränken: »Sie herrschten über uns. Sie befahlen uns, in die Schule zu gehen: in die Sonntagsschule, in die Primarschule, in die Sekundarschule. Sie teilten unsere Zeit ein: wann wir schlafen, aufwachen, essen mussten. Ihre Befehle begrenzten unsere Kriege und Schlachten. Die Erwachsenen waren allgewaltig und hielten zusammen.«

Schon als Primarschüler fühlt Dürrenmatt einen schier unwiderstehlichen Drang, seine Eindrücke in Bildern umzusetzen. »Ich malte und zeichnete [...], illustrierte die *Nibelungen*, König Laurins *Rosengarten* und Gotthelfs *Schwarze Spinne*. In der Primarschule stand der Lehrer Gribi oft hinter mir, schweigend, ohne dass ich es bemerkte, er schaute zu, wie ich, statt zu rechnen, auf meine Schiefertafel die Seeschlacht von Salamis zeichnete oder den Untergang der Spartaner bei den Thermopylen.«

Mit Beginn der Pubertät werden dem Jungen andere Bücher als die im häuslichen Bücherschrank wichtiger. Er verschlingt einen Karl-May-Band nach dem anderen, die ihm ein pensionierter Zuckerbäcker ausleiht. In der Schulbücherei stößt er auf Jules Vernes *Geheimnisvolle Insel* und *Die Reise zum Mittelpunkt der Erde*. Auch diese Schmöker regen seine ohnehin schon überspannte Phantasie weiter an. Und nicht zu vergessen die John-Klings-Abenteuerhefte, die man sich am Bahnhofskiosk besorgen kann und die er nicht nur zu Hause heimlich im Bett im Schein der Taschenlampe liest, sondern auch auf der Schulbank. Diese Abenteuergeschichten »wanderten in der Sekundarschule von Hand zu Hand, geheim, denn die Lehrer versuchten, sie zu unterdrücken [...]. Als der Deutschlehrer mein Pult untersuchte, fand er ganze Stöße der verfemten Hefte. Zum Glück hatte ich die gelesen und nicht die Jugendbücher, denn der Kitsch brachte uns die Binsenweisheit bei, dass die Welt der Erwachsenen in Unordnung war, nicht die der Kinder [...].«

Friedrich ist noch nicht ganz fünfzehn Jahre alt, als die Eltern nach Bern ziehen, wo Reinhold Dürrenmatt im Oktober 1935 eine Stelle am Diakonissenhaus des Salem-Spitals angetreten hat. Er hält hier Hausandachten, erteilt den Schwestern Unterricht und sorgt für die seelsorgerliche Betreuung der Kranken. Der pubertierende Sohn fühlt sich in der Schweizer Hauptstadt wie in einem Labyrinth verfangen: »Man geht nicht durch die Gassen dieser Stadt, man geht durch Arkaden, durch die ›Lauben‹ zu beiden Seiten der Gassen, wie durch lange, sanft geschwungene Korridore.« Labyrinthisch waren seine Eindrücke in dieser Stadt bereits, als er dort früher mit seiner Mutter bei Verwandten zu Besuch war. Diese wohnten in einem evangelischen Lehrerseminar. In dem Kind hatten die langen Gänge des Gebäudes und die »erleuchteten geheimnisvollen Gassen, durch die meine Mutter und ich mit dem Tram zurückfuhren, dem Hauptbahnhof [...] entgegen«, bereits damals Vorstellungen hervorgerufen, als bewege es sich »in unterirdischen Gängen und Räumen«. Jetzt, wo der Heranwachsende sich mit dem Umzug in die Stadt »aus dem Übersichtlichen, aus den vertrauten Schleichwegen in den Kornfeldern, Tennen und Wäldern [...] ins Unübersichtliche, aus dem es keinen Weg nach außen mehr gab«, verirrt hat, ist das Labyrinth »Wirklichkeit geworden«. Wie Minotaurus in einem Labyrinth gefangen zu sein und in diesem ohnmächtig und orientierungslos umherzuirren scheint dieses Bild wird Friedrich Dürrenmatt immer mehr zur Metapher seiner eigenen Lebenswahrnehmung: hineingestellt in eine Welt zu sein, deren Sinnzusammenhänge er nicht zu verstehen und zu ergründen vermag und aus der es keinen Ausweg zu geben scheint.

Im neuen Wohnort, wo seine Pubertätskrise nun vollends durchbricht, verlässt der Jugendliche oftmals heimlich des Nachts die elterliche Wohnung: »Ich kletterte aus meinem Fenster und am Laden des darunterliegenden Fensters hinab, um auf demselben Weg oft erst in der Morgendämmerung wieder in mein Zimmer zu gelangen.« Dann wandert er ruhelos in der stillen, schlafenden Stadt umher, zieht die Aare entlang, die sie umfließt. Manchmal lässt er aber auch die Stadt hinter sich, der Illusion nachgehend, er könne ihr entfliehen. Besonders liebt er eine Strecke, die ihn mehrere Stunden lang durch ein umwaldetes Tal führt, das ihn an Bunyans Tal der Todesschatten erinnert. Häufig bricht Friedrich aber auch zu nächtlicher Stunde aus seinem Schlafraum aus, um die Gärtnergehilfen des Diakonissenhauses aufzusuchen, wenn diese gerade Nachtwächterdienste versehen. Er trinkt mit ihnen Bier und Schnaps, »und ein junger blonder Deutscher [zeigte] mir stolz die Fotografie seiner nackten, üppigen Braut«.

Der Besuch eines christlichen Gymnasiums gerät zum Desaster: »Ich war ein schlechter Schüler, was besonders schlimm war, da mein Vater und mein Vetter in derselben Schule hervorragende Schüler gewesen waren. Ich musste immer wieder repetieren, dem buckligen Griechischlehrer gegenüber streikte ich, stolz warf ich Schulbuch und Heft zum Fenster hinaus, der Pädagoge lächelte spöttisch, ich hatte mich zwar impulsiv befreit, aber im Frühjahr musste ich die Schule verlassen.«

Daraufhin geben die Eltern ihren Sohn auf das Humboldtianum, eine Privatschule, die ihre Schüler auf das Abitur vorbereitet, selbst aber nicht die Reifeprüfung durchführt. Laut Dürrenmatt »ein Sammelbecken von an Gymnasien gescheiterten Existenzen und zäh arbeitenden Einzelgängern, die gezwungen waren, die Maturität ohne Gymnasium zu bestehen«. Da die Schulleitung den regelmäßigen Besuch ihrer Schüler nur recht lax kontrolliert, wird Friedrich das Schuleschwänzen sehr leichtgemacht. Während die arglosen Eltern ihn im Humboldtianum wähnen, kann es passieren, dass er sich gerade in einem Kino den neuesten Film anschaut. Oder er sitzt entspannt in einem Café, wo er es sich gutgehen lässt und sich der Lektüre von Nietzsche, Lessing, Hebbel oder Wieland hingibt. Das zu diesen Gewohnheiten benötigte Geld besorgt er sich durch »Lügen, Stehlen und Pumpen«. Die zweimal im Jahr verschickten Zeugnisse fängt er ab, verbessert die Noten und unterschlägt den Schulbericht. Er kommentiert trocken: »Es war das Humanste, was ich meinen Eltern gegenüber tun konnte.«

Und er zeichnet und malt leidenschaftlich. Bevorzugte Motive sind Teufel, Hinrichtungen oder Sauforgien. »Ich machte«, resümiert Dürrenmatt später über diese Zeit, »eine gutbürgerliche Jugend wie eine Krankheit durch, [...] behütet, ohne behütet zu sein, immer wieder gegen einen Zustand anrennend, der nicht zu ändern war: Ich selbst war dieser Zustand. Unsinnige Demütigungen und Blamagen, unbewältigte Pubertät, Lappalien ins Riesenhafte vergrößert, Onanie in jeder Beziehung. Wenig Fähigkeit zur Anpassung, keine Freundin, nicht einmal Freunde.« Weiter spricht Dürrenmatt von einer »chaotischen Phantasie«, die ihn von der Realität abgeschlossen habe. Die Jahre schleppen sich unendlich langsam, »eine Zeit, in der ich nichts mit mir anzufangen wusste, mir selbst im Wege stand, produktiv sein wollte, ohne produktiv sein zu können«. Er erhält die ersten, nie verheilten seelischen Wunden, seien es solche, die er sich selbst antut oder die andere ihm zufügen. Und er leidet unter dem »Zwang, sich verstellen zu müssen, nicht der sein zu können, der man war, nicht durch äußere Umstände gezwungen [...], sondern allein durch sich selbst«.

Im Sommer 1940 reißt sich Friedrich Dürrenmatt – er ist inzwischen gut 19 Jahre alt und besucht seit etwa drei Jahren die Privatschule – endlich zusammen und beschließt, in einem Jahr die Reifeprüfung abzulegen. Eigentlich hat er das gar nicht mehr vorgehabt, da er, wie sein Vater die Schwester Verena wissen lässt, »alle Gedanken bei der Kunst & vor allem beim Zeichnen« gehabt hat. Da ihm inzwischen aber die Eltern zugestanden haben, dass er nach bestandenem Abitur Maler werden dürfe, erklärt er sich zu dem Versuch bereit, die Maturität im Folgejahr zu erlangen. Mit einem älteren Freund sowie mit einem jungen Physiker büffelt er nun doch

recht zielstrebig und ist bemüht, an Schulkenntnissen nachzuholen, was er bislang durch Schluderei versäumt hat. Tatsächlich legt er dann auch die Reifeprüfung vor einer externen Maturitätskommission erfolgreich ab, wenn auch alles
andere als glänzend: »Wer wollte schon einen Kunstmaler
durchfallen lassen, der als Student ohnehin nicht infrage
kam. Dass ich dann doch Student wurde, war dem ungünsti-
gen Urteil eines Professors in Kunstgeschichte zu verdanken, der, nachdem er meine Bilder begutachtet hatte, meine
Eltern überredete, mich zu überreden, Literatur und Kunstgeschichte zu studieren. Ich gab nach. Die innere Unsicherheit war zu groß, die Lust, in eine Kunstgewerbeschule zu gehen, zu gering.«

Noch vor seinem Abitur erklärt sich Dürrenmatt zu einem
Sympathisanten Hitlers und tritt der »Eidgenössischen
Sammlung«, einer Art faschistischer Jugendorganisation,
bei. Aus Protest gegen seinen Vater, wie er später behauptet.
»Meine pubertäre Opposition hatte sich gegen die Welt meines Vaters fixiert, doch blieb sie emotional. Unfähig, seinem
Glauben ein rationales Weltbild entgegenzusetzen, wählte
ich den Weg ins Irrationale. Ich nahm für Hitler Stellung. [...]
Als sich [...] meines Vaters Zweifel an Hitlers ›Christentum‹
bestätigten, war mir dieser als christlicher Bürgerschreck
willkommen [...]. Zwar war mein Vater ein überzeugter Anti-
marxist, ich hätte mich, um ihn und die christlichen Kreise
zu provozieren, auch als Kommunist ausgeben können. Aber
ich hatte vom Marxismus nur eine verzerrte Vorstellung, er
war ein Gerücht, nicht eine mögliche Gegenwelt. So konnte
für mich der Marxismus auch keine Opposition gegen die väterliche Welt darstellen. Was blieb, war vorerst ein nebulöses
Parteinehmen für Hitler, das ich allein als Schutz gegen die

väterliche Welt des Glaubens errichtete.« Der erwähnten Jugendorganisation selbst schließt Dürrenmatt sich zwar nur wenige Monate an, er scheint aber während seines Studiums zeitweise noch einer Hochschulgruppe der »Eidgenössischen Sammlung« anzugehören.

Im Herbst 1940 immatrikuliert sich Dürrenmatt an der Universität Bern für die Fächer Literaturwissenschaft und Kunstgeschichte. Eine Verlegenheitswahl mit ungewissem Ausgang. Kurz vorher versucht der Vater tatsächlich noch, dem Sohn das Theologiestudium schmackhaft zu machen. Wie tief und lange mag Reinhold Dürrenmatt heimlich den Wunsch in sich getragen haben, sein einziger Sohn möge einst wie er ein Pfarrer werden! Und wie mag er fast schon verzweifelt darauf gesetzt haben, ein solches Studium könne seinen orientierungslosen, doch eher als ungläubig denn als gläubig zu nennenden Sohn zu besseren Einsichten bringen, ihm quasi zur Läuterung verhelfen. Anders ist dieser zu diesem Zeitpunkt völlig unrealistische Vorschlag zum Theologiestudium kaum zu erklären. Friedrich Dürrenmatt gibt diese Begebenheit, bei der sein Vater auf das Studium der Theologie zu sprechen kommt, so wieder: »Wir saßen zusammen auf einer Bank im Englischen Garten [...]. Mein Vater sprach zuerst nicht vom Glauben oder vom Christentum, er wollte nicht meine Opposition wecken. Er empfahl mir das Studium der Theologie als die interessanteste Disziplin in geistiger Hinsicht, wie er sich ausdrückte, die auch die Philosophie in sich schließe. Er sprach von der Klarheit der alten Sprachen, die er so liebte; erst jetzt, nach bestandener Maturität, während des Studiums der Theologie, werde mir ihre Schönheit aufgehen. Dann erst kam er auf den Glauben zu sprechen: ohne eifriges Studium der Heiligen Schrift sei er nicht zu festigen, meine Zweifel rührten daher, dass ich den Gegensatz zwischen dem Glauben und dem Intellekt übertreibe; im Gegenteil, nur ein Intellekt, den man in den Dienst des Höheren, des Glaubens stelle, als Diener und nicht als Feind, vermöchte mir weiterzuhelfen. Ich hörte ihm schweigend zu, das Gespräch war mir unangenehm, ich weiß nicht mehr, was ich geantwortet habe. Mein Vater konnte mich nicht überzeugen, doch zeigte er keine Enttäuschung. Wir gingen friedlich nach Hause. Er kam nie mehr auf das Gespräch zurück.«

Im Verlauf seines Studiums wird Dürrenmatt, der weiterhin bei seinen Eltern wohnt, geselliger. Er verkehrt mit anderen Studenten und mit dem einen oder anderen Bekannten aus der Gymnasialzeit. Er hat engen Kontakt zu einer Clique von jungen Bohemiens, die sich um den Kunsthistoriker Wilhelm Stein schart, der von den jungen Leuten schwärmerisch verehrt wird. Man trifft sich gerne in einer kleinen Kellerkneipe in der Berner Altstadt. Anschließend zieht die Gruppe dann oft noch zu Steins Wohnung oder aber auch in Dürrenmatts eigenes heimisches Mansardenzimmer, das er mit skurrilen Figuren und Szenen ausgemalt hat. »Der Lärm war manchmal beträchtlich, besonders wenn sich eine Gesellschaft gegen ein Uhr in der Nacht zu mir nach oben begab, jeder eine Flasche unter dem Arm, oder gegen Morgen mehr oder weniger sanft die vier Treppen nach unten bewältigte, was nicht ohne Stürze abging.« Eine Zumutung für die schon betagten Eltern. Doch die sind »großzügig, nur einmal intervenierte mein Vater schüchtern, verlegen, merkwürdigerweise schriftdeutsch sprechend, als es hoch herging, gegen vier morgens. Ich bewirtete einen Kunstmaler, dessen Frau, Studenten und den ›außerordentlichen Professor‹ für Kunstgeschichte, Wilhelm Stein. Die

Gäste waren verwirrt, das Zimmer voller Rauchschwaden
[...], Kerzenlicht, mein Vater wirkte gespenstisch in seiner
notdürftigen Kleidung, er hatte nicht erwartet, einen Professor bei mir zu finden, entfernte sich, ich fühlte mich gedemü-
tigt, man brach auf.«

An der Berner Universität studiert Dürrenmatt ab dem
Wintersemester 1941/42. Wenig später besucht er für zwei
Semester die Universität in Zürich und kehrt dann im Mai
1943 wieder nach Bern zurück. Während seiner Züricher Zeit
lernt er die aus dem Wallis stammende Kunststudentin
Christiane Zufferey kennen. Sie wird seine erste Freundin.
Mehrere Wochen wohnt er mit ihr zusammen. »Wir lebten
unbekümmert, die Umwelt war uns gleichgültig. Die Verbin-
dungen nach Hause waren zwar nicht abgebrochen, doch
ließ ich meine Eltern im Glauben, ich studierte, ohne sie über
meine wirklichen Verhältnisse aufzuklären.« Seinen Vater
lässt er im Januar 1943 in einem Brief, mit einwöchiger Ver-
spätung zu dessen 62. Geburtstag, wissen: »Es tut mir leid,
dass ich gegen Dich nicht so war, wie ich hätte sein sollen.
Aber zwischen uns steht eben eine ganze Generation – vierzig Jahre. Da müssen freilich die Unterschiede oft bedeutend
sein – die Hauptsache bleibt aber, dass wir uns beide lieben.«

Von ernsthaftem Studieren kann in der Tat nicht die
Rede sein: »Ich war nur in den ersten Wochen ein Student,
nachher sah ich die Universität kaum mehr.« Dafür entstehen seine ersten schriftstellerischen Versuche: erste kleine
Erzählungen und eine Komödie. »Nihilistischer Dichter«
prangt vorübergehend an seiner Wohnungstür. Dürrenmatt
lernt den expressionistischen Maler und Außenseiter Walter
Jonas kennen und gehört fortan zu dessen Freundeskreis,
der sich aus Intellektuellen unterschiedlichster Couleur zu-

sammensetzt: neben Journalisten, Literaten, Musikern und Malern auch aus »Studenten und Spinnern (unter denen ich der Versponnenste war)«. Jonas liebt es, zu nächtlicher Stunde während seiner Malarbeiten mit seinen Freunden über politische und philosophische Fragen, aber auch über moderne Malerei und Literatur zu disputieren. Für den jungen Dürrenmatt, der oft bei dem Älteren zu Besuch weilt, hat dieser »etwas Sokratisches« an sich. Der unkonventionelle, eigenständige Maler wird ihm eine wichtige Bezugsperson und Dialogpartner, fast schon eine Art »alternative Vaterfigur« (Peter Rüedi). Auch freundet er sich mit dem Schriftsteller René Cathoud an, der die Szenen, die Dürrenmatt ihm aus seiner entstehenden Komödie zum Lesen gibt, »unbegabt« findet – »überhaupt glaubte er, dass meine totale Rebellion einmal zu einer Katastrophe führen müsse«.

Im Frühjahr 1943 erkrankt Dürrenmatt schwer. Offensichtlich hat er sich eine Gelbsucht zugezogen. Notgedrungen muss er »krank und verwahrlost« zu seinen Eltern nach Bern zurückkehren: »Ich packte meine Koffer. Im Zug saß ich hinten im letzten Wagen auf einer einzelnen Bank [...]. Ich sah Zürich entschwinden, gleichsam in einer perspektivischen, durch Schienen gebildeten Landschaft – und mit diesem Intermezzo schloss im Wesentlichen meine chaotische Zürcher Zeit ab.«

Nach seiner Genesung setzt Dürrenmatt sein Studium an der Berner Universität fort, wo er neben dem Schwerpunktfach Philosophie die Fächer Psychologie und Nationalökonomie belegt. Er beschäftigt sich intensiv mit Platon, Kant, Nietzsche, Schoppenhauer und Kierkegaard. Letzterer beeindruckt ihn ganz besonders. Und auch weiterhin malt und schreibt er.

Dürrenmatts erste schriftstellerische Arbeiten lassen noch seine ganze Auflehnung gegen den elterlichen Glauben erahnen. Sie sind nicht frei von einer fast schon aggressiv zu nennenden Blasphemie. So heißt es in der Mini-Erzählung *Weihnacht* – entstanden Weihnachten 1942: »Es war Weihnacht. Ich ging über die weiße Ebene. [...] Ich sah einen Körper auf dem Schnee liegen. Es war das Christkind. Die Glieder weiß und starr. Der Heiligenschein eine gelbe gefrorene Scheibe. Ich nahm das Kind in die Hände. [...] Ich öffnete seine Lider. Es hatte keine Augen. Ich hatte Hunger. Ich aß den Heiligenschein. Er schmeckte wie altes Brot. Ich biss ihm den Kopf ab. Alter Marzipan. Ich ging weiter.« Und in die Erzählung *Der Folterknecht*, entstanden im Winter 1943, schleudert er die Sätze: »Die Folterkammer ist die Welt. Die Welt ist Qual. Der Folterknecht ist Gott. Der foltert.«

Je länger sein Studium währt, desto mehr ist Dürrenmatt zwischen den Fragen hin und her gerissen: Soll er sein Studium mit einer Promotion abschließen? (Aber was folgt danach?) Soll er nicht doch versuchen, als Maler zu leben? Oder soll er – gewissermaßen als Alternative – ganz einfach Schriftsteller werden? Schließlich findet er mit etwa 25 Jahren aus seiner existenziellen Unsicherheit und seinem pubertären Dauerzustand heraus. Erste persönliche und berufliche Klärungen stellen sich ein. Wichtige Weichenstellungen für sein künftiges Leben vollzieht er mit aller Konsequenz. Und auch sein Verhältnis zum Vater und dessen Glaubenswelt beginnt sich zu entspannen. Das Ganze kann man gewissermaßen als einen existenziellen Akt bezeichnen. Als das Wagnis eines »Sprungs über die Mauer« – über die Mauer jenes »Labyrinths«, in dem Dürrenmatt sein Leben und Denken ja eingeschlossen sieht. Bei all dem spielt

Dürrenmatts intensive Beschäftigung mit dem Existenzialismus Sören Kierkegaards, jenem schriftstellerischen Philosophen und Theologen aus Dänemark, über den er sogar dissertieren will, wohl eine nicht unwesentliche Rolle.

Dürrenmatt jedenfalls entscheidet sich in jener Zeit gegen die Weiterführung seines Studiums, gegen die Malerei als berufliche Perspektive und für die Schriftstellerei: mit allen Konsequenzen und ohne jedes Fangnetz an wirtschaftlicher und finanzieller Sicherheit. Und um dem Ganzen die Krone aufzusetzen, entscheidet er sich auch noch zu einer fast schon überstürzt zu nennenden Eheschließung! Er ist ja eigentlich immer noch mit der jungen Malerin Christiane Zufferey aus dem Wallis liiert. Diese zieht es zu der Zeit gerade nach Paris, wo sie bei einer Cousine unterkommen kann. Sie lädt den Freund ein, sie zu begleiten. Dieser lehnt ab, will sie aber vor ihrer Abreise unbedingt noch heiraten. Das lehnt Zufferey wiederum ab. Daraufhin trennt sich Dürrenmatt von seiner langjährigen Freundin – und heiratet kurz darauf die junge Schauspielerin Lotti Geissler. Dass er zeitgleich mit dem Entschluss, Schriftsteller zu werden, geheiratet habe, erklärt er später so: »Indem ich mich entschloss, Schriftsteller zu werden, ging ich aufs Ganze. Der Sinn der Ehe besteht jedoch auch in diesem aufs Ganze Gehen; wie die Schriftstellerei ist die Ehe ein Wagnis, freilich ein unendlich größeres, existenzielleres. Wie beim Glauben kann die Ehe nur im ›Sprung hinüber‹ geschehen.«

Die existenziellen Entscheidungen bzw. »Sprünge« Dürrenmatts schließen auch eine Art Hinwendung zum christlichen Glauben ein. Zumindest im Ansatz, von Zweifeln durchsetzt und auch jetzt noch in ersichtlichen Absetzbemühungen zum Vater. Dürrenmatt sagt im Rückblick über sich:

»Wenn ein Fünfundzwanzigjähriger sich [...] entschließt [...], sein Studium fahrenzulassen, um Schriftsteller zu werden, so ist das nicht so verwunderlich [...], doch wenn der gleiche Fünfundzwanzigjährige [...] sich gleichzeitig noch entschließt, seine sinnlose Rebellion gegen den Glauben seines Vaters aufzugeben, wovon er lebte, die ihn aufrecht und in Schwung hielt, sieht die Angelegenheit schon bedenklicher aus. [...] Nicht dass er zum Glauben seines Vaters überlaufen würde, gerade diese Unmöglichkeit wird der Grund sein, in seine eigene Schriftstellerei und in seinen eigenen Glauben hineinzurennen, den Glauben seines Vaters wird er plötzlich achten, auch wenn er an dem, was der Vater glaubt, zweifelt (und einmal nicht mehr glauben wird), weil er ihn als Glauben versteht, doch gerade deshalb als etwas Unverständliches, Unerklärbares in Ruhe lassen wird, das nur seinen Vater angeht als dessen eigene Sache, um sich nun endgültig dem zuzuwenden, was nur ihn angeht, was nur seine eigene Sache ist, seinem eigenen Glauben und seinem eigenen Zweifel, was ihn all die Jahre, die folgen, beschäftigen wird.«

Die Werke Dürrenmatts, die jetzt entstehen, tragen – mehr oder weniger deutlich – durchaus auch christliche Bezüge. Das hat eine Zeitlang zu dem Missverständnis geführt, dass Dürrenmatt den »christlichen Dichtern« zuzuordnen sei. Bis sich der Autor später zunehmend vom christlichen Glauben distanziert und sich am Ende offen zum Atheismus bekennt. Besonders deutlich stellt sich der christliche Bezug Dürrenmatts in der 1946/47 entstandenen kleinen Erzählung *Pilatus* dar. In ihr werden der römische Statthalter und die jüdische Volksmenge mit dem kaum fassbaren Paradox konfrontiert, dass der ewige, allmächtige Gott in der Person des Jesus Christus den Menschen konkret begegnet. Doch nur Pilatus erkennt, dass er es bei Jesus nicht mit einem gewöhnlichen Menschen, sondern mit Gott selbst zu tun hat. In der Begegnung mit dem Angeklagten genügt nur ein Blickkontakt, und der Prokonsul wird gewahr, dass jener »niemand anders war als ein Gott; doch wagte er ihn nicht ein zweites Mal mit seinen Augen zu streifen, weil er sich fürchtete«. Pilatus ist sich zwar »im Klaren, dass er durch die Erscheinung des Gottes vor allen Menschen ausgezeichnet war«, doch meint er, in dieser Auszeichnung eine »Bedrohung« sehen zu müssen. Ihn verstört, dass er in den Augen des von der Masse Beschuldigten eine »bedingungslose Unterwerfung« erkannt hat. Und er zieht daraus den Schluss, dass es sich um eine »heimtückische Verstellung« handeln müsse, »weil dadurch die Grenze zwischen Gott und Mensch aufgehoben und so Gott Mensch und Mensch Gott geworden wäre. Er glaubte daher nicht an die Demut des Gottes, und dessen menschliche Gestalt war ihm eine List, die Menschheit zu versuchen.« Pilatus misstraut nicht nur den Motiven Jesu, er wird auch schuldhaft in Jesu Passion verstrickt, indem er dessen Verhöhnung, Geißelung und Kreuzigung zulässt und so dem kollektiven Willen der Masse nachgibt. Als er zur Demonstration seiner Unschuld vor aller Augen seine Hände in einer mit Wasser gefüllten Schale wäscht, da erweist sich dieser Akt als eine Selbsttäuschung: »Als er sich jedoch wandte und so das stumme Antlitz des Gottes sah, wusste er, dass ihn die Menge nicht entlasten konnte, da er allein die Wahrheit kannte. So war er gezwungen, eine Grausamkeit um die andere an Gott zu begehen, weil er die Wahrheit wusste, ohne sie zu verstehen, und er barg sein Gesicht in die Hände, die noch vom Wasser der Schale trieften.«

Auch in einer anderen frühen Erzählung, nämlich in *Der Tunnel* (1952), ist ein christlicher Einschlag nicht zu übersehen, auch wenn er eher rudimentärer Art ist. In dem kleinen Prosawerk rast ein Zug, sobald er in einen bislang unbekannten Bergtunnel eingefahren ist, in der unterirdischen Dunkelheit unaufhaltsam »irgendwohin« in das Berginnere. Selbst die Notbremsung funktioniert nicht. Am Ende der alptraumartigen Erzählung schreit der Zugführer einem Passagier, mit dem er die Notlage besprochen hat, verzweifelt zu: »Was sollen wir tun?« Worauf dieser antwortet: »Nichts. Gott ließ uns fallen, und so stürzen wir denn auf ihn zu.« Bezeichnenderweise lässt Dürrenmatt in einer Neufassung dieser Kurzgeschichte (1978) den Schlusssatz wegfallen, so dass die Antwort des Passagiers jetzt nur noch aus einem lakonischen »Nichts« besteht.

In dem Hörspiel *Nächtliches Gespräch mit einem verachteten Menschen* (1952) lässt ein Henker gegenüber dem Todeskandidaten die nachdenklichen Sätze fallen: »Wäre der Mensch nur Leib, Herr, es wäre einfach für die Mächtigen; sie könnten ihre Reiche erbauen, wie man Mauern baut [...]. Doch wie sie auch bauen, wie riesenhaft nun auch ihre Paläste sind, wie übermächtig auch ihre Mittel, wie kühn ihre Pläne, wie schlau ihre Ränke, in die Leiber der Geschändeten, mit denen sie bauen, in dieses schwache Material ist das Wissen eingesenkt, wie die Welt sein soll, und die Erkenntnis, wie sie ist, die Erinnerung, wozu Gott den Menschen schuf, und der Glaube, dass diese Welt zerbrechen muss, damit sein Reich komme, als eine Sprengkraft, mächtiger denn jene der Atome, die den Menschen immer wieder umprägt, ein Sauerteig in seiner trägen Masse, der immer wieder die Zwingburgen der Gewalt sprengt [...].« Und in dem Roman *Grieche sucht Griechin* heißt es: »Die Liebe ist ein Wunder, das immer wieder möglich, das Böse eine Tatsache, die immer vorhanden ist.« Nur die Liebe »ist imstande, die Gnade anzunehmen, wie sie ist. [...] Die Welt ist schrecklich und sinnlos. Die Hoffnung, ein Sinn sei hinter all dem Unsinn, hinter all dem Schrecken, vermögen nur jene zu bewahren, die dennoch lieben.«

Mit dem 1947 im Schauspielhaus Zürich uraufgeführten Drama *Es steht geschrieben* gelingt Dürrenmatt der Durchbruch zum Bühnenautor. Das Stück handelt in parodierender Weise von der Katastrophe jener Wiedertäufer, die in den revolutionären Umbrüchen der beginnenden Reformation ein irdisches »Königsreich Christi« in der westfälischen Bischofsstadt Münster aufrichten wollten und bei diesem gewalttätigen, fanatischen Versuch tragisch endeten. Ein Stück gegen religiösen wie politischen Fanatismus und Machtmissbrauch. Seinen eigenen Glaubensstandort lässt Dürrenmatt dabei in dem Stück durch den Täuferpropheten Jan Matthisson so ausdrücken: »Wir halten es für unsere Pflicht, darauf hinzuweisen, dass der Schreiber dieser zweifelhaften und in historischer Hinsicht geradezu frechen Parodie des Täufertums nichts anderes ist als ein im weitesten Sinne entwurzelter Protestant, behaftet mit der Beule des Zweifels, misstrauisch gegen den Glauben, den er bewundert, weil er ihn verloren [...].« Doch auch wenn es durch dieses Autorenbekenntnis so scheint, als habe Dürrenmatt bereits zu diesem Zeitpunkt den christlichen Glauben vollständig aufgegeben, so schwankt er doch auch jetzt immer noch zwischen Glauben und Nichtglauben, zwischen Glaube und Zweifel. Dass ihn Glaubensthemen noch längere Zeit berühren und bewegen, machen neben den oben erwähnten noch weitere Werke von ihm deutlich, wie z. B. *Der Blinde* (1948), *Ein Engel kommt nach Babylon* (1953) oder *Der Meteor* (1966). Allerdings ist die in ihnen enthaltene christliche Thematik vielfach nur sehr indirekt und in gebrochener Form ausgedrückt. Teilweise auch missverständlich und verstörend.

Einen geradezu triumphalen Bühnenerfolg landet Dürrenmatt 1956 mit der tragischen Komödie *Der Besuch der alten Dame*. Das Stück begründet neben der Komödie *Die Physiker* (1962) und diversen Kriminalromanen (*Der Richter und sein Henker, Der Verdacht, Die Panne, Das Versprechen*) seinen internationalen Ruhm und Erfolg als Schriftsteller. In *Der Besuch der alten Dame* kehrt eine in die Jahre gekommene amerikanische Milliardärin für kurze Zeit in ihren Schweizer Geburtsort Güllen zurück. Die Bewohner des mittlerweile wirtschaftlich auf den Hund gekommenen kleinen Städtchens feiern die Heimgekehrte wie einen Messias. Sie erhoffen sich von ihr einen wirtschaftlichen Aufschwung ihres Ortes, die Sanierung ihrer maroden Finanzen. Und Claire Zachanassian, so der Name der Protagonistin, lässt sich nicht lumpen. Sie bietet den Einheimischen eine Milliarde an: »Fünfhundert Millionen der Stadt und fünfhundert Millionen verteilt auf alle Familien.« Doch ihr Angebot hat einen perfiden Haken: Es ist verknüpft mit der Forderung, dass die Güllener einen ihrer Mitbewohner, den Kaufmann Alfred Ill, umbringen sollen. Denn dieser war einst vor vielen Jahrzehnten Claires Jugendgeliebter, hatte sie aber dann, als sie von ihm ein Kind erwartete, schmählich fallengelassen, seine Vaterschaft verleugnet und sie aus Güllen in ihr Elend getrieben. Sie war zu einer Prostituierten herabgesunken, bis ihr Leben durch die Heirat mit einem armenischen Ölmilliardär eine sensationelle schicksalhafte Wende genommen hatte. Nun will die einst Verstoßene Rache nehmen und sich Gerechtigkeit kaufen: »Die Welt machte mich zu einer Hure, nun mache ich sie zu einem Bordell.« Weisen die biederen Güllener ihr unmoralisches Angebot anfangs noch entsetzt zurück, so dauert es nicht lange, bis sich ihre moralischen Prinzipien als korrumpierbar erweisen und ihre Gewissensskrupel den Verlockungen künftigen Reichtums weichen, so dass am Ende Alfred Ill von seinen Mitmenschen kollektiv umgebracht wird. Wenn Dürrenmatt in den »Randnotizen« im Programmheft der Uraufführung vermerkt: »Autor schrieb als Mitschuldiger«, so scheint er damit deutlich machen zu wollen, dass wohl niemand – und auch er selbst nicht! – für seine Person garantieren bzw. vorschnell selbstgerecht behaupten kann, er würde im Falle einer extremen Versuchungssituation – verstärkt noch durch Mechanismen kollektiver Unrechtsbegehung und -verdrängung – seine Integrität bewahren.

Die Wirklichkeit war für Dürrenmatt sinnlos und unbegreiflich. Daher versuchte er, in seiner Phantasie und in seinen Werken der realen Welt »Eigenwelten« und »Gegenwelten« entgegenzusetzen. Dabei bediente er sich in seiner Darstellungsweise als Schriftsteller gerne des Paradoxen, des Gleichnis- und Groteskhaften. Als Mittel der Distanzierung, der indirekten Mitteilung und der interpretatorischen Mehrdeutigkeit. Dürrenmatt sah seine Aufgabe nicht darin, Therapeut oder Ideologe zu sein. Vielmehr sah er sich als Diagnostiker und Opponent. Ihm ging es, nach Lutz Tantow, darum, »Probleme zu stellen« und nicht »Lösungen anzubieten«.

Welchen Weg, welche Entwicklung Dürrenmatts Glaube von seiner Jugend bis zum Alter genommen hat, lässt ein

1988 – und damit zwei Jahre vor seinem Tod am 14.12.1990 – geschriebener Beitrag *Pflicht zum Atheismus* erkennen. In ihm heißt es: »Ich bin ein Pfarrerssohn. Ich habe immer an Gott gezweifelt. [...] Ich hielt Gott für möglich, aber nicht für sicher. Meine Eltern hielten diesen Glauben nicht für verwerflich, sondern mit meiner Jugend vereinbar. [...] Ich wurde älter. Gott wurde für mich eine faszinierende Fiktion. Sie war nicht zu beweisen, sondern anzunehmen. [...] Gott faszinierte mich als Paradoxie. [...] Die Frage, ob es einen Gott gebe, trat in den Hintergrund. Ich glaubte an Gott, wie viele Mathematiker an Gott glauben: an ein Gedankending, wie Zahlen Gedankendinge sind. [...] Seit einiger Zeit hat sich meine Einstellung Gott gegenüber aufs Neue verändert: Ich sehe den Grund nicht mehr ein, die Fiktion Gott aufrechtzuhalten. Genauer: die Fiktion eines persönlichen Gottes. Gott als ein Weltprinzip, sagen wir einer Ordnung des Existierenden, kann ich mir als Hypothese vorstellen, [...] aber warum soll ich dieses Ordnungsprinzip noch Gott nennen?«

Friedrich Engels

Pietistischer Fabrikanten-
sohn wird Missionar
des Kommunismus

Herr Jesu Christe, Gottes Sohn,
o steig herab von Deinem Thron,
und rette meine Seele!
O komm mit Deiner Seligkeit,
Du Glanz der Vaterherrlichkeit
gib, dass ich Dich nur wähle!
Lieblich, herrlich, ohne Leide ist die Freude,
wenn dort oben,
wir Dich unsern Heiland loben!

Gib, dass dereinst zu seiner Zeit,
wenn mich erfasst des Todes Leid,
ich fest an Dir mich halte;
dass ich, wenn mir das Aug' vergeht,
des Herzens Pulsschlag stille steht,
ich froh in Dir erkalte!
Fortan wird dann Dich dort oben mein Geist loben,
ohne Enden,
denn er ist in Deinen Händen.

[...]
Du kamst, die Menschheit zu erlösen,
vom Tod' sie zu befrein und Bösen,
zu bringen ihr Dein Glück und Heil.
Kommst Du nun herab zur Erden,
da wird durch Dich es anders werden,
da teilst Du jedem zu Dein Teil.

Man mag es kaum glauben, dass dieses fromme Gedicht, im typischen Pietistenduktus seiner Zeit, einst von Friedrich Engels verfasst worden ist. Von jenem Mann also, der gemeinsam mit seinem engen Freund Karl Marx die Lehre des Marxismus begründen und in der Folgezeit zu ihrem glühenden Propagandisten werden sollte.

Engels war sechzehn Jahre alt, als er im Frühjahr 1837 jene erbaulichen Verse dichtete. Es war das Jahr seiner Konfirmation. Auch war gerade um diese Zeit der von ihm so geliebte und verehrte Großvater Bernhard van Haar gestorben. Gut zwei Jahre später, im Juli 1839, ließ er in Erinnerung an jene Zeit seinen Freund Friedrich Graeber wissen: »Ich habe nicht um der Poesie willen geglaubt; ich habe geglaubt, weil ich einsah, so nicht mehr in den Tag hineinleben zu können, weil mich meine Sünden reuten, weil ich der Gemeinschaft mit Gott bedurfte. Ich habe mein Liebstes auf der Stelle gern weggegeben, ich habe meine größten Freuden, meinen liebsten Umgang für Nichts geachtet, ich habe mich vor der Welt blamiert an allen Ecken; ich habe ungeheure Freude darüber gehabt, dass ich an Plümacher [ein Jugendfreund von Engels] einen fand, mit dem ich davon reden konnte [...].« Und im November desselben Jahres bekannte er in einem Artikel der Zeitschrift »Telegraph für Deutschland«, dass er sich

»wehmütigen Gefühls [...] an die glückliche Zeit« erinnere, »wo man selbst noch kindlich glauben konnte an eine Lehre, deren Widersprüche man sich jetzt an den Fingern abzählen kann, wo man von heiligem Eifer glühte gegen religiöse Freisinnigkeit – einem Eifer, über den man jetzt lächelt oder errötet«.

Der am 28. November 1820 geborene Friedrich Engels entstammt einer in Barmen ansässigen Unternehmerfamilie. 1747 machte ein Vorfahr der Familie, Johann Caspar Engels, in der im Wuppertal liegenden Ortschaft Barmen eine Bleicherei auf. Als zukunftweisend für die industrielle Erfolgsstory der Engels sollte sich allerdings die mechanische Spitzenfabrikation erweisen, die der Firmengründer einige Jahre später in Barmen einführte. Johann Caspar Engels ließ Arbeiterwohnhäuser errichten und für sich und seine Familie ein Patrizierwohnhaus bauen. Sein gleichnamiger Sohn und Nachfolger, Friedrich Engels' Großvater, gehörte bereits zu den Honoratioren der jungen, aufstrebenden Industriestadt. Dieser als besonders fromm geltende Mann war ein Unternehmer patriarchalischen Typs, der sich auch sozial verpflichtet fühlte. So ließ er nicht nur für die Kinder der Arbeiter eine Schule bauen, sondern leitete neben der Verwaltung des örtlichen Armenvereins auch einen »Kornverein« zur Versorgung von Notleidenden mit billigem Brot. Zudem war er Hauptstifter der Vereinigt-Evangelischen Gemeinde Unterbarmen. »Für die Arbeiter«, so der frühere Leiter des Historischen Zentrums in Wuppertal, Michael Knieriem, »war die Beschäftigung in der Engels'schen Firma durchaus anziehend. Die Unternehmer stellten nicht nur Wohnungen und Produktionsmittel zur Verfügung, sie lieferten auch Steinkohle aus den Zechen des Sprockhöveler und Bochumer Reviers, an denen sie über Kuxe beteiligt waren, und gaben Kartoffeln und Kolonialwaren zum Selbstkostenpreis ab. Eine nicht zu unterschätzende Rolle spielte auch die patriarchalische Haltung und menschliche Zuwendung der jeweiligen Chefs. So konnte sich unter den Manufakturarbeitern ein Gruppenbewusstsein entwickeln, das durch religiöse Gemeinsamkeiten noch verstärkt wurde.«

Nach dem Tod von Caspar Johann Engels II. geht das Unternehmen auf seine drei Söhne über. Schon bald jedoch scheidet der Vater von Friedrich Engels, Friedrich Engels sen., aus der Firma »Caspar Engels Söhne« aus. In seinen weitreichenden unternehmerischen Plänen setzt er auf weitere Expansion der Firma und auf Investitionen in die führende englische Baumwollindustrie. Nachdem er Ende 1836 mit seinen Brüdern einen Teilungsvertrag ausgehandelt hat, geht er mit dem in Manchester lebenden Unternehmer Peter Ermen eine Geschäftspartnerschaft ein. In der englischen Industriemetropole gründen sie die Firma »Ermen & Engels« und für den deutschen Bereich die Firma »Friedr. Engels & Ermen«. Diese geschäftliche Zusammenarbeit führt wenig später zur Gründung einer modernen Nähgarnfabrik im oberbergischen Engelskirchen. Auf diese Weise gelingt es dem in geschäftlichen Dingen sehr geschickt und erfolgreich agierenden Friedrich Engels sen., nicht nur seinen ererbten Firmenanteil zu sichern, sondern ihn auch weiter konsequent auszubauen.

Wie sein Vater, so fühlt sich auch Friedrich Engels sen. der Kirchengemeinde eng verbunden. Er bekleidet dort hohe Ämter und ist ein großzügiger Spender für die vielfältigen diakonischen und baulichen Aufgaben der Gemeinde. In seiner Herzensfrömmigkeit und seinem Bemühen, den Lebenswandel und die Glaubenspraxis an der Bibel zu orientieren, mag man ihn zwar als »Pietisten« bezeichnen. Pietisten im Sinne einer eher engen und rigorosen Art, denen per se alle »weltlichen« Vergnügungen verdächtig sind und für die man gerade in Wuppertal gerne den Ausdruck »Mucker« verwendet, sind er und seine Frau jedoch nicht. Dass er konfessionell großzügig zu denken weiß, ergibt sich schon aus der Tatsache, dass er einer unierten, also reformiert und lutherisch »gemischten« Kirche angehört. Auch besitzt er allein durch seine Geschäftsreisen einen weiteren Horizont als manch seiner im Wuppertal lebenden christlichen Freunde und Bekannten. Wie seine aus einer gebildeten Philologenfamilie stammende Frau Elisabeth (»Elise«) besitzt auch er eine Frohnatur. Beide lieben die familiäre Geselligkeit, in deren Rahmen Hausmusik betrieben und kleine Theaterstücke aufgeführt werden. Tristram Hunt urteilt in seiner großen Engels-Biographie über die Kindheit Friedrich Engels' völlig zu Recht: »Es gab kein kaputtes Zuhause, keinen frühen Verlust des Vaters, keine einsame Kindheit, keinen Schuldruck, sondern liebende Eltern, nachsichtige Großeltern, eine große Verwandtschaft, beständigen Wohlstand sowie einen Sinn für geordnete familiäre Verhältnisse und Ziele.« Und er zitiert Marx' Tochter Eleanor, die einmal bemerkt hatte: »Wohl nie wurde in einem solchen Haus ein Sohn geboren, der mehr aus der Art schlug.«

Die von Friedrichs Vater erhaltenen Briefe an seine Frau sind voller Zärtlichkeit und Sehnsucht und lassen sein Bemühen erkennen, die Ehepartnerin in geschäftlichen Dingen miteinzubeziehen. Auch spricht eine große Liebe zu seinen Kindern und ein starkes Interesse an ihrem Ergehen aus seinen Schreiben. So heißt es etwa am 09.07.1822 in einem

Brief an seine Frau, die gerade mit dem knapp zwei Jahre alten Sohn Friedrich (»Herzenstippel«) bei ihren Eltern in Hamm weilt und ihr zweites Kind (»Herzenstuksken«) austrägt: »Dein lieber Brief [...] gewährte mir eine rechte Beruhigung, denn ich sehe daraus, dass es Dir und dem kleinen Herzenstippel gut geht. Du glaubst gar nicht, Herzensmama, wie sehr Du u[nd] er mir ans Herz gewachsen seid, u[nd] Du glaubst auch gar nicht, wie unbehaglich, wie ekelig mir zumute ohne Euch ist. [...] Aber höre einmal, Elise, meine Briefe darfst Du niemanden lesen lassen [...], sonst geniere ich mich [...], wenn ich gerne zärtlich mit Dir, Du altes, liebes Gesicht, wäre. [...] Aber was macht dann mein kleinstes Herzenstuksken? Du kennst es ja wohl, ich weiß bald nicht, wo ich vor all den Kleinen bleiben soll, und weiß vor Plaisir darüber nicht wohin. Nun, bald haben wir ja zwei, Herzenslieseli!« Sieben Jahre später – die Engels haben inzwischen fünf Kinder – lässt er seine Frau, die allein verreist war, von Barmen aus wissen: »Die Kinder sind alle gesund und artig. Friedrich setzt sich soeben hin, um an die Mutter zu schreiben, u[nd] zwar mit großer Ernsthaftigkeit. Sie sind alle sehr lieb, und zwar jeder auf seine eigentümliche Weise. [...] Gott sei gepriesen, der uns diese gesunden u[nd] hoffentlich gut gearteten Kinder gab. Er nehme sie in seine Obhut und gebe uns Kraft und Weisheit, sie in seiner Furcht und nach seinem Willen zu erziehen.«

Ob der junge Friedrich seine Elementarbildung in einer Elementarschule oder durch einen Privatlehrer erhalten hat, ist nicht bekannt. Sicherlich wird er aber beim Lernen von seiner Mutter und von seinem Großvater Bernhard van Haar, einem erfahrenen Pädagogen und Altphilologen, unterstützt worden sein. Dieser berichtete einmal Friedrich Engels sen.

in einem Brief vom 20.04.1826 nach Barmen: »Ihr Friedrich, der schon jetzt so viel auf Lesen hält, schon von jeher so neu- – wissbegierig ist, wollte ich sagen –, der durch Fragen jedem Dinge auf den Grund kommen will, wird einst ein großer Gelehrter werden. Im vorigen Herbst kam er jeden Morgen, sobald er angezogen war, zu mir gesprungen: ›Guten Morgen, Großvater, nun erzähle mir etwas!‹ – Ich werde mich bei seiner Wissbegierde wohl für das nächste Wiedersehen auf einige seinem Alter und seinen Fortschritten angemessene Erzählungen vorbereiten müssen.«

1829 kommt Friedrich auf die Höhere Stadtschule in Barmen. Sie sollte die Schüler vor allem auf ihr künftiges Erwerbsleben im kaufmännischen oder technischen Bereich vorbereiten. Nachdem er die Stadtschule beendet hat, wechselt Friedrich dann ab 1834 auf das Gymnasium. Da dieses im benachbarten Elberfeld liegt, wohnt er bei Dr. Johann Hantschke, dem Vorsteher der Schule, in Pension. »Das Gymnasium«, so der Engels-Biograph Johann-Günther König, »eröffnete dem inzwischen vierzehnjährigen ›Feuerkopf‹ eine faszinierende Wissenswelt.« Die Bildung, die er hier empfangen soll – wie etwa die Beschäftigung mit den griechischen und lateinischen Philosophen, den französischen Klassikern oder der deutschen Dichtung und Sagenwelt –, wird seine Phantasie in der Folgezeit stark anregen und zu Konflikten und zur Entfremdung mit den elterlichen Anschauungen führen. Hinzu kommt eine pubertäre Protest- und Oppositionshaltung gegenüber dem Elternhaus.

Schon früh beginnt es in dem Jungen zu »gären«. Bereits im Herbst 1835 muss Friedrich sen. seiner bei ihrem kranken Vater in Hamm weilenden Frau nicht ohne Sorge mitteilen: »Friedrich hat mittelmäßige Zeugnisse in voriger Woche gebracht. Im Äußern ist er, wie Du weißt, manierlicher geworden, aber trotz der frühern strengen Züchtigung scheint er selbst aus Furcht vor Strafe keinen unbedingten Gehorsam zu lernen. So hatte ich heute wieder den Kummer, ein schmieriges Buch aus einer Leihbibliothek, eine Rittergeschichte aus dem dreizehnten Jahrhundert, in seinem Sekretär zu finden. Merkwürdig ist seine Sorglosigkeit, mit welcher er solche Bücher in seinem Schranke lässt. Gott wolle sein Gemüt bewahren, oft wird mir bange um den übrigens trefflichen Jungen.« Jedenfalls soll der Sohn, so die Ansicht des Vaters, auch weiterhin bei Dr. Hantschke wohnen, denn »Friedrich ist so ein eigentümlicher beweglicher Junge, dass eine abgeschlossne Lebensart, die ihn zu einiger Selbständigkeit führen muss, für ihn das Beste ist. [...] Bis jetzt entwickelt er eine beunruhigende Gedanken- und Charakterlosigkeit, bei seinen übrigens erfreulichen Eigenschaften.«

Zu Friedrichs großem Leidwesen nimmt sein Vater ihn im September 1837 von dem Gymnasium, ein Dreivierteljahr vor dem Abitur. Der Primaner hätte nur zu gern die Schule bis zur Reife besucht, um hernach studieren zu können. Doch er muss sich dem Willen seines Vaters fügen und eine Ausbildung im heimischen Betrieb beginnen. Friedrich, der gerne studiert hätte, dürfte sich hierbei in seinen Wünschen übergangen und fremdbestimmt gefühlt haben. Sicherlich eine der Ursachen für seine fortwährenden Emanzipationsbestrebungen von der Autorität und Kontrolle des Vaters.

Ging es Friedrich Engels sen. bei seiner Entscheidung tatsächlich lediglich darum, seinen Jungen möglichen »schädlichen« Einflüssen durch den gymnasialen Lehrkanon – und später durch das Universitätsstudium – zu entziehen? Wollte er auf diese Weise der Gefahr, dass der Sohn ihm weiter entgleiten könnte, wehren? In diesem Fall hätte der Vater den Jungen jedoch viel früher vom Gymnasium nehmen müssen. Auch war Friedrich Engels sen. ja eine weltoffene Persönlichkeit, die zudem über eine solide Bildung verfügte. Im Übrigen war sein Schwiegervater selbst Rektor an einem Gymnasium gewesen. Der Grund für den erzwungenen Schulabbruch dürfte also vielmehr ein pragmatischer gewesen sein, denn in dem Jahr, in dem sein Sohn die Schule verließ und im elterlichen Geschäft eine kaufmännische Ausbildung begann, war der Teilungsvertrag, den Friedrich Engels sen. mit seinen Brüdern geschlossen hatte, in Kraft getreten. Dies und die anschließende Gründung der Firma »Friedr. Engels & Ermen« sind für den Engels-Forscher Knieriem die eigentlichen Gründe für Friedrichs Abmeldung vom Gymnasium: »Er [der Vater] wollte seinen Sohn so rasch wie möglich befähigen, ihn sowohl in Engelskirchen als eventuell auch schon in Manchester zu vertreten bzw. seine Interessen für ihn dort wahrzunehmen. Wie ernst es dem Vater damit war, beweist auch die Tatsache, dass er gemeinsam mit seinem Sohn Ende Juli 1838 erneut nach Manchester reiste. Die Bemühungen Friedrich Engels' sen., seinen Sohn in die Geschäfte zu integrieren, werden vor dem Hintergrund eines vehementen Hineindrängens der beiden jüngeren Ermen-Brüder leicht verständlich. Der Senior musste, um nicht die Kontrolle zu verlieren, hier ein wirksames Gegengewicht schaffen.«

In seinem Abgangszeugnis wird Friedrich bescheinigt, dass er sich eines »recht guten Betragens befleißigt« und »von guten Anlagen unterstützt, ein rühmliches Streben, sich eine möglichst umfassende wissenschaftliche Bildung anzueignen, an den Tag gelegt« habe. Dass der Unternehmersohn es verstanden hat, im Pensionshaushalt seines Rektors nicht negativ aufzufallen, wird im Nachtrag zum Zeugnis deutlich, in dem Dr. Hantschke ausführt: »Der Unterzeichnete entlässt den lieben Schüler, der ihm infolge häuslicher Beziehungen insbesondere nahegestellt und in dieser Stellung durch religiösen Sinn, durch Reinheit des Gemütes, gefällige Sitte und andere ansprechende Eigenschaften sich zu empfehlen bemüht war, bei seinem am Schlusse des Schuljahres (den 15. September d. J.) erfolgten Übergange in das Geschäftsleben, das er statt früher beabsichtigten Studiums als seinen äußeren Lebensweg zu wählen sich veranlasst sah, mit seinen besten Segenswünschen. Der Herr segne und geleite ihn!«

Ein Jahr nach Beginn seiner kaufmännischen Lehre im väterlichen Betrieb wird Friedrich von seinem Vater zur weiteren Ausbildung in einer externen Firma nach Bremen geschickt. Im Kontor des Handelshauses des erfolgreichen Leinenexporteurs Heinrich Leupold gewinnt er von August 1838 bis März 1841 als Kommis grundlegende Kenntnisse und Fertigkeiten im Exportgeschäft – und lernt zugleich die Mechanismen des Kapitalismus kennen. Sein Prinzipal ist Mitglied der in der Nähe gelegenen St.-Martini-Kirche, deren erster Pfarrer Georg Gottfried Treviranus ist. Dieser wiederum ist wie Leupold ein pietistisch eingestellter, der damaligen Erweckungsbewegung angehörender Mann. Bei ihm hat Friedrich während seiner Bremer Zeit Logis und Familienanschluss.

Der Aufenthalt in Bremen ist für den jungen Mann aus Barmen kein katastrophales Ereignis. Fern der väterlichen Aufsicht und Kontrolle lebt es sich in der Hansestadt nicht schlecht. In der Familie der warmherzigen und fröhlichen Pfarrersleute fühlt er sich wohl und beteiligt sich gerne an ausgelassenen Spielen mit deren Kindern im häuslichen Kreis. Ihm sagt sehr zu, dass er von dem Pfarrer, der völlig in seinem Gemeindedienst und seinen christlich-sozialen Projekten und Aktivitäten aufgeht, in keinster Weise überwacht oder gegängelt wird. Immerhin ist er ja noch weit unter 24 Jahre alt und damit nach preußischem Recht noch nicht volljährig.

Auch in der Firma kann er es ruhig angehen lassen. Er wird nur wenig reglementiert. Recht locker scheint es hier – glaubt man seinen Briefen an seine Lieblingsschwester Marie – zuzugehen. »Unser Comptoir«, so teilt er ihr zum Beispiel einmal mit, »hat eine wesentliche Verbesserung erhalten. Es war nämlich immer sehr langweilig, nach dem Essen gleich ans Pult zu stürzen, wenn man doch so schauderhaft faul ist, und da haben wir, um diesem Übelstande abzuhelfen, auf dem Packhaussoller zwei sehr schöne Hängematten errichtet, in welchen wir uns nach Tische, eine Zigarre rauchend, schaukeln und zuweilen auch einen kleinen Dusel haben.«

In seiner Freizeit nimmt Friedrich Engels Tanzstunden und Fechtunterricht, besucht Konzerte und das Theater, singt in der Bremer Singakademie im Chor und zecht gerne mit seinen Kumpanen in den örtlichen Lokalitäten. Und wenn er schon nicht studieren kann – fortbilden kann er sich auf autodidaktische Weise auch privat. Er liest alles, was an zeitgenössischer Literatur en vogue ist, darunter die sogenannten »jungdeutschen« Dichter und Publizisten wie Ludwig Börne, Karl Gutzkow oder Heinrich Heine. In Buchläden und Lesesälen stöbert er nach liberalen, politisch anrüchigen Schriften, in denen etwa die Abschaffung der Königs- und Fürstenherrschaft und der Kleinstaaterei, die Judenemanzipation und die Aufhebung des Religionszwangs sowie ein geeintes Deutschland gefordert werden. Und ist nicht der aus dem Wuppertal stammende, bei einer Firma als Kaufmann angestellte Dichter Ferdinand Freiligrath ein lebender Beweis dafür, dass man durchaus als Literat tätig und erfolgreich sein kann, auch wenn man einem bürgerlichen Beruf nachgehen muss?

Und literarische Ambitionen hat Friedrich jun. durchaus. So entwirft er heimlich am Kontorpult oder in den Nachtstunden nicht nur Dramen (*Der gehörnte Siegfried, Cola di Rienzi*), sondern veröffentlicht sogar Gedichte und gesellschaftskritische Texte in verschiedenen Zeitungen und Zeitschriften. Zur Vorsicht inkognito bzw. unter dem Pseudonym Friedrich Oswald, denn es ist kaum anzunehmen, dass sein Vater mit dieser »Nebentätigkeit« bzw. mit dem Publikationsinhalt einverstanden wäre. Und so lebt Friedrich Engels, wie Johann-Günther König ausführt, »in seiner Bremer Zeit zwei Leben – das eines freundlich zugewandten, warmherzigen Kommis, Logiergastes und trinkfesten Zechgesellen sowie das anonym bzw. unter Pseudonym geführte geistige Parallelleben als literatur-, gesellschafts- und religionskritischer Literat und Journalist. Für Ersteres war der Sohn einer angesehenen und ökonomisch abgesicherten Unternehmerfamilie bestens vorbereitet und sozialisiert worden – er hatte gute Manieren, verfügte über ausreichend Selbstbewusstsein und Charme im Umgang mit seinem Prinzipal wie auch mit seinen bremischen ›Adoptiveltern‹ und bremischen Philistern, und er war diszipliniert genug, die ihm abverlangten kaufmännischen Herausforderungen [...] korrekt zu meistern. Für Letzteres war er ebenso gut präpariert durch die ihm eigene Neugier, schnelle Auffassungsgabe [...], durch vielfältige geistige Anregungen durch seinen gelehrten Großvater Gerhard Bernhard van Haar und Schullehrer [...], durch die frühe und unmittelbare Anschauung der Arbeits- und Lebensverhältnisse im Wuppertal und nicht zuletzt durch seine künstlerisch-literarische Begabung.«

Sein erster größerer publizistischer Artikel schlägt in seinem Heimatort ein wie eine Bombe. Er erscheint anonym in einer Artikelserie von sechs Folgen in »Telegraph für Deutschland« im März und April 1839. Überschrieben ist der Aufsatz mit der harmlos klingenden Überschrift *Briefe aus dem Wuppertal*. Der Inhalt selbst ist jedoch von erheblicher Brisanz und erregt die Gemüter so mancher Wuppertaler Bürger, behauptet doch der Verfasser nach einer äußeren Beschreibung von Barmen und Elberfeld unter anderem: »Ein frisches, tüchtiges Volksleben, wie es fast überall in Deutschland existiert, ist hier gar nicht zu spüren. [...] Alle Kneipen sind, besonders Sonnabend und Sonntag, überfüllt, und abends um elf Uhr, wenn sie geschlossen werden, entströmen ihnen Betrunkene und schlafen ihren Rausch meistens im Chausseegraben aus. Die gemeinsten unter diesen sind die sogenannten Karrenbinder, ein gänzlich demoralisiertes Volk, ohne Obdach und sichern Erwerb, die mit Tagesanbruch aus ihren Schlupfwinkeln, Heuböden, Ställen etc. hervorkriechen, wenn sie nicht auf Düngerhaufen oder den Treppen der Häuser die Nacht überstanden hatten.«

Der »anonyme Insider« begründet diese haltlosen Zustände folgendermaßen: »Zuvörderst trägt das Fabrikarbeiten sehr viel dazu bei. Das Arbeiten in den niedrigen Räumen, wo die Menschen mehr Kohlendampf und Staub einatmen als Sauerstoff, und das meiste schon von ihrem sechsten Jahre an, ist grade dazu gemacht, ihnen alle Kraft und Lebenslust zu rauben. Die Weber, die einzelne Stühle in ihren Häusern haben, sitzen vom Morgen bis in die Nacht gebückt dabei und lassen sich vom heißen Ofen das Rückenmark ausdörren. Was von diesen Leuten dem Mystizismus nicht in die Hände gerät, verfällt ins Branntweintrinken. [...] Unter den eingebornen Gerbern sieht man auch kräftige Leute, aber drei Jahre ihres Lebens reichen hin, sie körperlich und geistig zu vernichten; von fünf Menschen sterben drei an der Schwindsucht, und alles das kommt vom Branntweintrinken. [...] Es herrscht ein schreckliches Elend unter den niedern Klassen, besonders den Fabrikarbeitern im Wuppertal; syphilitische und Brustkrankheiten herrschen in einer Ausdehnung, die kaum zu glauben ist; in Elberfeld allein werden von 2.500 schulpflichtigen Kindern 1.200 dem Schulunterricht entzogen und wachsen in den Fabriken auf, bloß damit der Fabrikherr nicht einem Erwachsenen, dessen Stelle sie vertreten, das Doppelte des Lohnes zu geben nötig hat, das er einem Kinde gibt.«

Und nun gibt der Autor Breitseiten auf die Pietisten ab: »Die reichen Fabrikanten aber«, so klagt er an, »haben ein weites Gewissen, und ein Kind mehr oder weniger verkommen zu lassen, bringt keine Pietistenseele in die Hölle, besonders wenn sie alle Sonntage zwei Mal in die Kirche geht. Denn das ist ausgemacht, dass unter den Fabrikanten die Pietisten am schlechtesten mit ihren Arbeitern umgehen, ihnen den Lohn auf alle mögliche Weise verringern, unter dem Vorwande, ihnen Gelegenheit zum Trinken zu nehmen, ja bei Predigerwahlen immer die Ersten sind, die ihre Leute bestechen. – In den niedern Ständen«, so Engels weiter, »herrscht der Mystizismus am meisten unter den Handwerkern [...]. Es ist ein trauriger Anblick, wenn man solch einen

Menschen, gebückten Ganges, in einem langen, langen Rock, das Haar auf Pietistenart gescheitelt, über die Straßen gehen sieht. Aber wer dies Geschlecht wahrhaftig kennen will, der muss in eine pietistische Schmiede- oder Schusterwerkstatt eintreten. Da sitzt der Meister, rechts neben ihm die Bibel, links, wenigstens sehr häufig – der Branntwein. Von Arbeiten ist da nicht viel zu sehen; der Meister liest fast immer in der Bibel, trinkt mitunter eins und stimmt zuweilen mit dem Chore der Gesellen ein geistlich Lied an; aber die Hauptsache ist immer das Verdammen des lieben Nächsten. [...] Ihre Bekehrungswut bleibt auch nicht ohne Früchte. Besonders werden sehr viele gottlose Säufer etc. bekehrt, meist auf wunderbare Weise. [...] Diese Proselyten sind alle entnervte, geistlose Menschen, die zu überzeugen eine Kleinigkeit ist; diese bekehren sich, lassen sich jede Woche mehrere Male zu Tränen rühren und treiben ihr ehemaliges Leben im Geheimen fort.«

Schließlich nimmt der Verfasser Wuppertals bekanntesten Erweckungsprediger, den angesehenen, redegewandten reformierten Pfarrer Friedrich Wilhelm Krummacher aufs Korn. Engels schreibt über diesen Mann der klaren Worte, der allerdings oftmals zum Pathos neigt: »Der eigentliche Mittelpunkt alles Pietismus und Mystizismus ist aber die reformierte Gemeinde in Elberfeld. Von jeher zeichnete sie sich durch streng calvinistischen Geist aus, der in den letzten Jahren durch die Anstellung der bigottesten Prediger [...] zur schroffen Intoleranz geworden ist und dem papistischen Sinn wenig nachsteht. Da werden komplette Ketzergerichte in den Versammlungen gehalten; da wird der Wandel eines jeden, der diese nicht besucht, rezensiert, da heißt es: Der und der liest Romane, auf dem Titel steht zwar christlicher

Roman, aber der Pastor Krummacher hat gesagt, Romanbücher seien gottlose Bücher; oder der und der schiene doch auch vor dem Herrn zu wandeln, aber er ist vorgestern im Konzert gesehen – und sie schlagen die Hände über dem Kopf zusammen vor Schreck über die gräuliche Sünde. [...] – Dr. Friedrich Wilhelm Krummacher, ein Mann von ungefähr vierzig Jahren, groß, stark, von imposanter Gestalt, doch nimmt er, seitdem er in Elberfeld ist, einen nicht unbedeutenden körperlichen Umfang an. Sein Haar trägt er auf ganz absonderliche Weise, worin ihm alle seine Anhänger nachahmen. [...] Krummacher ist unleugbar ein Mann von ausgezeichnetem rhetorischen, auch poetischen Talent; seine Predigten sind nie langweilig [...], seine Schilderung der Hölle ist stets neu und kühn, wie oft sie auch vorkommt [...]. Seine Deklamation ist stellenweise sehr gut und seine gewaltsame, handgreifliche Gestikulation oft ganz passend angebracht; zuweilen aber über alle Begriffe maniert und abgeschmackt. Dann rennt er in allen Richtungen auf der Kanzel umher, beugt sich nach allen Seiten, schlägt auf den Rand, stampft wie ein Schlachtross und schreit dazu, dass die Fenster klirren und die Leute auf der Straße zusammenfahren. Da beginnen denn die Zuhörer zu schluchzen; zuerst weinen die jungen Mädchen, die alten Weiber fallen mit einem herzzerschneidenden Sopran ein, die entnervten Branntweinpietisten, denen seine Worte durch Mark und Bein gehen würden, wenn sie noch Mark in den Knochen hätten, vollenden die Dissonanz mit ihren Jammertönen, und dazwischen tönt seine gewaltige Stimme durch all das Heulen hin, mit der er der ganzen Versammlung unzählige Verdammungsurteile oder diabolische Szenen vormalt. – Und nun gar seine Lehre! Man begreift nicht, wie ein Mensch dergleichen, was mit der

Vernunft und der Bibel im direktesten Widerspruch steht, glauben kann. [...] Unter den Barmer Predigern ist nicht viel Unterschied, alle streng orthodox, mit mehr oder weniger pietistischer Beimischung.«

Nachdem der 18-jährige (!) Friedrich jun. das »Treiben des Pietismus im Wuppertal« geschildert und sein Unverständnis darüber geäußert hat, »dass zu unserer Zeit dergleichen noch aufkommen kann«, drückt er seine Hoffnung mit der Prophezeiung aus: »Aber es scheint doch, als könne auch dieser Fels des alten Obskurantismus dem rauschenden Strom der Zeit nicht mehr widerstehen; der Sand wird weggespült, der Fels stürzt und tut einen großen Fall.«

Engels' *Briefe aus dem Wuppertal* sind eine harsche, sozialkritische Anklage gegen die frühkapitalistischen Zustände in seinem Geburtsort zur Zeit der industriellen Revolution. Sie müssen ihn schon früh irritiert und abgestoßen haben. Zumal es, nach Karl Kupisch, »genügend Zeugnisse dafür [gibt], wie namentlich in Elberfeld die sozialen Gegensätze in den dreißiger Jahren besonders schroff geworden waren. Die individualistische kirchliche Armenpflege konnte sie kaum überbrücken, besaß vor allem unter dem rapiden Fortschritt der industriellen Entwicklung von sich aus keine Möglichkeit, das hier aufbrechende gesellschaftliche Problem zu meistern.«

Doch so berechtigt Engels Anklage der sozialen Missstände und so verständlich seine Kritik an diversen Einseitigkeiten der pietistischen Frömmigkeit (auch was die Person Krummachers betrifft) gewesen sein mögen, so ist doch nicht zu übersehen, dass es ihm in seinen Artikeln weniger um eine differenzierte Schilderung jener beklagenswerten Zustände, als vielmehr um eine auf Wirkung bedachte Abrechnung geht. Dadurch kommt es leider immer wieder zu bewussten Karikierungen und unzulässigen Pauschalisierungen in seinen Berichten. Auch fällt die abwertende Stilisierung und Charakterisierung jener schlichten Handwerker unangenehm auf, denen ihr christlich-pietistischer Glaube eine Kraft- und Trostquelle darstellt, die so manch einen von ihnen vor Verzweiflung und Alkoholsucht bewahrt haben mag. Engels selbst gab im Übrigen zu, dass er manche Charakteristiken »fast wörtlich aus Rezensionen abgeschrieben« habe und sein Artikel »in der Hitze geschrieben« sei und »an Einseitigkeiten und halben Wahrheiten leidet«.

Dass die *Briefe aus dem Wuppertal* in eine Phase fallen, in der ihr Verfasser im Begriff steht, sich radikal von seiner pietistischen Herkunft und der Glaubenswelt seiner Väter zu lösen, macht der Briefwechsel deutlich, den er während der Bremer Jahre mit seinen ehemaligen Wuppertalern Jugendfreunden, den Brüdern Friedrich und Wilhelm Graeber führt. Die beiden sind Söhne eines reformierten Pfarrers in Barmen-Gemarke und studieren mittlerweile selbst Theologie. Im Frühjahr 1839 klärt Engels Friedrich Graeber auf: »Na, ein Pietist bin ich nie gewesen, ein Mystiker eine Zeitlang, aber das sind tempi passati; jetzt bin ich ein ehrlicher, gegen andre sehr liberaler Supernaturalist. Wie lange ich das bleibe, weiß ich nicht, doch hoffe ich, es zu bleiben, wenn auch bald mehr, bald weniger zum Rationalismus hinneigend. Das muss sich alles entscheiden.« Drei Wochen später lässt Engels den Freund wissen: »Ich beschäftige mich jetzt sehr mit Philosophie und kritischer Theologie. Wenn man 18 Jahre alt wird, Strauß, die Rationalisten und die Kirchenzeitung kennenlernt, so muss man entweder alles ohne Gedanken lesen, oder anfangen, an seinem Wuppertaler Glauben zu zweifeln. Ich begreife nicht, wie die orthodoxen Prediger so orthodox sein können, da sich doch offenbare Widersprüche in der Bibel finden. Wie kann man die beiden Genealogien Josephs, des Mannes der Maria, die verschiedenen Angaben bei der Einsetzung des Abendmahls [...], bei den Besessenen, [...] etc. mit der Treue, der wörtlichen Treue der Evangelisten reimen? Und nun die Abweichung beim Unser Vater, in der Reihenfolge der Wunder [...], wie da? [...] Vom alten Testament gar nicht zu reden. Aber in dem lieben Barmen wird einem das nicht gesagt. [...] Wo fordert die Bibel wörtlichen Glauben an ihre Lehre, an ihre Berichte? [...] Das ist kein Gefangennehmen der Vernunft unter den Gehorsam Christi, was die Orthodoxen sagen, nein, das ist ein Töten des Göttlichen im Menschen, um es durch den toten Buchstaben zu ersetzen. Darum bin ich noch ein ebenso guter Supranaturalist wie vorher, aber das Orthodoxe habe ich abgelegt.« Schließlich outet Engels sich im gleichen Brief als der wahre Autor der *Briefe aus dem Wuppertal*, indem er ausführt: »Ha, ha, ha! Weißt Du, wer den Aufsatz im Telegraphen gemacht hat? Schreiber dieses ist der Verfasser, aber ich rate Dir, nichts davon zu sagen, ich käm in höllische Schwulitäten.«

Dieser Brief – und nicht zuletzt auch seine nachfolgenden Schreiben! – machen deutlich, welchen Eindruck nicht zuletzt das »Leben Jesu«-Buch von Strauß auf Engels macht, das zu jener Zeit für viel Furore sorgt und die Theologengemüter überaus heftig bewegt und polarisiert. In diesem Buch bestreitet Strauß nicht nur kategorisch die Gottessohnschaft Jesu, sondern stellt zudem den Wahrheitsgehalt und die Historizität der neutestamentlichen Berichte über Jesu Wunder und seine Auferstehung infrage und verweist sie in den Bereich der Mythologie. Strauß' kritische Sicht auf die biblischen Zeugnisse stößt bei dem jungen Ex-Pietisten auf offene Ohren. Und so kritisch er jetzt die Bibel liest, so unkritisch schwärmt er nun von dem jungen Theologen und Philosophen, dessen Werk er für »unwiderleglich« hält. Am 08.10.1839 vermeldet er etwa Wilhelm Graeber: »Ich bin jetzt begeisterter Straußianer [...], ich, ein armseliger Poete, verkrieche mich unter die Fittiche des genialen David Friedrich Strauß. Hör' einmal, was das für ein Kerl ist! Da liegen die vier Evangelien, kraus und bunt wie das Chaos; [...] – siehe, da tritt David Strauß ein wie ein junger Gott, trägt das Chaos heraus ans Tageslicht und – Adios Glauben! es ist so löcherig wie ein Schwamm.« Und am 29.10.1839 lässt er Friedrich Graeber wissen: »Ich habe [...] zu der Fahne des David Friedrich Strauß geschworen, [...]; ich sage Dir, der Strauß ist ein herrlicher Kerl, und ein Genie und Scharfsinn hat er wie keiner. Der hat Euren Ansichten den Grund genommen, das historische Fundament ist unwiderbringlich verloren, und das dogmatische wird ihm nachsinken.«

Insgesamt fällt in den Briefen, die Engels von Bremen aus an seine beiden Freunde schreibt, auf, dass der Barmer Unternehmersohn sich in seiner Auseinandersetzung mit dem »ererbten« Glauben nicht zuletzt an den »Widersprüchen«, die er (bzw. Strauß) in der Bibel ausgemacht haben will, reibt. Auch nimmt er Anstoß an der Lehre von der ewigen Verdammnis der Ungläubigen und der Notwendigkeit des Erlösungswerkes Jesu. Was Letzteres betrifft, so konzediert er zwar einmal Friedrich Graeber gegenüber: »Dass ich ein Sünder bin, dass ich einen tiefliegenden Hang zur Sünde habe, erkenne ich wohl an, ich halte mich durchaus von aller Werkgerechtigkeit fern.« Dann fügt er jedoch an: »Aber, lieber Fritz, dass durch die Verdienste eines Dritten meine Sünden sollen gehoben werden, das kann kein denkender Mensch glauben. Denke ich [...] darüber nach, so finde ich mit der neueren Theologie, dass die Sündlichkeit des Menschen in der notwendig unvollkommnen Realisation der Idee liege; dass darum das Streben eines jeden sein müsse, die Idee der Menschheit in sich zu realisieren, d. h. sich Gott gleich zu machen an geistiger Vollendung. Das ist etwas ganz Subjektives – wie soll die orthodoxe Erlösungstheorie, die ein Drittes setzt, etwas Objektives, dieses Subjektive vollbringen?« (Briefe vom 12.–27.07.1839)

Ferner wird in den Schreiben an die beiden Graeber-Brüder ersichtlich, dass Engels' Ablösungsprozess vom pietistischen bzw. christlichen Glauben verschiedene Stadien durchläuft, und das nicht immer ohne Schmerzen. Anfangs bezeichnet er sich noch als einen »Supranaturalisten« und »Rationalisten«. Er nimmt also für sich in Anspruch, nach wie vor an Gott zu glauben, will andererseits aber nur solche Glaubensinhalte akzeptieren, die der menschlichen Vernunft und Erfahrung nicht widersprechen.

Für eine kurze Zeit spricht ihn die anthropologisch angelegte Theologie Schleiermachers an, die das religiöse Gefühl und Erleben des Einzelnen sowie das Bewusstsein einer »schlechthinnigen Abhängigkeit« von einem göttlichen Urgrund als entscheidend für den Glauben ansieht. In Anlehnung an Schleiermacher belehrt er im Juli 1839 Friedrich Graeber: »Die religiöse Überzeugung ist Sache des Herzens und hat nur insofern Bezug auf das Dogma, als diesem vom Gefühl widersprochen wird oder nicht. So mag Dir der Geist Gottes durch Dein Gefühl Zeugnis geben, dass Du ein Kind Gottes bist [...], aber dass Du es bist durch den Tod Christi –

das doch gewiss nicht. [...] Die Tränen kommen mir in die Augen, indem ich dies schreibe, ich bin durch und durch bewegt, aber ich fühle es, ich werde nicht verloren gehen, ich werde zu Gott kommen, zu dem sich mein ganzes Herz sehnt. Und das ist auch ein Zeugnis des heiligen Geistes; darauf leb' und sterb' ich, ob auch zehntausend Mal in der Bibel das Gegenteil steht.« Zugleich wirft er dem Freund vor: »Du liegst freilich behaglich in Deinem Glauben wie im warmen Bett und kennst den Kampf nicht, den wir durchzumachen haben, wenn wir Menschen es entscheiden sollen, ob Gott Gott ist oder nicht; Du kennst den Druck solcher Last nicht, die man mit dem ersten Zweifel fühlt, der Last des alten Glaubens, wo man sich entscheiden soll, für oder wider, forttragen oder abschütteln.«

Schließlich ist Engels zunehmend von der Philosophie Georg Friedrich Hegels (1770–1831) fasziniert. Dieser in ganz Deutschland berühmte und gefeierte Philosoph lehrte, dass der Kern der geschichtlichen Wirklichkeit die »absolute Idee« sei und eine ewige, absolute Vernunft, ein »Weltgeist«, den Weltprozess durchwalte. Dabei habe sich die Welt-, Kultur- und Religionsgeschichte auf dialektische Art stufenweise immer weiter und höher entwickelt. Am 13.11.1839 teilt Engels Wilhelm Graeber mit: »Ich bin [...] auf dem Punkte, ein Hegelianer zu werden. Ob ich's werde, weiß ich noch nicht, aber Strauß hat mir Lichter über Hegel angesteckt, die mir das Ding ganz plausibel darstellen. Seine [Hegels] Geschichtsphilosophie ist mir ohnehin wie aus der Seele geschrieben.« An Friedrich Graeber schreibt er einen Monat später: »Die Hegel'sche Gottesidee ist schon die meinige geworden, und ich trete somit in die Reihe der ›modernen Pantheisten‹ [...].«

Im Juli 1840 besucht Friedrich Wilhelm Krummacher seinen Vater, der Pfarrer an der St.-Ansgarii-Kirche in Bremen ist. Da Letzterer sich inzwischen doch recht altersschwach fühlt und überdies um die Popularität seines Sohnes auch in Bremen weiß, fordert er diesen zur Übernahme zweier Predigtdienste auf. Friedrich Wilhelm Krummacher sagt zu und nutzt die Gelegenheit, in seinen Predigten gegen das rationalistische Christentum zu Felde zu ziehen. Als deren Hauptvertreter gilt in Bremen Carl Paniel, der ebenfalls eine Pfarrstelle an St. Ansgarii bekleidet. Paniel nun fühlt sich durch Krummachers Gastpredigten herausgefordert und persönlich angegriffen und hält polemische Kontroverspredigten. Es kommt in der Hansestadt zu einem Kirchenstreit zwischen eher pietistisch und eher rationalistisch eigestellten Pastoren und Gemeindegliedern, die sich in Broschüren und Zeitungsartikeln heftig befehden. Der von dieser Kontroverse amüsierte Engels liefert daraufhin im »Morgenblatt für gebildete Leser« vom 17.10.1840 ein anschauliches Bild jenes Kirchenstreits. Dabei fällt auf, dass Engels mittlerweile auch ein rationalistisches Christentum nichts mehr zu geben hat. Im Gegenteil, die ganze Hohlheit der rationalistischen, also »vernunftgemäßen« Theologen, die Jesu Wunder auf natürliche Weise erklären wollen und aus seiner Lehre einen seichten Tugendkatalog machen, demaskiert der inzwischen 20-jährige Ex-Pietist schonungslos:

»Paniels Kontroverspredigten«, so schreibt er, »wurden nun im Geiste des Paulus'schen[3] Rationalismus gehalten. [...] Da ist alles unbestimmt und phrasenhaft; [...] die Behandlung des Textes [gleicht] einem homöopathischen Aufguss;

---

3 Gemeint ist der Theologe Heinrich Paulus, ein repräsentativer Vertreter des theologischen Rationalismus.

Krummacher hat in drei Sätzen mehr Originalität als sein Gegner in allen drei Predigten. [...] Das Tüchtigste, was vom pietistischen Standpunkt geschrieben wurde, war die Broschüre des benachbarten Predigers Schlichthorst, worin auf ruhige, leidenschaftslose Weise der Rationalismus, und gerade der des Pastors Paniel, auf seine Basis, die Kant'sche Philosophie zurückgeführt und ihm die Frage gestellt wurde: Warum seid ihr nicht so ehrlich zu gestehen, dass nicht die Bibel der Grund eures Glaubens ist, sondern die Exegese derselben im Sinne der Kant'schen Philosophie, wie sie Paulus aufbrachte.« Am 15.01.1841 legt Engels im »Morgenblatt« nach, indem er auf eine mittlerweile erschienene Streitschrift Paniels eingeht und dem Verfasser vorwirft, sich »die biblischen Schlagwörter der Orthodoxie – nur mit veränderter Bedeutung – zu den Seinigen« zu machen. Weiter merkt Engels an: »Er ist nicht ehrlich gegen sich selbst und gegen die Bibel; die Begriffe: Offenbarung, Erlösung, Inspiration haben in seinem Munde eine höchst unbestimmte und schielende Fassung. – Die verstandesmäßige Trockenheit des Rationalismus hat in Paniel eine seltene Höhe erreicht. Mit einer abschreckenden, mehr Wolff'schen als Kantischen Logik setzt er seinen höchsten Ruhm darin, alle Gliederungen seines Werks recht grell hervorspringen zu lassen. Seine Ausführungen sind nicht das lebendige Fleisch, mit dem er das logische Gerippe umkleidet, sie sind in weichlicher Sentimentalität nassgetränkte Lappen, die er an den vorragenden Ecken des Kirchengerüstes zum Trocknen aufhängt. Denn jene wässrigen Exkurse, an denen man trotz der orthodoxesten Stichwörter den Rationalisten überall erkennt, liebt Paniel ebenfalls sehr.«

Engels publizistische Beteiligung am Bremer Kirchenstreit belegt nicht nur, wie gut informiert sich der erst 20-Jäh-rige bei seinen »Kommentarberichten« zeigt, sondern wie bewandert er auch bereits in theologischen und philosophi-schen Fragen ist und über welche analytischen Fähigkeiten er verfügt. Obwohl er bereits mit dem Pietismus gebrochen hat, fühlt er sich doch in Hinblick auf Paniels rationalisti-sches Christentum genötigt zu konstatieren: »Man muss ge-stehen, dass der Pietismus sich diesmal mit mehr Geschick-lichkeit benommen hat als seine Gegner. Er hat übrigens auch manches voraus gegen den Rationalismus, eine zwei-tausendjährige Autorität, und eine, wenn auch einseitige, wissenschaftliche Ausbildung durch die neueren orthodo-xen und halborthodoxen Theologen [...]. Der Rationalismus ist nie klar gewesen über seine Stellung zur Bibel; die un-glückliche Halbheit, die anfangs entschieden offenbarungs-gläubig erschien, aber bei weitern Konsequenzen die Gött-lichkeit der Bibel so restringierte, dass fast nichts davon üb-rig blieb, dieses Schwanken setzt den Rationalismus jedesmal in Nachteil, sobald es sich um biblische Begrün-dung von Lehrsätzen handelt. [...] Denn wo von beiden Sei-ten die Bibel als gemeinsame Basis anerkannt wird, da hat der Pietismus immer Recht. [...] Aber außerdem war auf Sei-ten des Pietismus diesmal auch das Talent. Ein Krummacher wird im Einzelnen manche Geschmacklosigkeit vorbringen, nie aber sich ganze Seiten lang in so nichtssagenden Redens-arten umdrehen können, wie Paniel es tut.«

Da nun aber der Eindruck entsteht, dass es sich bei dem Berichterstatter des »Morgenblatts« um einen verkappten Pietisten handelt, plant Engels, als »F. Oswald«, eine Erklä-rung zu veröffentlichen, die über den wahren Standort des pseudonymen Verfassers keinen Zweifel aufkommen lassen soll. Unter anderem lässt er verlauten: »[...] dem Bremer Rationalismus [...], der sich für das Non plus ultra der Freisinnigkeit und Unabhängigkeit hält, sei es hiermit aufs Ausdrücklichste gesagt, dass der Geist, der jene Korrespondenzen diktierte, kein andrer war, als der Geist Hegels und Straußens, ein Geist, mit dessen Kühnheit und Unabhängigkeit sich der sogenannte freie Geist des Dr. Paniel doch wohl nicht messen kann.« Allerdings veröffentlicht das »Morgenblatt für gebildete Leser« Engels' Klarstellung nicht.

Als Friedrich Engels seine Erklärung in der ersten Aprilhälfte 1841 an das »Morgenblatt« sendet, ist er bereits kurz zuvor aus Bremen zu seinen Eltern nach Barmen zurückgekehrt. Um die Jahreswende 1841/42 bekennt sich dann der einst pietistisch sozialisierte Unternehmersohn offen zum Atheismus. Engels Eltern bleibt natürlich die Wandlung ihres Sohnes nicht verborgen. Auch ist ihnen mittlerweile bekannt, dass er der Urheber von politisch wie religiös brisanten Artikeln ist. Kein Wunder also, dass das häusliche Zusammenleben mit ihm zu Konflikten und Spannungen führt. So teilt dann auch Friedrich sen. im Oktober 1842 einem Verwandten recht entnervt mit: »Ich danke [...] Dir herzlich für Deinen Brief und besonders für das, was Du mir über Friedrich gesagt hast. Es war mir nichts Neues, ich kenne von Kind an seine Neigung zu Extremen und war überzeugt, dass er [...] nicht bei dem Gewöhnlichen stehen bleiben würde. Grade so, wie Du anrätst, hatten wir beschlossen, ihn zu behandeln. Ich werde ihm erklären, dass ich um seinetwillen oder um seiner Gegenwart willen weder in religiöser noch in politischer Beziehung meine Ansichten weder ändern noch verbergen werde; wir werden ganz in unsrer bisherigen Lebensweise bleiben u[nd] Gottes Wort u[nd] an-

86

dere christliche Schriften in seiner Gegenwart lesen. Mit ihm streiten werde ich nicht, denn das würde nur zur Hartnäckigkeit führen und erbittern. Seine Bekehrung muss von oben kommen. Er hat, wie ich bestimmt weiß, bei der Konfirmation fromme Regungen gehabt, und ich bin der Zuversicht, dass ein Mensch, der einmal die Kraft des Wortes Gottes an seinem Herzen erfahren hat, auf die Dauer nicht mit den faden neuen Systemen ausreichen wird. [...] Bis dahin ist es schwer zu tragen, einen Sohn im Hause zu haben, der wie ein räudiges Schaf unter der Herde da steht und feindselig dem Glauben seiner Väter entgegentritt.«

Vom September 1841 bis Oktober 1842 leistet Engels in Berlin seinen Militärdienst ab. Daneben besucht er philosophische Vorlesungen an der Universität. Auch vertieft er sich in Ludwig Feuerbachs unlängst erschienenes Buch *Das Wesen des Christentums*, das einen nachhaltigen Einfluss auf ihn ausübt. Für Feuerbach, der von sich sagt, dass in seiner Entwicklung Gott sein erster, die Vernunft sein zweiter und der Mensch sein dritter Gedanke gewesen sei, stellt Gott nur eine Projektion menschlicher Wünsche und Sehnsüchte dar. In seiner rein diesseitigen, materialistischen Weltsicht bestreitet Feuerbach konsequenterweise auch Hegels Anschauung, dass ein ominöser »absoluter Geist« der Urgrund allen Seins sei. Stattdessen habe die Natur aus sich heraus mit dem Menschen auch den menschlichen Geist und damit das menschliche Bewusstsein hervorgebracht. Der Mensch selbst sei das höchste Wesen, und der Glaube an einen imaginären Gott führe nur zu seiner Selbstentfremdung. Der Mensch habe sich auf seine eigenen positiven, »göttlichen« Fähigkeiten – wie Liebe, Weisheit, sittliche Vollkommenheit – zu besinnen und diese den Mitmenschen nutzbar zu machen. Über die

Wirkung, die Feuerbachs Buch auf ihn ausgeübt habe, schreibt Engels später: »Mit einem Schlag zerstäubte es den Widerspruch, indem es den Materialismus ohne Umschweife wieder auf den Thron erhob. [...] Außer der Natur und den Menschen existiert nichts, und die höhern Wesen, die unsere religiöse Phantasie erschuf, sind nur die phantastische Rückspiegelung unsers eigenen Wesens. Der Bann war gebrochen; das ›System‹ war gesprengt und beiseitegeworfen.«

Um seine kaufmännische Ausbildung zu vervollständigen, wird Engels von seinem Vater Ende November 1942 nach Manchester in die englische Niederlassung der Firma, die Baumwollspinnerei »Ermen & Engels«, geschickt. Bis zum Frühherbst 1944 erweitert er nicht nur seine kaufmännischen Kenntnisse, sondern gewinnt auch tiefe Einblicke in die Lebens- und Arbeitsverhältnisse der Arbeiterklasse im industriell bereits weit fortgeschrittenen England. Intensiv beschäftigt sich der deutsche Unternehmersohn mit den Fragen des Sozialismus und verfasst Schriften, die sich kritisch mit dem kapitalistischen System auseinandersetzen. Sie erscheinen in den *Deutsch-Französischen Jahrbüchern*, die von Karl Marx und Arnold Ruge in Paris herausgegeben werden.

Nach seiner Rückkehr aus England trifft Engels persönlich mit dem im französischen Exil lebenden Karl Marx zusammen. Bei diesem längeren Besuch »stellten beide«, so Johann-Günther König, »eine völlige Übereinstimmung in ihren grundlegenden gesellschaftstheoretischen Anschauungen fest und legten den Grundstein für ihre legendäre Zusammenarbeit«. In der Folgezeit unterstützt und ergänzt Friedrich Engels den Freund bei der Entwicklung des »Marxismus« und trägt durch seine publizistischen, propagandistischen und organisatorischen Aktivitäten entscheidend dazu bei, dass sich in der sozialistischen und kommunistischen Bewegung zunehmend Karl Marx als allgemein anerkannter Führer etablieren kann. Dabei geht er mit ideologischen Kontrahenten wenig zimperlich um. Überhaupt ist für ihn Karl Marx unantastbar, ist der doch seiner Meinung nach »durch sein Genie, seine fast übertriebene wissenschaftliche Gewissenhaftigkeit und seine fabelhafte Gelehrsamkeit [uns allen] so weit überlegen, dass, wenn sich einer aufs Kritisieren dieser Entdeckungen versteigen wollte, er sich zunächst nur die Finger verbrennen kann.« Nach Meinung des amerikanischen Schriftstellers Edmund Wilson hat Marx auf Engels eine »väterliche Autorität« ausgeübt, die dieser bei seinem eigenen Vater zurückgewiesen habe.

Nachdem sich Engels mehrere Jahre einer Tätigkeit im väterlichen Unternehmen entzogen hat, gibt er schließlich im Herbst 1850 dem Wunsch des Vaters – der ihm im Übrigen in der Vergangenheit immer wieder mit pekuniären Zuwendungen ausgeholfen hatte! – nach, in die prosperierende Firmenniederlassung in Manchester einzutreten. Der Entschluss zum Eintritt in das Unternehmen fällt dem jungen Engels umso leichter, da sowohl er wie auch Karl Marx bereits seit etwa einem Jahr im Exil in London leben. Karl Marx' Frau Jenny beglückwünscht dann auch ihres Mannes Freund mit den Worten: »Ich freue mich sehr, dass Sie [...] auf dem besten Wege sind, ein großer Cotton-Lord zu werden.« Und sie rät Friedrich: »Keilen Sie sich nur recht fest ein zwischen die zwei feindseligen Brüder[4]; dieser Kampf bringt Sie notwendig Ihrem verehrten Herrn Papa gegen-

---

4 Gemeint sind die zu diesem Zeitpunkt sich beharkenden Ermen-Brüder, die als Partner im Unternehmen tätig waren.

über in die Position der Unentbehrlichkeit, und ich sehe Sie schon im Geist als Friedrich Engels junior und Associé des senior figurieren.«

Jenny Marx hat auch allen Grund zum Frohlocken, gewährleistet Engels' neue Stellung ihr doch, dass er auch weiterhin ihren sich in permanenter Geldnot befindlichen Mann sponsern kann und diesen in die Lage versetzt, nicht nur einen gutbürgerlichen Lebensstil mit seiner Familie zu pflegen, sondern sich auch ganz seinen theoretischen Untersuchungen und Abhandlungen zu widmen. Engels' Opferbereitschaft seinem Freund gegenüber geht sogar so weit, dass er sich wahrheitswidrig zur Vaterschaft eines unehelichen Kindes, das Marx mit seiner Haushälterin gezeugt hat, bekennt.

Engels selbst, der die bürgerliche Ehe verachtet, lebt mit einer jungen irischen Fabrikarbeiterin in einer eheähnlichen Beziehung. In der Firma, in der er, wie von Jenny Marx vorhergesagt, schon bald zum Teilhaber avanciert, erweist er sich – unter den Spielregeln, die ihm das knallharte, gewinnorientierte kapitalistische Wettbewerbssystem aufzwingt – als ein geschickt und klug agierender Unternehmer. Auch im Lebensstil steht er den Angehörigen der reichen Oberklasse in nichts nach. Er ist nun einmal ein Genussmensch, der gerne gut speist und noch lieber reichlich trinkt – er ist Kenner und Besitzer von Unmengen erlesener Weine – und der es liebt, in gehobenem Ambiente zu leben. Voller Leidenschaft nimmt er mit Vertretern der britischen Aristokratie regelmäßig an Fuchsjagden teil und ist Mitglied in den angesehensten Clubs der Stadt. 1869 beendet er seine Tätigkeit bei »Ermen & Engels«. Mit einer stattlichen Abfindung versehen und aufgrund gewinnbringender Aktienspekulationen an der Börse kann er auch in Zukunft ein von materiellen Sorgen freies, angenehmes Leben führen. Doch bei all dem setzt er sich, bis zu seinem Tode am 5. August 1895, unbeirrt für die Verbreitung der kommunistischen Idee ein. Nach Meinung seines Biographen Tristram Hunt, behält Engels »zeitlebens Züge der utopisch-sozialistischen Tradition, von der er den von ihm und Karl Marx vertretenen Ansatz so selbstbewusst abgesetzt hatte, und der protestantisch-eschatologischen Herkunft, der er in jungen Jahren abgeschworen hatte. Sein Telos war der dialektische Höhepunkt des weltweiten Klassenkampfs und zugleich dessen Ende: das Absterben des Staates, die Befreiung der Menschheit und ein Arbeiterparadies der menschlichen Erfüllung und sexuellen Freizügigkeit – kurz, der Sprung aus dem Reich der Notwendigkeit ins Reich der Freiheit.« Ein Paradies auf immanenter, weltlicher Grundlage also.

Gudrun Ensslin

Schwäbische Pfarrers
tochter wird Führungs-
mitglied der RAF

Was für ein tragischer, ja schockierender Lebenslauf: Eine junge schwäbische Pfarrerstochter mit dem Namen Gudrun Ensslin – sympathisch, gebildet, gut aussehend – radikalisiert sich und wird zur »eigentlichen Gründerin und Seele der Roten Armee Fraktion« (Gerd Koenen), die seit den 1960er Jahren zwei Jahrzehnte lang durch Bombenanschläge, Attentate und Entführungen Angst und Schrecken in der Bundesrepublik verbreitete. Wer sich mit der Biographie dieser Top-Terroristin beschäftigt und sie – sofern dies überhaupt möglich ist – verstehen will, der kommt an der mittlerweile schon legendär gewordenen 68er Kulturrevolution nicht vorbei. Denn Gudrun Ensslin war nicht nur ein Kind jener Zeit und Bewegung, sie war gewissermaßen ihr Produkt. Es ist daher unerlässlich, zunächst einmal kurz Revue passieren zu lassen, was die »68er« überhaupt ausmachte.

Überwiegend waren es ältere Schüler und Studenten, die offen und ohne jede Kompromissbereitschaft gegen die wieder saturierte Nachkriegsgesellschaft rebellierten. Gegen ihre Elterngeneration, die einen Hitler zugelassen hatte und nun an ihre politische Vergangenheit nicht erinnert werden wollte. Die nach all den Schrecken des heil überstandenen Krieges froh war, sich unbeschadet im Wirtschaftswunderland eingerichtet zu haben und an seinen Segnungen durch immer weitreichendere Konsummöglichkeiten partizipieren zu können. Die Erwachsenen verstanden nicht, dass ihre Kinder darauf nur mit Hohn reagierten, so wie sie auch für die »bürgerlichen Sekundärtugenden« wie Fleiß, Disziplin und Pflichtgefühl nichts als Verachtung übrighatten. Tugenden, die doch erst den Wohlstand und damit auch die Entfaltungsmöglichkeiten ihrer Kinder ermöglicht hatten. Und die Erwachsenen verstanden nicht, dass die Jugendlichen sich sogar gegen den Staat auflehnten, der ihnen durch seine demokratische Verfassung doch überhaupt erst die Möglichkeit zur relativ risikolosen Auflehnung schuf. Warum bloß diese Aufmüpfigkeit gegen jedwede Autoritätspersonen, die man verächtlich dem »Establishment« zurechnete? Hinzu kam der Aufstand gegen die bis dato wenig hinterfragten, aber nun als überholt und anachronistisch empfundenen Schul- und Universitätsstrukturen.

Doch nicht nur in Deutschland gärte es damals. Auch in vielen anderen Ländern drängten die Menschen auf politische und wirtschaftliche Veränderungen. So etwa in Süd- und Mittelamerika mit seinen Diktatoren, Oligarchen und Großgrundbesitzern auf der einen und dem Massenelend der unterdrückten und politisch entmündigten einheimischen Bevölkerung auf der anderen Seite. Mehr und mehr wurden aber auch die USA kritisiert, die man anklagte, dass sie korrupte Potentaten stützen und eine von wirtschaftlichen Interessen geleitete imperialistische Hegemonialpolitik betreiben würde. Nicht zuletzt entzündete sich der Protest gegen die USA an deren militärischer Unterstützung des Thieu-Regimes gegen den Guerillakrieg der kommunistischen Vietkong unter Führung des legendären Ho Chi Minh in Vietnam.

Überhaupt wurde, vor allem in der westlichen Welt, neben politischen und wirtschaftlichen Veränderungen, auch eine Veränderung und Neuorientierung der Gesellschaft angestrebt – bis hin zu gesellschaftspolitischen Utopien und der Vorstellung eines ganz neuen Menschentyps. Dabei verband man die Lehren eines Karl Marx, Lenin oder Mao mit teils ganz neuen soziologischen und psychoanalytischen Theorien. Bei Letzteren berief man sich vor allem auf die Vertreter der sogenannten »Frankfurter Schule« – wie etwa Ludwig Marcuse oder Theodor W. Adorno – sowie auf die Lehren des 1957 verstorbenen Wilhelm Reich, eines bekanntermaßen sexsüchtigen psychoanalytischen Außenseiters.

Die radikale Gesellschaftskritik und die Propagierung eines neuen, neomarxistischen Gesellschaftssystems vermochte die sogenannte »Studentenbewegung« nachhaltig zu inspirieren. Ebenso auch das von Marcuse und anderen aufgestellte Modell über das Zustandekommen eines besonders den Deutschen zugesprochenen autoritätsgläubigen faschistoiden Charakters, der für das Entstehen der Nazidiktatur ursächlich verantwortlich gewesen sei. Die These von der Genese eines derartigen (Zwangs-)Charakters lässt sich – wie in einer Gleichung – so zusammenfassen: Autoritäre und lustfeindliche Erziehung durch Elternhaus und Schule sowie autoritär-patriarchalische Herrschafts- und Gesellschaftsstrukturen führen zur autoritätshörigen, faschistischen Persönlichkeit, und diese wiederum ist in besonderer Weise geeignet, sich staats-, wirtschafts- und gesellschaftskonform zu verhalten und auf diesem Weg die autoritären Strukturen zu festigen und weiter fortzuschreiben. Um diesen Teufelskreis zu durchbrechen, gelte es, die zurzeit in der Gesellschaft bestehenden repressiven (also die Menschen unterdrückenden) Verhältnisse bewusst zu machen, zu beseitigen und durch repressionsfreie Zustände zu ersetzen. Das wiederum fange bereits bei der Ehe und Familie und in der Schule an. In Umkehrung bislang geübter Praxis wurden daher freie (nichteheliche) sexuelle Beziehungen, eine antiautoritäre Erziehung der Kinder und deren frühest mögliche sexuelle Aufklärung sowie die Anleitung zur sexuellen Betätigung vom Kindesalter an gefordert.

Was sich nun 1968 selbst an historischen Ereignissen abspielte, lässt sich relativ schnell aufzählen. Doch darf man nicht vergessen, dass die Geschehnisse jenes Jahres natürlich auch eine lange Vor- und Nachgeschichte hatten. Doch 1968 war ein Scheitelpunkt erreicht. In diesem Jahr kulminierte etwas, das sich zwar vorher schon auf mancherlei Weise kundgetan hatte, aber nun auf seinem Höhepunkt angelangt war. Auch wenn sich nach diesem Schicksalsjahr zeigen sollte, dass die beschworene politische Revolution doch nicht ausgebrochen war – jedenfalls kein Umsturz im marxistischen Sinne –, so war durch die Einleitung einer Art von Kulturrevolution dennoch etwas in Gang gesetzt worden, das sich nicht minder folgenreich für die Gesellschaft erweisen sollte.

Wirkliche Aufmerksamkeit hatte die Studentenbewegung in Deutschland eigentlich erst 1966 erregt, als man in Demonstrationen und Kampagnen gegen die geplanten Notstandsgesetze protestierte. Und als schließlich am 1. Dezember desselben Jahres SPD und CDU in Bonn gemeinsam eine Große Koalition eingingen und somit im Bundestag nur noch eine numerisch doch recht kleine Opposition in Gestalt der FDP existierte, da fühlten sich die immer mehr politisch agierenden Studenten als die eigentliche Opposition im Lande.

Im Sommer 1967 nun kam es zu heftigen Protestaktionen gegen den Deutschlandbesuch des Schahs von Persien. Im Verlauf dieser Unruhen wurde auf einer Straßendemonstration in Berlin der Germanistikstudent Benno Ohnesorg von der Kugel eines Polizisten tödlich getroffen. Der tragische Vorfall, der allgemeine Empörung hervorrief, sollte wie ein Signal für eine zunehmende Radikalisierung von Teilen der Studentenbewegung dienen. Und da die vielen Zeitungen des mächtigen Pressezaren Axel Springer offen gegen die Studentenbewegung und ihre politischen Anliegen herzogen, geriet nun auch der einflussreiche Medienkonzern mehr und mehr in den Fokus wütender Protestaktionen.

Mit Beginn des Jahres 1968 hatten in Vietnam die Vietkong mit einer großangelegten Offensive begonnen. Furchtbar und ohne jedes Maß waren die militärischen Gegenschläge der Großmacht USA, für die das Unternehmen Vietnam immer mehr zu einem Desaster zu werden drohte. Besonders unheilvoll wirkten sich die gefürchteten Napalmbomben aus: Feuersbrünste hervorrufende Brandbomben. Schockierende Bilder gingen um die Welt. Sie erregten viele, die sie sahen, nicht zuletzt die ergreifende Aufnahme jenes kleinen nackten Mädchens, welches gemeinsam mit anderen von Panik befallenen Kindern schreiend und verzweifelt vor der im Hintergrund sich dunkel und bedrohlich erhebenden Feuerwand davonzurennen versuchte.

Die Proteste gegen den für die Amerikaner immer aussichtsloser gewordenen Krieg nahmen unter der Parole »Amis raus aus Vietnam!« weltweit zu. An der FU Berlin fand im Februar ein internationaler Vietnamkongress statt. Anschließend kam es zu einer großen Antikriegsdemonstration in der Berliner Innenstadt. Wie in einer Prozession trugen viele der marschierenden Studenten unter roten Fahnen, Spruchbändern und Transparenten die Porträts ihrer politischen Idole vor sich her: Ho Chi Minh und Mao, Fidel Castro und Che Guevara, aber auch Marx, Lenin, Rosa Luxemburg und Trotzki.

In der Nacht vom 2. auf den 3. April 1968 wurden in Frankfurt zwei Kaufhäuser in Brand gesteckt. Und nur eine Woche später fand am 11. April auf dem Kurfürstendamm in Berlin ein Attentat auf Rudi Dutschke, den populären Tribun der Studentenbewegung, statt. Ein Hilfsarbeiter hatte mehrere Schüsse auf den Studentenführer abgegeben und diesen zu einem Pflegefall gemacht. Es begannen die Osterunruhen. In vielen Städten fanden spontane Demonstrationen statt. Sie waren nicht frei von Gewalt. Es floss Blut. Zwei Tote waren zu beklagen.

In Frankreich schließlich brachen einen Monat später die Mai-Unruhen aus. Es kam zu Straßenschlachten mit der französischen Bereitschaftspolizei. Symbolträchtig wurden Barrikaden errichtet. Immer mehr Menschen gingen auf die Straße, um zu demonstrieren. Am 13. Mai waren es sogar eine Million Menschen. In manchen Fabriken kam es zu Arbeitsniederlegungen, verschiedentlich gar zu Fabrikbesetzungen. Für mehrere Tage legte ein Generalstreik das Wirtschaftsleben im ganzen Lande lahm.

Aber nicht nur in den USA, nicht nur in Frankeich, in

Westdeutschland oder anderen kapitalistischen Ländern, auch in der Tschechoslowakei, einem kommunistischen Staat also, kam es zu einem Aufbegehren. Der Vorsitzende der alles kontrollierenden kommunistischen Partei, Alexander Dubček, wollte ab vom starren stalinistischen Kurs, den die sowjetischen Chefideologen ihren »Bruderländern« diktiert hatten. Er beabsichtigte, das kommunistische System in seinem Land grundlegend zu reformieren und ihm ein »menschliches Antlitz« zu verleihen. Totalitäre Strukturen wurden aufgeweicht, Meinungs- und Pressefreiheit begannen in dem kleinen Land Einzug zu halten. Doch die kommunistischen Führer in den anderen kommunistischen Staaten fürchteten ein Übergreifen der Demokratie- und Reformbewegung auf ihre Länder und fühlten ihr innerstaatliches Machtmonopol bedroht. Schließlich hielt Breschnew, der starke Mann der UdSSR, den Daumen nach unten. Er ließ Truppen in die ČSSR einmarschieren und Panzer auffahren. Dubček wurde aus seinen Ämtern gejagt. Das Experiment eines Reformkommunismus in Richtung »mehr Menschlichkeit und Demokratie« war gescheitert und musste zurückgenommen werden. Der »Prager Frühling« war nur eine kurze Episode gewesen. Viele Menschen, nicht nur in der Tschechoslowakei, erfasste so etwas wie eine politische Depression.

Es schien, als hätte mit der Niederschlagung des »Prager Frühlings« im August 1968 die weltweite studentische Protestbewegung zwar nicht ihren Todesstoß erhalten, aber doch ihren Schwung, ihre mitreißende Dynamik verloren. Und speziell in Deutschland fehlte der Bewegung seit dem bösen Attentat auf Rudi Dutschke ihre Führungs- und Integrationsfigur. Der Motor der Studentenbewegung in Deutschland, der »Sozialistische Deutsche Studentenbund« (SDS), zeigte inzwischen unübersehbare Auflösungserscheinungen. Gleichzeitig entstanden immer mehr sektiererische Abspaltungen. Dogmatisch beriefen und benannten sie sich nach ihrer jeweiligen Identifikationsfigur: Marxisten, Leninisten, Maoisten, Trotzkisten u. Ä. Und es entwickelte sich ein besonders radikaler, fanatischer und mit einem hohen und menschenverachtenden Gewaltpotenzial versehener Ableger der Studentenbewegung. RAF, Rote Armee Fraktion, nannte er sich martialisch. Die Mitglieder wollten eine Art Guerillakrieg in deutsche Städte hineintragen. Durch Schrecken und Terror sollte das Land reif gemacht werden für eine nach abstrusen Vorstellungen und Theorien erdachte kommunistisch-marxistische Staats- und Gesellschaftsform. Sie wirkten im Untergrund. In der Bevölkerung und in den Medien wurde die RAF auch als Baader-Meinhof-Bande bezeichnet. Genauso gut hätte man sie aber auch Baader-Ensslin-Gruppe nennen können. Denn Gudrun Ensslin war mindestens ebenso für den Aufbau der RAF verantwortlich wie Ulrike Meinhof. Schon die Brandanschläge auf die zwei Kaufhäuser in Frankfurt Anfang April 1968 (s. o.), die wie ein Fanal auf die künftigen Gewaltaktionen der RAF hinwiesen, waren auf das Konto von Andreas Baader und Gudrun Ensslin gegangen. Und damit sind wir wieder bei der schwäbischen Pfarrerstochter angelangt.

Geboren wird Gudrun Ensslin am 15.08.1940 in Bartholomä (Kreis Schwäbisch-Gmünd), einem Dorf am Rande der Schwäbischen Alb. Sie ist das vierte von später insgesamt sieben Kindern des evangelischen Pfarrers Helmut Ensslin und seiner Frau Ilse. Die Kleine ist nicht nur musisch begabt und spielt bei Hauskonzerten schon früh die Violine. Sie ist nach Aussage eines Haus- und Kindermädchens der Pfarrersfamilie auch sehr gescheit und mutig. Auf Letzteres weist lebenslang eine Narbe in ihrem Gesicht hin, die sie sich beim waghalsigen Rodeln zugezogen hat. 1948, drei Jahre nach dem Ende des Zweiten Weltkriegs, ziehen die Ensslins in das Pfarrhaus nach Tuttlingen. Hier besucht das Kind die Grundschule und danach das Gymnasium. Menschen, die Gudrun Ensslin während ihrer Gymnasialzeit kennenlernen, beschreiben sie später als begabt und zielstrebig, sozial engagiert und hübsch. In ihrer Freizeit engagiert sie sich im Evangelischen Mädchenwerk, wird Gruppenführerin und hält im Gemeindehaus Bibelandachten. Im Sommer zieht sie gerne mit ihrer Teenager-Gruppe wandernd und musizierend durchs Land. Schon die Eltern waren einst alte Wandervögel. In der Erinnerung des damaligen Leiters der Evangelischen Jungschar von Tuttlingen ist die Pfarrerstochter »ein Mädchen, das durch seine Schönheit anzog. Obwohl sie immer von jungen Männern umlagert war, hat sie nie etwas Unsauberes getan.«

Das Schuljahr 1958/59 verbringt Gudrun Ensslin als Austauschschülerin des »Internationalen christlichen Jugendaustauschs« in Pennsylvania/USA. Das dortige Schulwesen scheint ihr gefallen zu haben, das Christentum amerikanischer Prägung behagt ihr jedoch weniger. So sieht sie den sonntäglichen Gottesdienst zur Modenschau verkommen. Auch zeigt sie sich »entsetzt über die politische Naivität der Amerikaner«. Und sie freundet sich mit einem amerikanischen Jungen an, hat – nach Meinung ihres Vaters – »den ersten Kuss« und schreibt »glühende Worte« in ihr Tagebuch. Der Kontakt mit dem amerikanischen Freund wird später noch für eine längere Zeit in Form einer Brieffreundschaft weitergeführt.

Als Ensslin wieder nach Deutschland zurückkehrt, muss sie ihr letztes Schuljahr an einem Gymnasium in Stuttgart absolvieren, da sich ihr Vater inzwischen an die Luther-Gemeinde in Stuttgart (Bad Cannstatt) hat versetzen lassen. Doch sie verkraftet den Schul- und Klassenwechsel problemlos. Das »begabte, aufgeschlossene, frische Mädchen«, – so die Oberstudiendirektorin des Königin-Katharina-Stiftsgymnasiums, zeichnet sich nicht nur durch auffallende soziale Kompetenz aus – sie erhält sogar einen Preis für soziales Engagement in der Schülermitverwaltung –, auch die Leistungen der ehemaligen Austauschschülerin leiden nicht. Das Abitur schließt sie mit der damals sehr respektablen Durchschnittsnote von 2,4 ab.

Helmut Ensslin, der Vater, war während des Dritten Reichs mit den Nazis in Konflikt geraten, da er als Anhänger der dialektischen Theologie Karl Barths die »Bekennende Kirche« unterstützte. Als er 1938 einmal auf der Kanzel sinngemäß Jesus Christus einen größeren Mann als den »Führer« genannt hatte, wurde er denunziert und nach dem sogenannten »Heimtückegesetz« angeklagt und verurteilt. Allerdings wurde er kurz darauf amnestiert. Da er wohl weiteren Konflikten mit den Machthabern entgehen wollte, meldete er sich 1941 freiwillig zur Wehrmacht. »Nach dem Krieg«, so Gerd Koenen, »hatte [Helmut Ensslin] sich weiterhin an Niemöllers ›Stimme der Gemeinde‹ orientiert, die gegen Wiederbewaffnung und Westintegration auftrat, ohne selbst jedoch politisch aktiv zu werden. Die Oppositionsstellung gegen die ›Adenauer-Republik‹ richtete sich in erster Linie gegen ihre rheinisch-katholische Prägung und einseitige Westbindung, und darin überschnitten sich, wie bei Niemöller oder Gustav Heinemann, der auch einmal ins Haus kam, nationale und soziale, progressive und konservative Momente.« Jedenfalls will Gudrun Ensslin von ihren Eltern gelernt haben, »dass Christentum nicht an der Kirchentür aufhört, sondern soziales und politisches Handeln einschließt«. Dennoch scheint es später seitens der Tochter immer wieder zu Anklagen über das Verhalten ihrer Eltern während der Nazizeit gekommen zu sein.

Doch zunächst befindet sich Gudrun Ensslins Lebensweg noch in Einklang mit der Glaubens- und Lebenswelt ihres Elternhauses. Schon früh ist es ihr Berufsziel, Lehrerin zu werden: »Einmal ist es der Wunsch, mit an lebendigen Menschen zu arbeiten, zum anderen, reines Wissen zu erwerben, selbst zu lernen und dann das Erworbene weiterzugeben.« Sie entscheidet sich nach ihrer 1960 abgelegten Reifeprüfung zunächst für das Studium der Germanistik, Anglistik und Philosophie an der Universität in Tübingen. Sie kommt bei einer ledigen Tante in der Nähe der kleinen Universitätsstadt unter. Die Tante ist Dorfschullehrerin und bewohnt in dem Schulgebäude – einem ehemaligen Schloss – ein einzelnes Zimmer. Der Wohnbereich der Studentin wird lediglich durch eine Stellwand abgegrenzt. Man kann sich vorstellen, dass die Nichte sich beengt und kontrolliert gefühlt haben dürfte. Als die gestrenge Tante sie eines Tages mit einer brennenden Zigarette erwischt, wird sie vor die Alternative gestellt: »Entweder du rauchst und ziehst aus, oder du rauchst nicht und kannst hierbleiben.« Gudrun entscheidet sich für Ersteres und sucht sich eine neue Bleibe. Für sie die »erste Empfindung des ›Befreitseins‹«. An den Wochenenden aber zieht es sie zu ihren Eltern nach Cannstatt. Hier zog sie dann, laut ihrer Mutter, »den Trainingsanzug an und brachte, ruckzuck, die ganze Wohnung in Schuss«.

Die ersten drei Semester sei seine Tochter noch sehr brav gewesen, urteilt später ihr Vater. Und ihre Mutter erinnert sich, dass bis zu ihrem 22. Lebensjahr auf ihrem Nachttisch noch immer die »Bibelrüste« des Evangelischen Mädchenwerks gelegen habe. Doch nachdem Gudrun Ensslin im Winter 1961/62 den um zwei Jahre älteren Kommilitonen Bernward Vesper kennen und bald darauf lieben lernt, beginnt sich langsam ein Bruch in ihrer bisherigen Entwicklung abzuzeichnen. Die sexuelle Libertinage, die in jener Zeit zunächst vor allem im studentischen Milieu Einzug hält, erfasst durch den promiskuitiven Bernward auch sie. Der hat eigentlich ein Verhältnis mit einer etwas ausgeflippten Studentin namens Dörte, wechselt dann aber zu Ensslin über, ohne seine sexuelle Beziehung zu Dörte aufzugeben. Als Bernward sich im Herbst 1962 zu einem mehrwöchigen Studienaufenthalt in Spanien befindet, besuchen die beiden ihn sogar gemeinsam. Gerd Koenen kommentiert: »Dass die beiden Mädchen zusammen hinfuhren, hatte sicherlich den Schein der Wohlanständigkeit wahren sollen – und war angesichts der vorangegangenen und sich fortsetzenden Dreiecksbeziehung nur eine umso größere Kühnheit. Sie [...] brachten Bernward im Auto zurück – zusammen mit einer spanischen Katze [...]. Nach der Rückkehr schrieb Gudrun Ensslin ein literarisch verschlüsseltes Tagebuch, das ›Isabella und ich‹ betitelt ist und von ihrer Liebe zu jener kleinen Katze handelt, die sie wie ein Findelkind liebt und hegt [...]. Und in die laszive Sinnlichkeit des treulosen Katzenlebens mischen sich Andeutungen einer abgründigen Leidenschaft. – Im Mittelpunkt ihrer Welt und ihrer Wahrnehmung steht, diesen Aufzeichnungen zufolge, Bernward, dessen große, starke Hände mit ihr so spielen wie mit der kleinen Katze – und wie mit

Dörte, ihrer Freundin, und wie mit anderen Freundinnen auch. ›Isabella, wo ist Bernward. Wen berühren seine Hände.‹ [...] Bernward, der über sie kommt: ›Wolf, der das Lamm zerbricht, abhäutet, tötet, das helle Blut trinkt.‹ Diese Metapher kehrt gleich mehrmals wieder. Sie macht sich Vorwürfe, dass sie ihn ›noch immer nicht genug liebt‹, dass sie ›unfähig zur Selbstaufgabe‹ ist. [...] Sie bettelt um eine ›letzte Chance‹ – bis der Wolf sich wieder ihrer erbarmt und ihren ›Schoß erbricht‹ und sie eine Liebe lehrt, ›so groß, bis das kleine Heupferd nicht mehr zu klein ist. Alles tut für dich. Auch töten.‹ Man hält«, so Koenen weiter, »eine Sekunde den Atem an. Natürlich befinden wir uns im Jahr 1962 (nicht 1972), und es handelt sich nur um wenige, vage Andeutungen in einem Strom heller Tag- und dunkler Nachtträume. Aber wie ein Flash bleibt dieser aus dem Nichts hingeschriebene Satzsplitter auf der Netzhaut. Sie selbst ist es ja, die Bernward in das Bild des Wolfes bannt, der das helle Blut trinkt – und für den sie ›alles‹ zu tun bereit ist. [...] Sicher ist das Lamm auch eine religiöse Metapher. Es geht um die Lust der Sünde und der Vergebung, um Hingabe und Strafe, Opfer und Erlösung. [...] Natürlich ist von diesen dunklen Traumlektüren nicht unvermittelt auf den Alltag des jungen Paares zu schließen. Dennoch wird deutlich, mit welcher sinnlichen und sexuellen Anspannung hier [...] gelebt wurde [...]. Insgesamt probten sie bereits eine radikal antibürgerliche Lebensform, in der (in der Phantasie) alle Gebote und Konventionen überschritten wurden; aber sie kaschierten das sorgsam gegenüber ihren Familien und der Außenwelt.« Deutlich wird aber auch, wie sehr Gudrun Ensslin trotz aller proklamierten »neuen« Moral verletzt gewesen sein muss durch das ständige Fremdgehen ihres Freundes.

Der Germanistik-Student Bernward Vesper ist gelernter Verlagsbuchhändler und der Sohn des bekannten Nazidichters Will Vesper. Obwohl Bernward sich genauso wie Gudrun zunehmend »links« orientiert, gibt er schon bald nach dem Tod seines Vaters (1962) den Gedichtband *Letzte Ernte* und den Erzählband *Geschichten von Liebe, Traum und Tod* als Beginn einer geplanten Gesamtausgabe der Werke seines Vaters heraus. Tatkräftig wird er dabei von Gudrun Ensslin unterstützt. Man ist sich nicht zu schade, die Bücher Will Vespers auch in deutschnationalen Zeitungen zu bewerben. 1964 wiederum veröffentlichen die beiden das Taschenbuch *Gegen den Tod – Stimmen gegen die Atombombe.* Gudrun Ensslin scheint in dieser Zeit laut Koenen »ihre Befriedigung in der völligen Identifizierung mit ihm [Vesper] und seinen Projekten« gefunden zu haben. Günter Maschke, der Mitte der Sechzigerjahre mit Gudruns Schwester Johanna liiert ist, will beobachtet haben, dass sie Bernward bedingungslos als kommende intellektuelle Größe bewundert habe. Und eine Halbschwester Bernwards, die die beiden in Tübingen besuchte, äußerte später, dass man schon mit der Freundin ihres Halbbruders allein habe zusammen sein müssen, um zu erkennen, dass sie eine eigene Meinung hatte.

Bei all den verlegerischen Aktivitäten verliert Gudrun Ensslin auch ihr Studium nicht aus den Augen. Zwar bricht sie, nicht zuletzt aus finanziellen Gründen, mit dem Wintersemester 1962/63 und nach erfolgreich bestandenem Philosophicum, das Tübinger Studium ab. Stattdessen wechselt sie zur Pädagogischen Hochschule in Schwäbisch Gmünd, wo sie nach einem Jahr die erste Dienstprüfung für das Lehramt an Volksschulen mit der Note befriedigend ablegt. Doch tritt sie danach nicht in den Schuldienst ein, sondern zieht, nachdem ihr die Gewährung eines Promotionsstipendiums durch die Studienstiftung des deutschen Volkes gelungen ist, 1964 mit ihrem Freund Bernward Vesper nach Berlin, wo sich beide an der Freien Universität Berlin immatrikulieren (Hauptfach Germanistik, Nebenfach Anglistik bzw. bei Vesper Soziologie). Wie ihrem Lebenslauf für die Bewerbung an jener Hochschule zu entnehmen ist, entscheidet sich Ensslin für Berlin, »weil ich denke, dass gerade dort neue Möglichkeiten eines literarischen Studiums (ich beabsichtige, als Universitätsabschluss mit einem germanistischen Thema zu promovieren) und fundierter politischer Einsichten gegeben sind«. Nach Abschluss des Studiums will sie hauptberuflich in die Verlagsarbeit gehen.

Auch wenn von einer Heirat zwischen ihr und Bernward Vesper nicht die Rede war, so verloben sich die beiden dennoch hochoffiziell um Ostern 1965 im Kursaal von Bad Cannstatt. Anscheinend eine Konzession gegenüber ihren Familien, da sie nun schon länger zusammenleben. Ihre Dissertation über den Dichter Hans Henny Jahnn, dessen »totale Negation der Gesellschaft« sie beeindruckt, vollendet Gudrun Ensslin jedoch nie. Das hängt nicht nur mit ihrer weiteren politischen Entwicklung zusammen, sondern liegt auch daran, dass am 13.05.1967 ihr und Vespers Sohn Felix zur Welt kommt.

In Berlin beginnen Ensslin und Vesper damit, sich nun auch mehr und mehr politisch aktiv zu betätigen. Während des Bundestagswahlkampfs im Sommer 1965 engagieren sie sich im »Berliner Wahlkontor der Schriftsteller« als Wahlkampfhelfer für Willy Brandt und die SPD. Nach Günter Grass, dem Initiator des SPD-Wahlkontors, besitzt Gudrun Ensslin »eine auffallend starke Ausstrahlung – eine sehr deutsche Ausstrahlung: idealistisch, mit dem angeborenen deutschen Ekel vor dem Kompromiss. Sie hatte einen Hang zum Absoluten, zur eindeutigen Lösung.« Dass im folgenden Jahr die SPD mit der CDU eine Große Koalition eingeht, empört Vesper und seine Verlobte sehr. Ensslin später: »Wir mussten erleben, dass die Führer der SPD selbst Gefangene des Systems waren, die politische Rücksichten nehmen mussten auf die wirtschaftlichen und außerparlamentarischen Mächte im Hintergrund.« Vesper selbst gibt seit 1966 mit den *Voltaire Flugschriften* eine Reihe linker Texte heraus, die für eine Zeit lang in der studentischen Protestszene Westberlins und darüber hinaus tonangebend sind. Gudrun Ensslin übersetzt mehrere dieser Texte aus dem Englischen ins Deutsche und ist auch maßgeblich beteiligt an einer *Voltaire-Flugschrift* über den bewaffneten Widerstand der Schwarzen in den USA, die ein flammendes Plädoyer gegen die Strategie der Gewaltlosigkeit eines Martin Luther King darstellt.

Nachdem am 2. Juni 1967 während einer Demonstration gegen den Schahbesuch der Student Benno Ohnesorg von einer Kugel des Polizisten Kurras tödlich verletzt worden ist, meldet Ensslin schon bald darauf der Studienstiftung in einem obligatorischen Zwischenbericht: »Außer von Felix waren die Monate seit Juni fast völlig von den Ereignissen an der Universität und in Westberlin beansprucht.« Sie habe »aktiv an zahlreichen Aktionen, deren Vorbereitung und Auswertung teilgenommen« und befindet: »Ich sollte das auch weiterhin tun.«

Bereits eine Woche nach dem Tod von Benno Ohnesorg gehört sie zu den Organisatoren und Teilnehmern eines sogenannten »Buchstabenballetts« auf dem Kurfürstendamm. Dabei fordern die »Ballett«-Mitglieder auf entsprechend beschrifteten Hemden und Blusen den damaligen Berliner Bürgermeister Heinrich Albertz zum Rücktritt auf. Wenige Wochen später lernt Ensslin in der Aktionsgruppe, die das »Buchstabenballett« veranstaltet hat, einen jungen Mann namens Andreas Baader kennen. Er fällt durch besonders radikale Aktionsvorschläge auf. So plädiert er allen Ernstes für die Sprengung des Turms der Kaiser-Wilhelm-Gedächtniskirche. Das ist der Gruppe dann doch zu krass. Man einigt sich auf einen Art Kompromiss: Durch die Zündung von Rauchbomben im Kirchturm soll gewissermaßen eine »symbolische Sprengung« erfolgen. Zu den begeisterten Unterstützern dieses Plans gehört auch Gudrun Ensslin. Überhaupt imponiert ihr das neue Gruppenmitglied ungeheuer. Schon bald werden die beiden ein schier unzertrennliches Paar. Ihren Sohn Felix gibt sie zunächst bei Bekannten ab. Danach wird er von Bernward Vesper, seinem Vater, betreut, der ihn tagsüber in einen antiautoritären Kommune-»Kinderladen« gibt. Am Ende wird er von einer mit Gudrun Ensslins Eltern befreundeten Landarztfamilie auf der Alb großgezogen.

Andreas Baader, dessen Vater im Krieg verschollen war, ist als Kind nur unter Frauen aufgewachsen. Seine Mutter lebt in den Nachkriegsjahren in München zusammen mit seiner Großmutter und einer Tante in einer Art weiblicher WG. Sie verwöhnen und vergöttern den hübschen und begabten Jungen, was ihm ganz offensichtlich nicht guttut: Welche Schule er auch besucht – und dann wieder verlassen musste –, stets zeigt er sich als sozial unverträglich. Er akzeptiert weder Regeln noch Grenzen und ist notorisch renitent. Er neigt zu Gewalt, will unter seinen Kameraden im Mittelpunkt stehen und spaltet sie regelmäßig in Bewunderer und

Gegner. Am Ende kann er weder einen Schulabschluss noch eine Lehre nachweisen. Auch mit dem Gesetz kommt er immer wieder in Konflikt, zum Beispiel wegen Fahrens ohne Führerschein, Fälschungen von Fahrzeugpapieren und ähnlichen Delikten. Er erhält Jugendarrest. Warum er trotz seiner Leidenschaft für schnelle Autos und Motorräder nie seinen Führerschein macht, verwundert. Gerd Koenen fragt sich, ob »sich darin bereits ein Grundmuster [abzeichnete], das seine jugendliche narzisstische Störung in einen auswuchernden Konflikt mit dem ›repressiven‹ Regelwerk der Gesellschaft überführte, der schließlich ins Politische überhöht wurde? Jedenfalls hat Andreas Baader es offenkundig zeit seines Lebens als Kränkung seines omnipotenten Selbstbildes empfunden, sich irgendeiner Lehr- und Prüfungssituation auszusetzen – und wäre es nur die einer Fahrschule.«

Und dann kreuzt Baader in der Künstler- und Studentenszene in Berlin auf. Ensslin fährt auf den großspurigen, anarchistischen Typen, der gerne wie ein Bohemien lebt, voll ab. Heinrich Jaenicke schreibt in seinem großen »Stern«-Artikel über Gudrun Ensslin aus dem Jahr 1972: »Sie war fasziniert. Jahrelang hatte sie mit einem eher mimosenhaften, zerquälten Intellektuellen zusammengelebt, jahrelang hatte sie lauter kluge Männer reden hören, aber nie einen wirklich ›etwas tun‹ sehen, und nun begegnete sie einem, der einfach Autos knackte. Für ihn war das Spaß, für Gudrun Ensslin gesellschaftlicher Protest. Der Verführer, auf den sie psychisch programmiert war, war da.«

Überhaupt liegt damals innerhalb der politisierten Studentenbewegung eine latente Gewaltbereitschaft in der Luft. So stellt der damalige SDS-Aktivist Peter Schneider später fest, dass »über dem einstimmigen Bekenntnis zum Prinzip der Gewaltfreiheit nahezu in Vergessenheit geraten [ist], dass es einen solchen Konsens in der Studentenbewegung nicht gab. Die Idee von der Stadtguerilla und vom bewaffneten Kampf in den Metropolen ist keineswegs in den Hirnen von ein paar isolierten Einzelkämpfern entstanden. Sie schwamm von Anfang an mit im Gedanken- und Gefühlsstrom der 68er Generation und wurde mit einer unvorstellbaren Offenheit in Teach-ins diskutiert, an denen Tausende teilnahmen.« Und als Ensslin und Baader im Februar 1968 an einem Vietnam-Kongress des SDS in Berlin teilnehmen, bekommen sie mit, wie der SDS-Führer Rudi Dutschke – er ist der »Patenonkel« von Ensslins und Vespers gemeinsamen Sohnes Felix – in einer Rede den Kongressteilnehmern zuruft: »Wenn sich dem Viet-Cong nicht ein amerikanischer, europäischer und asiatischer Cong zugesellt, wird die vietnamesische Revolution ebenso scheitern wie andere zuvor.«

Das Paar macht Ernst und setzt ein (Brand-)Zeichen. Dabei sucht es sich ein symbolträchtiges Objekt der verachteten Konsumhaltung der Bundesbürger aus. Gemeinsam mit Thorwald Proll und Horst Söhnlein legen Gudrun Ensslin und Andreas Baader am 2. April in zwei Kaufhäusern in der Frankfurter Innenstadt Brandsätze, die sich noch in derselben Nacht automatisch entzünden. Schnell werden die Brandstifter gefasst und der Tat überführt. Nach 14-monatiger U-Haft werden sie am 13.6.1969 auf freien Fuß gesetzt, da das Urteil (drei Jahre Zuchthaus) noch nicht rechtskräftig und bereits über ein Drittel ihrer Strafe durch die U-Haft verbüßt ist und keine Fluchtgefahr besteht. Im Prozess stellt Ensslin die Tat als einen Protest dar, der sich gegen die Gleichgültigkeit richte, mit der die Gesellschaft dem »Völkermord« in Vietnam zusehe. »Wir haben gelernt«, so führt sie vor Gericht aus, »dass Reden ohne Handeln Unrecht ist. [...] Ich sehe nicht ein, warum man das, was man Jahrhunderte lang getan hat und als falsch erkannt hat, weiter tun sollte, nämlich so tun, als ob man nichts tun könnte. [...] Aber ich will etwas getan haben dagegen.«

Gerd Koenen, der im Rahmen seiner Buchrecherche zu *Vesper, Ensslin, Baader* auch Gudrun Ensslins jüngste Schwester Ruth – eine Psychotherapeutin – befragte, schreibt: »Ihre Schwester Ruth hört aus Gudruns leeren Beschwörungen des ›etwas Tuns‹ oder ›getan haben Wollens‹ beim Brandstifter-Prozess [...] das ferne Echo familiärer Diskussionen über das, was die Eltern und die Familie in den Jahren des Dritten Reichs ›getan‹ oder eben nicht ›getan‹ hatten. Statt um aktive politische Verstrickung ging es bei den Ensslins also um passives moralisches Versagen – und dies in Konfrontation mit den hohen Postulaten einer protestantischen Gesinnungsethik. Auch daraus ließ sich freilich eine Position moralisch-politischer Superiorität gewinnen, die freie Hand für vieles gab.«

Während der Haft teilt Gudrun Ensslin einer früheren Freundin mit: »Liebe Hanna, ich will unbedingt ehrlich sein, im gleichen Maß, wie ich Dir als Utopist erscheine [...], sehe ich Dich als jemand, der träumt: [...] Ich kann das christliche Reden nicht mehr ertragen; ich hab' mich ein für allemal auf die Seite [...] des sich auflehnenden Menschen geschlagen. Auch die Geschichte des Christentums ist (wofür Christus nichts kann) zu eindeutig die Geschichte des Sklaventums und der Herrschaft von Menschen über Menschen, als dass ich mit ihm und nicht vielmehr gegen es handeln könnte.« Gleichzeitig bittet sie die Freundin um Verständnis dafür, dass sie den Kontakt mit ihr abbrechen muss.

Mit den Brandlegungen ist für Ensslin eine weitere rote Linie überschritten, eine weitere Hemmschwelle gefallen und die Weiche für eine sich unaufhaltsam steigernde Radikalisierung gestellt. In der linken Politszene haben sie und Andreas Baader durch ihre Aufsehen erregende Aktion, den langen Prozess und den Aufenthalt in der U-Haft mittlerweile einen besonderen Status und ein gewisses Renommee erlangt. Das scheint man rechtfertigen zu wollen. Sie organisieren die Flucht von über dreißig Jugendlichen aus dem Erziehungsheim Staffelberg bei Biedenkopf. Der SDS besorgt den entlaufenen Fürsorgezöglingen, denen sich immer mehr Jugendliche auch aus anderen Heimen anschließen, Geld und provisorische Quartiere. Etliche dieser teils drogensüchtigen Jugendlichen kommen bei Ensslin und Baader – die nach ihrer U-Haft selbst Rauschgift nehmen – unter. Sie versuchen einen Teil von ihnen politisch zu schulen, zum Beispiel mit Texten von Mao Tse-tung. Offensichtlich schwebt ihnen der Aufbau einer Art Stadtguerilla vor. »Bewaffneter Kampf«, so meint ein Ex-Heimzögling später, »der Begriff war damals noch nicht so gebräuchlich. Aber dass es auf Guerilla zuging, auf lange Sicht, das war eigentlich allen da schon recht klar.«

Am 10. November 1969 erfahren die Brandstifter über ihre Anwälte, dass der Bundesgerichtshof die Revisionsanträge gegen das Urteil im Kaufhausbrandstifterprozess zurückgewiesen hat. Ensslin und Baader denken jedoch nicht daran, ihre Reststrafe (bei guter Führung unter Umständen nur noch zehn Monate Haft!) zu verbüßen. Sie entscheiden sich umgehend für die Flucht. »Noch wurde nicht nach ihnen gefahndet, da« – so Thorwald Proll später – »›erfanden‹ sie sich schon ihre Illegalität. [...] Die meisten Autoren stimmen darin überein, dass diese selbst gewählte Illegalität Ende 1969 der eigentliche Beginn des Untergrundkampfes von Gudrun Ensslin und Andreas Baader war. Mit diesem Gang in die Illegalität begannen sie dauerhaft zu praktizieren, was bis dahin offenbar als Idee längst in ihren Köpfen war. Sie zogen mit diesem Schritt eben jenen später häufig zitierten ›Trennungsstrich‹ zwischen sich und der sie umgebenden Gesellschaft.«

Dabei könnte Ensslin immer noch vom Weg in die Illegalität »umkehren«. Nicht nur, dass ihr Vater sie und Baader eindrücklich beschwört: »Geht doch hin, reißt die zehn Monate ab!« (woraufhin sie ihrem Vater entschlossen entgegnet: »Wir gehen nicht in den Knast«), sie erhält auch von verschiedenen Seiten Angebote für eine berufliche Perspektive nach der Haftverbüßung. Ernst Heinitz, Professor an der Freien Universität Berlin, bietet ihr sogar an, sie an einer Universität oder in einem Verlag unterzubringen. Worauf Ensslin ihm zu verstehen gibt, dass »eine bürgerliche Existenz das Letzte« sei, wonach sie strebe. Sie opfert dem Leben im Untergrund mit ihrem Geliebten Baader – von dem sie nach Heinitz' Beobachtung »mehr als sie wusste und ihr Intellekt zugab seelisch abhängig« und an dem sie »unendlich gefühlsmäßig gebunden« war – letztendlich auch ihren Sohn Felix. »Im Sommer 1969 zu sagen ›Nicht ohne mein Kind‹, wäre eine Chance für Gudrun gewesen, ›Ich‹ zu sagen«, meinte später Ruth Ensslin, ihre Schwester. Die Trennung von dem Kind, ihrem »Felixchen« oder »Bübchen« scheint Gudrun Ensslin im Übrigen aber alles andere als leichtgefallen zu sein. Er ist ein Wunschkind gewesen, zu dem sie echte Muttergefühle entwickelt hat. So schreibt sie etwa am 27.08.1968 aus dem Gefängnis an Vesper: »Ich weiß nur, dass ich ihn [d. i. Felix] vom ersten Augenblick an bedingungslos geliebt habe.« Und am 06.10.1968: »Gestern, vorgestern gab es Stunden, die im Hinblick auf Felixchen die schlimmsten überhaupt waren.«

Zunächst setzen Ensslin und Bader sich in Paris ab. Dann reisen sie nach Italien weiter. Dort sucht sie der APO-Anwalt Horst Mahler auf. Er überredet die beiden, nach Berlin zurückzukehren und im Untergrund eine bewaffnete Gruppe aufzubauen. Tatsächlich scharen Ensslin und Baader bald darauf in Westberlin eine Gruppe Gleichgesinnter um sich. Konspirative Wohnungen werden angemietet und Waffen besorgt. Zu den Verschwörern gesellt sich auch die Journalistin Ulrike Meinhof, die Gudrun Ensslin einst beim Brandstifter-Prozess kennengelernt hatte, als sie mit ihr ein Interview führte. Dabei hatte sie die Angeklagte nachhaltig beeindruckt. Jetzt hat sich Meinhof gerade von Klaus Rainer Röhl, dem Herausgeber der linken Satire-Zeitschrift »Konkret«, scheiden lassen. Bei der Scheidung werden ihr nicht nur die gemeinsamen siebenjährigen Zwillingstöchter, sondern auch 40.000 DM zugesprochen. Ein willkommener kapitaler Grundstock für die Untergrund-Gruppe, die bald unter dem Namen RAF auftreten wird. Susanne Bressan und Martin Jander kommen in ihrer Ensslin-Studie zu dem Urteil: »Der eigentliche Beginn der RAF soll in einer Nacht des Februar 1970 stattgefunden haben. Ulrike Meinhof, Gudrun Ensslin und Andreas Baader nahmen gemeinsam LSD. Ensslin soll Meinhof während dieses Trips überredet haben, wie sie ihre Kinder zu verlassen. Außerdem habe sie die Idee vorgetragen, einen revolutionären Katechismus zu entwickeln, der in der Umkehrung der Zehn Gebote bestehen solle. Aus allen Geboten sei das jeweilige Gegenteil zu machen. So solle aus dem Gebot ›Du sollst nicht töten‹ das revolutionäre Gebot ›Du sollst töten‹ werden.«

Andreas Baader wird am 4. April 1970 bei einer Waffenbeschaffungsaktion von der Polizei festgenommen. Ensslin geht nicht nur das Wagnis ein, ihren Geliebten unter falschem Namen im Gefängnis zu besuchen, sondern sie organisiert auch entschlossen seine Befreiung. Baader wird gestattet, sich in einer Bibliothek mit Ulrike Meinhof, die zu dem Zeitpunkt noch nicht auf der Fahndungsliste der Polizei steht, zu treffen. Angeblich geht es um ein gemeinsames Buchprojekt. Bei der gewaltsamen Befreiungsaktion durch eine von Gudrun Ensslin zusammengestellte kleine Personengruppe wird ein Bibliotheksangestellter durch einen Schuss schwer verletzt.

Nun sind nicht nur Ensslin und Baader, sondern auch Ulrike Meinhof im Fokus der Polizei, die sofort eine Großfahndung nach der Gruppe in Gang setzt. Ensslin und Co. müssen erkennen, dass sie in Teilen der linken Szene durch die bei der Befreiungsaktion erfolgte lebensgefährliche Schussverletzung eines Unbeteiligten Kredit verloren haben und auf Distanz und Kritik stoßen. Wütend versucht sich die Gruppe in der Szene-Zeitung »Agit 883« zu rechtfertigen. In der allem Anschein nach gemeinsam von Ensslin und Meinhof verfassten Erklärung heißt es in völliger Verkennung der Wahrnehmung und Bedürfnisse der Menschen im Land: »Genossen von 883, es hat keinen Zweck, den falschen Leuten das Richtige erklären zu wollen. Die Baader-Befreiungs-Aktion haben wir nicht den intellektuellen Schwätzern, den Hosenscheißern, den Alles-Besser-Wissern zu erklären, sondern den potentiell revolutionären Teilen des Volkes. Das heißt denen, die die Tat sofort begreifen können, weil sie selbst Gefangene sind. [...] Den kinderreichen Familien, [...] den Hauptschülern, den Familien in den Sanierungsgebieten, [...] den verheirateten Arbeiterinnen, die zu Haushalt und Kindern noch den Akkord schaffen müssen – verdammt! [...]« Das Manifest endet mit dem Appell: »Die Klassenkämpfe entfalten, das Proletariat organisieren, mit dem bewaffneten Widerstand beginnen, die Rote Armee aufbauen!«

Gut drei Wochen nach der Gefangenenbefreiung brechen Ensslin, Meinhof, Baader und Mahler sowie andere Mitglieder der ersten RAF-Generation nach Jordanien zu einem Waffentraining bei der palästinensischen »El Fatah« auf. Zur Gruppe gehört auch Peter Homann: »Ich hatte das zweifelhafte Vergnügen, die Hauptakteure der sogenannten ersten Generation, einige davon lange vor der Entstehung der RAF 1970, gekannt zu haben. [...] Ich habe einige von ihnen noch in den ersten acht Wochen nach der Baader-Befreiung im Jahr 1970 bis in ein palästinensisches Camp in Jordanien begleitet und konnte miterleben, wie der Todestrip begann und ein kollektiver Irrsinn nach und nach fast jeden ergriff.« Homann, der sich nach der Rückkehr der Gruppe nach Deutschland umgehend von der RAF lösen sollte, erlebt hautnah mit, wie es zur Ausübung von Gruppenzwang und -kontrolle kommt. Da im Laufe der Ausbildung immer wieder Meinungsverschiedenheiten zwischen Homann und der Gruppe ausbrechen – unter anderem war er sich mit Baader wegen dessen offenkundigem Sadismus und Gewaltfetischismus in die Haare geraten –, beschließt man, ihn umzubringen. Den Mord verhindern jedoch die Ausbilder der »El Fatah«, indem sie den RAF-Mitgliedern die Waffen abnehmen. Sie lassen sich auch nicht von Ensslin umstimmen, die Homann als »an Israeli spy« denunziert und die Palästinenser auffordert:

»Shoot him!« Die Deutschen müssen umgehend das Lager verlassen.

Als die RAF-Truppe Anfang August 1970 wieder nach Berlin zurückkehrt, baut sie konsequent ihre illegale Struktur aus. Nicht nur in Berlin selbst, sondern nach und nach auch in verschiedenen Großstädten Westdeutschlands. Wieder werden konspirative Wohnungen gemietet und Waffen besorgt. Man beschafft sich das nötige Geld durch Bankeneinbrüche. Es kommt zu Fahndungen durch das BKA, zu Schusswechseln mit der Polizei, der Tötung von zwei Polizisten, zur einen oder anderen Festnahme. Doch so richtig los geht es erst im Frühjahr 1972. Da setzt die sogenannte Mai-Offensive der RAF ein: 11.05. Sprengstoffanschlag auf das Offizierskasino des V. US-Korps in Frankfurt; 12.05. Bombenanschlag auf die Augsburger Polizeidirektion und das Münchner Landeskriminalamt; 15.05. Sprengstoffanschlag auf den Bundesrichter Buddenberg in Karlsruhe; 19.05. Bombenanschlag auf das Springerhochhaus in Hamburg; 24.05. Anschlag auf das Europahauptquartier der US-Armee in Heidelberg. Bei der Anschlagsserie kommt es zu Toten und Verletzten. Die Anschläge werden unter anderem mit den amerikanischen »Verbrechen am vietnamesischen Volk« gerechtfertigt.

Am 1. Juni 1972 werden Andreas Baader und zwei weitere RAF-Mitglieder, Holger Meins und Jan-Carl Raspe, festgenommen. Nur wenige Tage später, am 7. Juni, erfolgt die Festnahme von Gudrun Ensslin. Dabei entsteht der Eindruck, dass sie ihre Verhaftung selbst provoziert. Will sie mit ihrem Geliebten Baader das Gefängnisschicksal teilen? Jedenfalls hält sie sich an jenem 7. Juni auffallend lange in einer Hamburger Modeboutique auf, probiert umständlich immer neue

Kleidungsstücke an und legt sogar ihre Jacke in dem Geschäft so ab, dass der misstrauischen Verkäuferin die darin enthaltene Schusswaffe sofort auffällt. Diese verständigt daraufhin umgehend telefonisch die Polizei. Der gelingt es dann auch, die überrumpelte Terroristin ohne Gegenwehr festzunehmen. In einem heimlich herausgeschmuggelten Kassiber an die sich noch in Freiheit befindende Ulrike Meinhof (mit Überlegungen zu neuen Entführungen und Anschlägen) gibt sie allerdings als Grund für ihre Passivität bei der Festnahme an: »Dann im Laden habe ich nur noch Scheiße im Hirn gehabt, erregt, verschwitzt etc., sonst hätte ich ticken müssen, ich habe aber gepennt; ging auch irre schnell, mögl. weiter ne Kripovotze sofort hinter mir i. Laden, ich hab gepennt, sonst wäre jetzt eine Verkäuferin tot (Geisel), ich und vielleicht 2 Bullen.« Am 15. Juni geht dann Ulrike Meinhof selbst als letzte noch übrig gebliebene Person des RAF-Führungstrios den Fahndern in die Maschen.

Nachdem die Gefangenen anfangs in verschiedenen Gefängnissen eingesessen waren, würden sie im Frühjahr 1974 in ein neu errichtetes, monströses Sicherheitsgefängnis in Stuttgart-Stammheim verlegt. Wie weit Gudrun Ensslin bereits zu Beginn ihrer Inhaftierung mit ihrer Familie gebrochen hatte, macht der von ihren Geschwistern Christiane und Gottfried veröffentlichte Briefverkehr deutlich, den sie ein knappes Jahr nach ihrer Gefangensetzung mit den beiden praktizierte. In ihrem Vorwort zu dem Buch schreiben Christiane und Gottfried Ensslin: »›Meine wirklichen Geschwister sind Thomas Weissbecker und Georg von Rauch [RAF-Mitglieder].‹ Mit diesem Satz betonte unsere Schwester den existenziellen Bruch mit Herkunft und Bürgerlichkeit, den der bewaffnete Kampf für sie bedeutete. Umso mehr müssen die Briefe erstaunen, die wir in den beiden Jahren 1972 und 1973 von ihr erhalten haben.«

Den Briefverkehr nimmt Gudrun Ensslin nach einem Besuch Christianes am 16. Juni 1972 auf. In ihrem darauffolgenden Brief vom 17.06.1972 bezieht sie sich auf diesen Besuch, indem sie die Schwester wissen lässt: »Versteh' mal, dass ich gestern nur eines wollte: Klarheit in unsere Beziehung bringen, unser Verhältnis endlich zu einem politischen machen [...].« In einem teilweise doch recht verworren und verklausuliert formulierten Brief vom 26.09.1972 gibt sie als auslösendes Moment für ihre gesellschaftspolitische Klarsicht und Radikalisierung den Tod Benno Ohnesorgs durch einen Polizeischuss während der Anti-Schah-Demonstration 1967 an: »Jedenfalls was mich angeht, war ich, als ich schließlich damals länger bei Euch in Köln war (1966?) voll bis obenhin von dem Gefühl, dass eine irrsinnige Menge an mir, an Euch, an allem nicht stimmt, aber was denn nun und wie denn nun, hätte ich Euch so wenig erklären können wie mir selber [...]. Das hat sich geändert. Wodurch? Schah – Kurras – Ohnesorg, das ist jedenfalls die kürzeste Erklärung, die ich geben kann, und zum Erklären sind sie allerdings geeignet, weil selten (darin steckt Methode) Faktoren, die zusammengehören, auch zusammen sind, was prompt wieder der (falschen) Argumentation dient, ihr Zusammentreffen sei ein ›Zufall‹. Also, damals war es eben so, dass mir plötzlich mal klarwurde, wozu die Begriffe da sind, die ganze parzellierte Scheiße, die bis dahin meiner privilegierten Existenz als bürgerliche Tante in meinem Kopf und sonstwo zusammengekommen war, wurde plötzlich lebendig, überschaubar, und: *da* beginnt auch schon das Verbrechen – *Anleitung zum Handeln.* ›Verbrechen‹, weil ja Arbeitsteilung Gesetz ist. Also: der eine denkt, womöglich noch Gott lenkt, und der andere arbeitet, und noch ein anderer handelt für ihn.«

Gudrun Ensslin benutzt die nur ein Jahr jüngere Christiane aber nicht nur als Objekt ihrer politischen Agitation, sie kann sie auch gut gebrauchen als Beschafferin ihrer Kleidungs-, Kosmetik- und Literaturwünsche (dabei bevorzugt sie natürlich Werke marxistischer Autoren, wie etwa Rosa Luxemburg, Lenin, Mao u. a.; aber auch de Sade wird gewünscht: »*Was* Du findest von ihm.« Mit ihrem Bruder Gottfried (Jahrgang 1946), der zu dieser Zeit bereits in der aufkommenden Schwulenbewegung aktiv ist, diskutiert sie schwerpunktmäßig Fragen der Politisierung der Homosexuellen. (»Auch die Schwulen müssen den 24-Stunden-Tag auf den Begriff HASS bringen.«) Ein anderes Mal indoktriniert Gudrun ihren Bruder: »Bruder, was heißt schon verrecken oder leben, es heißt: Faschismus oder revolutionäre Volksmiliz, das ist die Alternative.« Oder aber sie stachelt Gottfried (und Christiane) an: »Wenn du aufhörst, Ware zu sein, beginnst du Mensch zu sein. Das Neue bekämpft das Alte. [...] Zieht den Trennungsstrich, jede Minute.«

Auf Besuche ihrer Eltern legt Gudrun Ensslin keinen gesteigerten Wert. »Bitte sieh' mal zu«, wendet sie sich an Christiane, »ob Du verhindern kannst, dass der vierwochentliche Besuch (mehr gibt es nicht) *nicht* von den Eltern okkupiert wird.« Und am 08.03.1973 lässt sie die Schwester wissen: »Der Alten in Cannstatt schrieb ich wie gesagt, dass sie mal kommen kann, schrieb aber hinterher und *meine* es, dass sie noch 3 Monate oder so warten soll.« Zu dem Zeitpunkt hatte ihr Vater in einem offenen Brief im »Spiegel« konstatieren müssen, dass »die Gruppe, der meine Tochter angehört«, den Eltern »keine Möglichkeit der Anrede mehr gibt«.

Im Hochsicherheitstrakt von Stammheim gibt Ensslin den mitinhaftierten RAF-Mitgliedern Tarnnamen, die sie aus Melvilles Buch *Moby Dick* entliehen hat. Baader erhält dabei bezeichnenderweise den Namen des berüchtigten Kapitäns jener verwegenen Walfangschiff-Mannschaft: »Ahab«. Und in einem Kassiber an alle RAF-Gefangenen versteigt sich Ensslin zu der Behauptung: »[...] das kollektive bewusstsein, die moral der erniedrigten und beleidigten des metropolen-proletariats – das ist andreas. [...] an andreas können wir uns bestimmen, weil er das alte (erpressbar, korrupt usw.) nicht mehr war, sondern das neue: klar, stark, unversöhnlich, entschlossen.«

Während der Gefängnishaft gelingt es den Gefangenen, durch Hungerstreiks verbesserte Haftbedingen zu erzwingen. Mehrmals versucht die RAF, die Freilassung ihrer inhaftierten Mitglieder zu erpressen, teilweise mit Unterstützung palästinensischer Kommandos. Zuletzt wird am 05.09.1977 der Präsident der Deutschen Arbeitgeberverbände, Hanns-Martin Schleyer, entführt. Einen Monat später, am 13. Oktober, bringt ein palästinensisches Kommando eine Lufthansa-Boeing mit deutschen Urlaubern aus Mallorca in ihre Gewalt. Auf diese Weise sollen die Forderungen der Schleyer-Entführer unterstützt werden. Schließlich stürmt die deutsche GSG-9-Spezialeinheit am 17. Oktober die in Mogadischu gelandete Maschine und befreit die Geiseln. Daraufhin erschießen sich die Terroristen Andreas Baader und Jan-Carl Raspe in ihren Zellen. Gudrun Ensslin erhängt sich. Ulrike Meinhof hatte sich bereits am 09.05.1976 das Leben genommen.

Verfolgt man die tragische Entwicklungsgeschichte der Terroristin Ensslin, so kann man sich des Eindrucks kaum erwehren, dass sie sich spätestens seit ihrem Abtauchen in den Untergrund in einen ideologischen Wahn hineingesteigert hat, der fast schon paranoid und psychotisch zu nennen ist. Mit den anderen RAF-Genossen lebt sie wie in einem eigenen, abgeschotteten Mikrokosmos. Rationale Einwände, ein kritisches Hinterfragen der eigenen Position lässt man nicht mehr zu, sondern sie werden, da als Bedrohung empfunden, verdrängt oder autoritär unterdrückt. Man baut (Phantom-) Feindbilder auf.

Die ganze Gruppe ist auf eine ganz bestimmte gesellschaftspolitische Idee und Sichtweise fixiert, um die sie immer wieder kreist. Es kommt zum Aufbau einer ganz eigenen, von anderen kaum mehr nachvollziehbaren Logik sowie zu abstrusen (Verschwörungs-)Theorien. Man sieht sich als Kämpfer in einem selbstproklamierten antiimperialistischen und antifaschistischen Krieg. Da man – dem banalen Alltag entfremdet – nur noch mit Gleichgesinnten verkehrt und sich gegenseitig bestätigt, befindet man sich wie in einem Zirkelkreis, was wiederum zu Zirkelschlüssen und einem Tunnelblick führt. Man vermeint, im Gegensatz zur Masse der Bevölkerung den wahren Durchblick zu haben, und fühlt sich als Elite, als Heilsbringer, der eine Mission zu erfüllen hat.

Doch die Triebfeder für die »Befreiung« der Menschen bzw. Unterdrückten ist nicht Liebe, sondern sind Hass und Menschenverachtung. Das eigene Selbstbild ist verbunden mit Zügen von Größenwahn und Allmachtphantasie. Man entscheidet selbst, man definiert neu, was Recht und Unrecht ist. Und damit rechtfertigt man auch die sich spiralförmig steigernden Gewaltakte. Auf diese Weise hat auch bei Gudrun Ensslin – verbunden mit einer starken seelischen

Bindung an Andreas Baader, ihrem Abgott – eine Transformierung ihrer eigenen Persönlichkeit und Biographie stattgefunden, so dass sie am Ende auch von ihren Eltern nicht mehr erreichbar war.

Der Theologe Helmut Thielicke wies bei seinem Versuch einer Analyse für den Entwicklungsprozess der Terroristen darauf hin, dass »ein nicht geringer Teil dieser Gruppen aus jungen Christengemeinden [stammte] und ihnen die Schärfung des Gewissens, die Offenheit für das Mitleiden und wohl auch die Bereitschaft zu radikalen Entschlüssen [verdankte]«. Er spricht von einer »Neigung zu Utopien, in denen sich das Zielbild einer veränderten Welt verdichtet [...].« Schließlich habe sich der Entschluss zu dem ergeben, »was man Fraktur-Reden und ›Handeln‹ nannte, zu aktiv militanten Taten, die Signale setzen und einer vermeintlich korrupten [...], in egoistischer Ungestörtheit lebenden Gesellschaft produktive Schocks versetzen sollten. Damit«, so Thielicke weiter, »wurde der Weg in den Untergrund eingeschlagen, es kam zu Erpressungen und den Versorgungsmaßnahmen der Banküberfälle.

Kein Zweifel, dass dies Gefälle, das mit geradezu logischer Eigengesetzlichkeit in die Kriminalität drängte, zusätzlich das Potenzial der fragwürdigen menschlichen Natur virulent werden ließ: Dass es Hassinstinkte, Sadismus, Grausamkeit und alles das auslösen musste, was nun einmal den Menschen nach dem Sündenfall charakterisiert. [...] Jedenfalls: diese Leute stehen eines Tages vor der Erfahrung des Zauberlehrlings. Nachdem eine kritische Schwelle in dem Prozess überschritten ist, läuft alles Weitere in einer Automatik ab, die keine Steuerung, kein Aufhalten [...] mehr duldet.«

Thielicke spricht bei den Terroristen von »ideologisch Verblendeten« und meint: »Die Verblendung besteht darin, dass jede Form des Schuldigwerdens ein Koordinatensystem erstellt, innerhalb dessen das eigene Böse nicht mehr böse, sondern gut ist. In diesem Sinne bejahen die Terroristen ihre Taten als legitim [...]. Die Antennen sind eingezogen. Gegenüber Verblendeten kann man nicht mehr argumentieren. Ein ideologisch Berauschter ist unansprechbar. Er hat gewissermaßen seine Identität verloren und ist von einem fremden Geist besetzt. (Die Anal- und Fäkalterminologie, derer sich dann selbst Töchter aus besten Häusern bedienen, ist dafür ein makabres Indiz.)«

Aus Gudrun Ensslins Herkunft aus einem liberalen, politisch aufgeweckten protestantischen Pfarrershaus lässt sich keinesfalls eine zwangsläufige Entwicklung hin zu einer entschlossenen Terroristin begründen oder konstruieren. Bressan und Jander weisen allerdings darauf hin, dass die schwäbische Pfarrerstochter Einstellungen und Verhaltensweisen verinnerlicht haben mag, die man als »protestantische Tugenden« bezeichnen könnte. Wie etwa »eine gewisse Härte gegen sich selbst [...], die Kritik jeden Luxus, rationeller Einsatz von Mitteln [...], Disziplin und Arbeit bis zur Selbstaufgabe.«

Dabei kommen sie zu dem Urteil: »Möglicherweise halfen Gudrun Ensslin Tugenden und Eigenschaften, die sie sich mit ihrer protestantischen Sozialisation angeeignet hatte, dabei, die entscheidende Logistikerin der Gruppe im Untergrund und später der Kopf und Motor im Gefängnis zu werden. Dazu gehörte möglicherweise die Härte, die sie jedoch im Unterschied zu einer christlichen Moral, nicht nur gegen sich selbst, sondern auch gegen andere wandte. In

Gudrun Ensslins Lebensweg Kontinuitäten aus ihrer protestantischen Sozialisation zu vermuten, lässt jedoch den Schluss nicht zu, dadurch sei ihr Weg in den Terrorismus geebnet oder gar vorgegeben gewesen. Sie hatte viele Alternativen, die sie jedoch ganz bewusst ausschlug. Der existenzielle Bruch mit ihrem vorherigen Leben war ihre eigene Entscheidung.«

Vincent van Gogh

Als Arbeiterpriester
gescheitert,
als Malergenie
postum gefeiert

Am 30. März 1852 bringt Anna Cornelia van Gogh, Frau des Pfarrers Theodorus van Gogh, im reformierten Pfarrhaus der niederländischen Landgemeinde Zundert (Nordbrabant) ihr erstes Kind zur Welt. Doch der Erstgeborene ist eine Totgeburt. Das Kind wird direkt neben der Kirche auf dem kleinen protestantischen Friedhof beerdigt. Auf einer großen Steintafel gibt man als sein Geburtsname Vincent an.

Ein Jahr später, wieder ist es der 30. März, wird in dem Pfarrhaus erneut ein Junge geboren. Auch er erhält den Namen Vincent, so wie sein Großvater, der ebenfalls Pfarrer ist, aber auch wie der verstorbene Bruder, dem man gleichfalls diesen Namen zugedacht hatte. Es kann nur spekuliert werden, ob diese besondere Konstellation sich prägend auf das Selbstverständnis und seelische Empfinden des »zweiten« Vincent ausgewirkt haben mag. Matthias Arnold verweist in dem Zusammenhang in seiner Gogh-Biographie auf den Psychoanalytiker Humberto Nagera, der gemeint hat, dass manche Eltern, die den Verlust eines Kindes hinnehmen müssen, nach der Geburt eines neuen Kindes dazu neigen, die Identität des verstorbenen Kindes, »das, in der Zwischenzeit stark idealisiert, zum Träger all ihrer Wünsche und Hoffnungen wird, seinem Ersatz aufzudrängen, indem sie unbewusst die beiden Kinder miteinander identifizieren«.

In dieser Position aber kann der Nachgeborene nur verlieren, da er zwangsläufig »hinter dem stark idealisierten Bild des toten Kindes zurückbleibt«. Was wiederum in der Persönlichkeitsentwicklung des »Ersatzkindes« zu Störungen und Verzerrungen führen kann. Andererseits tendieren nach Nagera solche Eltern, zumal die Mütter, dazu, »von angsterfüllten Phantasien geplagt zu werden, dass das Ersatzkind auch stirbt, was zu einer unnatürlich Beziehung und überbesorgten Haltung ihm gegenüber führt«.

Ob nun durch die geschilderten Umstände hervorgerufen oder nicht: Vincent van Gogh fällt bereits als Kind durch eine sehr eigenwillige Wesensart auf, wodurch er sich so ganz anders entwickelt als seine nachgeborenen Geschwister, die den Eltern nur wenig Probleme bereiten. Johanna van Gogh-Bonger, die Frau seines Bruders Theo, schrieb später einmal über ihren Schwager: »Als Kind war er schwierig, launenhaft, oft lästig und eigensinnig, und seine Erziehung war nicht dazu angetan, diesen Eigentümlichkeiten entgegenzuarbeiten; gerade ihrem Ältesten gegenüber zeigten sich die Eltern nur allzu nachgiebig.«

Mit sieben Jahren besucht Vincent die Dorfschule in Zundert, wird jedoch nach nicht einmal anderthalb Jahren wieder von der Schule genommen. Immer wieder war der eigenbrötlerische und zu Wutanfällen neigende Pastorensohn durch seine Widerspenstigkeit mit dem Lehrer in Konflikt geraten. In den folgenden drei Jahren wird er daher durch seinen Vater und eine eigens für ihn engagierte Gouvernante zu Hause unterrichtet. Doch auch hier macht der Junge erhebliche Schwierigkeiten. Schließlich gibt der Vater den elfjährigen Vincent 1864 auf ein privat betriebenes Internat in Zevenbergen und anschließend, 1866, auf eine Höhere Bürgerschule in Tilburg, wo er bei einem älteren Ehepaar wohnt.

Hat Theodorus seinen Sohn in ein Internat gegeben, weil er mit ihm nicht mehr fertigwurde? Oder will er ihm nur eine gute schulische Ausbildung ermöglichen, die so auf dem Dorf nicht möglich ist? In jedem Fall ist es für die Eltern ein sehr großes finanzielles Opfer, denn als einfacher Pfarrer einer Landgemeinde in der Diaspora bezieht Theodorus van Gogh nur ein sehr bescheidenes Einkommen.

Vincent, der wie alle seine Geschwister sehr an seinen Eltern und seinem Elternhaus hängt, muss die Trennung von seinem elterlichen Zuhause jedoch eher wie eine Verbannung vorgekommen sein. So tief hatte sich das Trennungstrauma bei ihm eingebrannt, dass er noch viele Jahre später während seiner »religiösen Phase« von England aus dem Bruder Theo schrieb: »Sollten Dir zuweilen Dinge widerfahren, mit denen Du nicht gerechnet hast, stärke dann in Dir die göttliche Traurigkeit und die Stimme ›Abba, lieber Vater‹. Es war ein Herbsttag, und ich stand auf der Vortreppe von Herrn Provilys Schule und sah dem Wagen nach, in dem Pa und Ma nach Hause fuhren. Dies gelbe Wägelchen sah man in der Ferne auf der langen Straße – nass vom Regen, dünne Bäume zu beiden Seiten, läuft sie durch die Wiesen hin. Der graue Himmel über allem spiegelte sich in den Pfützen. Und etwa vierzehn Tage später stand ich eines Abends in einer Ecke vom Spielplatz; da sagte man mir, es sei jemand da, der nach mir gefragt habe, und ich wusste, wer es war, und einen Augenblick später fiel ich meinem Vater um den Hals. Was ich fühlte – sollte es nicht gewesen sein, weil ihr denn Kinder seid, hat Gott gesandt den Geist seines Sohnes in eure Herzen, der schreit, Abba, lieber Vater. Es war ein Augenblick, in dem wir beide spürten, dass wir einen Vater im Himmel haben; denn auch Vater blickte empor, und in seinem Herzen war eine größere Stimme als meine, die rief: ›Abba, lieber Vater.‹«

In diesem Zitat fällt nicht nur das fromme Pathos Vincents aus jener Zeit auf, sondern auch die besonders starke Beziehung und Anhänglichkeit seinem Vater gegenüber, dem er bis zum späteren Bruch eine fast schon abgöttische Liebe und aufrichtige Bewunderung entgegenbringt. Ferner ist bei der Beschreibung der Abschiedsszene aber auch erkennbar: Wenn Vincent eine Landschaft, eine Person oder eine Situation beschreibt, dann hat er diese von Anfang an mit den Augen eines Malers wahrgenommen, so dass seine Beschreibungen häufig regelrechte »Wortmalereien« darstellen. Solche beeindruckenden Wortgemälde sind ein typisches Merkmal der vielen Briefe, die uns von ihm überliefert sind.

Die Schule in Tilburg verlässt der permanent heimwehkranke Junge ohne Abschluss. Bereits im März 1868, zwei Monate vor dem Ende des Schuljahres und kurz vor Vollendung seines 15. Lebensjahres, kehrt er der Stadt und der Schule den Rücken und macht sich auf den Heimweg. In den folgenden sechzehn Monaten genießt er das ungebundene Leben zu Hause, durchstreift die herrliche Heidelandschaft, die Zundert damals umgibt, und beobachtet mit Hingabe das vielfältige Leben in der Natur.

Doch das Herumbummeln kann natürlich nicht ewig dauern, so dass sich Vincent schließlich bereiterklärt, eine

Lehre zum Kunsthändler zu beginnen. Seine Ausbildung erhält er in einer Filiale der Pariser Kunsthandlung »Goupil & Cie« in Den Haag, die sein Onkel Cent begründet hatte. Auf dessen Veranlassung wird er nach Beendigung seiner Lehre im Januar 1873 in die Brüsseler »Goupil«-Filiale versetzt und einige Monate später in die Firmenfiliale nach London.

In London verliebt sich Vincent in Ursula Loyer, die Tochter seiner Pensionswirtin. Als er in einer Aussprache mit ihr erfährt, dass sie bereits seit längerer Zeit mit einem anderen Mann heimlich verlobt ist, bricht für ihn eine Welt zusammen. Fortan wendet er sich intensiv dem christlichen Glauben zu. Er vertieft sich ausgiebig in die Bibel, sucht sonntags die Gottesdienste in verschiedenen Kirchen auf und liest bevorzugt christliche Bücher. Vor allem Thomas von Kempens *Nachfolge Christi*, ein weit verbreiteter spiritueller Ratgeber, beeindruckt und beeinflusst ihn stark. Sein Wunsch ist es, Christus nachzufolgen, den weltlichen Verlockungen und Versuchungen zu entsagen und wie der Mönch Thomas von Kempen ein nach innen gerichtetes Leben zu führen. Zugleich ist er bestrebt, sich seinen geliebten und verehrten Vater, dem er auffallend idealisierte Züge verleiht, zum Vorbild zu nehmen und ihm nachzueifern.

Mit seinem bisherigen Beruf vermag sich Vincent indes immer weniger zu identifizieren, und er vernachlässigt seine Aufgaben sichtlich. Verständlich, dass er auf diese Weise den Missmut seiner Vorgesetzten im Pariser Hauptsitz der Firma, wo er inzwischen tätig ist, erregt. Nachdem er sich dann auch noch gegen Ende des Jahres 1875 eigenmächtig Urlaub genommen hat, um die Zeit von Weihnachten bis Neujahr bei seinen Eltern zu verbringen, kommt es im neuen Jahr zur Trennung.

Vincent ist nun 23 Jahre alt, arbeits- und mittellos. Wie soll es weitergehen? In den Kunsthandel jedenfalls will er nicht wieder zurück. Stattdessen sucht er sich in England eine Anstellung als Hilfslehrer. In Isleworth, einem Vorort von London, nimmt ihn der örtliche Methodistenprediger Jones als Lehrer an der von ihm geführten Schule auf. Gleichzeitig fungiert Vincent in Jones' Gemeinde als eine Art Hilfsgeistlicher. Er besucht Gemeindeglieder und darf sogar bei der Verkündigung aushelfen. Nach seinem ersten Predigtdienst in einer Stationsgemeinde teilt er Theo begeistert mit: »Ich hatte ein Gefühl wie jemand, der aus einem dunklen, unterirdischen Gewölbe wieder ins freundliche Tageslicht kommt, als ich auf der Kanzel stand, und es ist mir ein herrlicher Gedanke, dass ich fortan das Evangelium predigen werde, wohin ich auch kommen mag.«

Doch der Aushilfslehrer und -prediger kann nicht mit einem auskömmlichen Einkommen rechnen, das ihm ermöglichen würde, sich eine eigene Existenz aufzubauen. Als er in einem recht erbarmungswürdigen, abgerissenen Zustand Weihnachten nach Hause kommt, beschließen daher seine Eltern, dass er nicht mehr nach England zurückkehren soll. Auf Vermittlung seines Onkels Cent erhält er in einer Buchhandlung in Dordrecht eine Anstellung.

Bei der nur halbherzig übernommenen Beschäftigung als Buchhandlungsgehilfe überrascht es nicht, dass er auch an seinem neuen beruflichen Standort bei seinem Arbeitgeber und den Kollegen aneckt. Vincent zeigt ein verschlossenes, eigenbrötlerisches Wesen. Oft wirkt er übermüdet, weil er bis in die frühen Morgenstunden hinein sein Bibelstudium betreibt und eine Predigt nach der anderen ausarbeitet. An seinem Arbeitspult im Büro stehend, schreibt er während seiner Arbeitszeit lange Abschnitte aus der holländischen Bibel ab und überträgt sie dann säuberlich ins Englische, Französische und Deutsche. Sonntags absolviert er »einen Marathon von Gottesdiensten« (Naifeh/Smith), ohne dabei Wert auf die jeweilige Konfession zu legen. »Ich sehe Gott in jeder Kirche [...]. Nicht die Lehre ist wichtig, sondern der Geist des Evangeliums, und diesen Geist sehe ich in allen Kirchen«, so seine Meinung.

Wie früher schon, so kleidet er sich auch jetzt nur nachlässig und lebt äußerst bescheiden. Sein damaliger Zimmergenosse Paulus Görlitz erinnert sich später: »Wenn wir ihm zuredeten, er solle doch tüchtig zulangen und Fleisch essen, gab er zur Antwort: ›Für den Menschen muss das körperliche Leben eine nichtige Nebensache sein; Pflanzennahrung genügt, das Übrige ist Luxus.‹« Auch lässt er Görlitz einmal wissen: »Heirate nicht, Görlitz, du bist noch zu jung [...], der Mensch soll nicht vor seinem vierzigsten Jahr oder so heiraten; erst müssen die Leidenschaften bezwungen sein, denn erst dann kann man mit Gewinn danach streben, ein geistiges Wesen zu werden; man kann erst wirklich Mensch sein, wenn die Leidenschaft besiegt ist [...]; das Tier muss raus, dann kommt der Engel herein.«

Allzu bald wird deutlich: Vincents weitere Tätigkeit in der Dordrechter Buchhandlung macht für beide Seiten keinen Sinn. Seine alte Vision von einer geistlichen Tätigkeit (»so zwischen Prediger und Missionar unter Arbeitern in den Vorstädten von London«) verdichtet sich jetzt immer mehr in dem einen Wunsch: Pfarrer zu werden wie sein Vater und Großvater! Seinem Bruder bekennt er: »Es ist mein Gebet und mein inniges Verlangen, dass der Geist meines Vaters und Großvaters auch auf mir ruhen möge und dass es mir vergönnt sei, ein Christ und ein Christen-Arbeiter zu sein, dass mein Leben immer mehr dem der beiden Genannten gleichen möge.«

Theodorus van Gogh ist trotz aller Bedenken nicht abgeneigt, alles zu tun, was in seiner Macht steht, damit der Wunsch seines Sohnes verwirklicht werden kann. Voraussetzung für ein Studium an der theologischen Fakultät ist jedoch, dass Vincent zuvor eine Aufnahmeprüfung besteht. Daher soll er nun in Amsterdam bei seinem alleinstehenden Onkel Jan wohnen. Ein Schwager und Amtsbruder seines Vaters, Johannes Stricker, besorgt ihm einen Lehrer für alte Sprachen – den Juden Dr. Mendes da Costa – und ist außerdem bereit, selbst auch Nachhilfestunden zu geben. Bereits im Mai 1877 zieht Vincent nach Amsterdam.

Voller Enthusiasmus nimmt er seine Studien auf. Unermüdlich lernt er Tag und Nacht. Doch aus der Verbissenheit wird schnell Verzweiflung und aus der Verzweiflung Resignation: »Der Aufenthalt in Amsterdam, Mai 1877 bis Juli 1878«, resümiert Johanna van Gogh-Bonger kurz und knapp, »ist eine lange Leidensgeschichte. Nach dem ersten halben Jahr beginnt Vincent der Mut zu sinken und die Lust zu entschwinden; Aufsätze zu machen und Sprachen zu studieren, das ist nicht, was er sucht – den Menschen Trost und Aufrichtung bringen durch das Evangelium, das war sein Verlangen, und dazu war doch diese ganze Gelehrsamkeit nicht nötig! Er lechzt nach *praktischer* Arbeit, und als schließlich auch sein Lehrer einsieht, dass Vincent niemals das Ziel erreichen wird, rät er ihm, das Studium aufzugeben.«

Die Erinnerungen dieses Lehrers an seinen ehemaligen Schüler werfen ein bezeichnendes Licht auf die problematische Persönlichkeitsstruktur Vincent van Goghs, wie auch auf seine damalige Denk- und Empfindungsweise: »Die griechischen Verben«, so berichtet Mendes da Costa, »wuchsen ihm bald über den Kopf. [...] ›Mendes, glaubst du denn wirklich, dass solche Scheußlichkeiten nötig sind für jemand, der will, was ich will: arme Geschöpfe mit ihrem Dasein auf Erden auszusöhnen? [...] John Bunyan's ›The Pilgrims's Progress‹ ist viel nützlicher für mich und Thomas a Kempis und eine Übersetzung der Bibel; und mehr habe ich nicht nötig.‹«[5] Häufig erscheint Vincent bei ihm »mit der so wohlbekannten Mitteilung: ›Mendes, ich habe heute Nacht wieder den Knüppel angewendet‹, oder: ›Mendes, ich habe mich heute Nacht wieder aussperren lassen.‹ Das war nämlich seine Art Selbstkasteiung, wenn er fand, dass er seine Pflicht versäumt habe. [...] Fand Vincent nun, dass seine Gedanken zu weit abirrten von dem, was er für gut hielt, so nahm er einen Knüppel mit ins Bett und bearbeitete seinen Rücken damit, und meinte er, er habe sich des Vorrechts beraubt, die Nacht in seinem Bett zu schlafen, dann schlich er sich abends unbemerkt aus dem Hause und [...] sah sich genötigt, in einem hölzernen Schuppen auf dem Boden zu schlafen.« Doch bei all den merkwürdigen Verhaltensweisen Vincents fiel seinem Lehrer doch auch auf, wie er »in jener Zeit fast verzehrt wurde von dem Wunsch, Unglücklichen zu helfen«.

Im Sommer 1878 kehrt Vincent frustriert nach Hause zurück. Wieder einmal hatte er versagt! Wiederum hatte er die

---

5   Das in vielen Sprachen übersetzte Buch *Die Pilgerreise* des englischen Kesselflickers und Laienpredigers John Bunyan beschreibt in einer eindrucksvollen allegorischen Bildersprache die Anfechtungen und Versuchungen, die der Christ auf seinem irdischen Weg zur himmlischen Heimat zu bestehen hat.

Erwartungen seiner Eltern und anderen Verwandten nicht erfüllen können. Da es aber irgendwie mit ihm weitergehen muss, schlägt Theodorus van Gogh ihm vor, sich an einer Missionsschule in Brüssel zu einem Evangelisten ausbilden zu lassen. Vincent stimmt zu. Seinem Bruder Theo teilt er entzückt mit, dass die Ausbildungsstätte nur »einen dreijährigen Kursus [hat] [...]. Und es wird nicht einmal verlangt, dass man diese Schule durchgemacht hat, ehe man sich um eine Stellung als Evangelist bewerben kann. Was man verlangt, ist die Gabe, ohne viel Aufwand allgemein verständliche und zu Herzen gehende Vorträge und Ansprachen an schlichte Menschen zu halten [...]. So gibt man weniger auf umfassende Kenntnis der alten Sprachen und ein ausgedehntes theologisches Studium [...], sondern legt mehr Wert auf den natürlichen Glauben und auf die Eignung zur praktischen Arbeit.«

Das Missionskomitee erklärt sich bereit, den holländischen Pfarrerssohn für drei Monate zur Probe an dem Institut aufzunehmen. Dann werde man weitersehen. Skeptisch vermerkt seine Mutter: »Ich bin immer so besorgt, dass Vincent, wohin er auch kommt oder was er auch tut, durch sein sonderbares Wesen und seine wunderlichen Ideen und Ansichten vom Leben überall wieder abbrechen wird.« Und tatsächlich tut ihr Sohn sich auch diesmal in seinem neuen Umfeld schwer. Sich unterzuordnen und anzupassen, das ist nun einmal nicht seine Stärke. Das freie Reden macht ihm Mühe, so dass er seine Vorträge ablesen muss. Auch wird er von anderen wegen seiner vernachlässigten Kleidung und absonderlichen Manieren gerne aufgezogen. »Gewisse Dinge an ihm«, so meinte später ein ehemaliger Mitschüler, »erinnerten oft an einen Werkheiligen aus dem Mittelalter.«

Auch blieb ihm folgender Vorfall unvergessen: »In einer französischen Stunde war das Wort ›falaise‹ [= Steilküste] vorgekommen. [...] Doch kaum war die Stunde aus und der Lehrer weg, so ging van Gogh an die Wandtafel und begann eine ›falaise‹ zu zeichnen. Ein jüngerer Schüler zog van Gogh aus Neckerei hinten am Rock. Da drehte van Gogh sich um mit einem Gesicht, das ich nie vergessen werde, und gab dem Neckteufel einen solchen Faustschlag, dass der genug davon hatte. Oh, dieses vor Entrüstung und Zorn flammende Gesicht!«

Dass der damals bereits 25-jährige (!) van Gogh so wenig souverän mit dem im Grunde harmlosen Spaß eines Kameraden umging, verdeutlicht, wie sehr er bei seinem angekratzten Selbstwertgefühl respektiert und ernst genommen zu werden wünschte. Zum anderen offenbart seine unbeherrschte, aggressive Reaktion aber auch, welch hohes Maß an Spannungen und Konflikten sich in seinem Innern abgespielt haben mögen.

Man teilt den Eltern mit, dass sich ihr Sohn in einem nervösen und überspannten Zustand befinde, nicht schlafen könne und abgemagert sei. In die Schule aufgenommen wird Vincent nach seiner dreimonatigen Probezeit nicht. Allerdings bietet man ihm an, gewissermaßen privatim und inoffiziell dem Unterricht beizuwohnen, notfalls auch kostenlos. Doch das ist für ihn keine Option. Er will schon jetzt als Evangelist tätig sein und nicht weiter lernen müssen.

Er bricht ins Borinage auf, dem belgischen Kohlerevier, wo die Bergleute – Männer, Frauen und Kinder – unter unmenschlichen Bedingungen in den Gruben arbeiten. Zu ihnen zieht es van Gogh hin. Doch auch bei diesem neuen Unterfangen scheint es sich bei ihm eher um eine Fluchtreaktion aus den ungeliebten Forderungen des Lebensalltags denn um eine wirkliche Berufung zu handeln. Doch er schafft es, eine Anstellung zu erhalten. In dem Ort Wasmes war eine neue protestantische Gemeinde gegründet worden. Da sie noch keinen eigenen Pastor besitzt, erhält van Gogh durch das zuständige Evangelisationskomitee die Möglichkeit, bei kleinem Gehalt als »Laienprediger und Katechismuslehrer« zu arbeiten. Zunächst zur Probe, befristet auf sechs Monate.

Und wieder macht er sich voll guten Willens und in einem rastlosen Übereifer an die Arbeit. Anfangs scheint alles gar nicht mal so schlecht zu laufen. Er erteilt Kindern biblische Unterweisung, predigt, besucht die Alten. Eine besondere Begabung zeigt Vincenz bei der hingebungsvollen Pflege von Kranken und Verletzten. Doch bald schon zeigen sich gewisse Übertreibungen. So sehr identifiziert er sich mit der armen Bevölkerung, dass er meint, er müsse mindestens ebenso erbärmlich leben wie sie. Er zieht in eine unmöblierte Hütte um. Ein Strohsack dient ihm als Bett, eine Jacke als Decke. Er macht sich Hemden aus Packleinwand, trägt eine alte Soldatenjacke. Denn er hat nicht nur sein Geld, sondern auch fast seine sämtlichen Kleider den Notdürftigen gegeben. Er bezeichnet sich als »der Freund der Armen, wie es der Herr Jesus war«.

In der Gemeinde bekommt der Evangelist zunehmend Schwierigkeiten. Man macht sich über seine exaltierten Gewohnheiten lustig. Vonseiten des Missionskomitees wird er zu Veränderungen seines Auftretens und seiner Lebensweise aufgefordert und ermahnt, sich zu mäßigen. Auch scheint es van Gogh nicht gegeben gewesen zu sein, die Gemeinde mit seiner Botschaft zu erreichen und – von Ausnahmen abgesehen – für die Bergleute das rechte, lösende Wort zu finden.

Schließlich wird er nach Ablauf der Probezeit entlassen. Kurz zuvor hatte van Goghs Mutter bereits resignierend konstatiert: »Er fügt sich nicht den Wünschen des Komitees, und wie es scheint, lässt sich da nichts machen, offenbar bleibt er unbeugsam, wenn man ihn rügt.«

Vincent begibt sich nun nach Cuemes, das ebenfalls im Borinager Kohlerevier liegt. Ohne ein festes Einkommen und eine feste Anstellung zu haben, versucht er nach eigenem Ermessen weiter als Evangelist zu wirken. Seine Selbstkasteiungen werden immer exzessiver. Er sondert sich zunehmend von der Gesellschaft ab. Schläft – wenn überhaupt – in Scheunen oder im Freien. Ernährt sich verschiedentlich nur von Brotkanten oder erfrorenen Kartoffeln. Achtet weder auf Körperpflege noch auf den verwahrlosten Zustand seiner Kleidung. Nicht wenige Menschen halten ihn für verrückt. In seinen depressiven Zuständen wird er von Selbstmordgedanken heimgesucht. Als er zwischenzeitlich die Eltern besucht, erwägt der Vater, ihn in eine offene Anstalt für Geisteskranke einweisen zu lassen. Es kommt zu einem ersten Bruch mit den Eltern. Empört reist der Sohn ins Borinage zurück. Hier findet er schließlich Trost in der Malerei. Er wohnt bei einer Bergarbeiterfamilie. Zeichnet Bergarbeiter oder kopiert Gemälde des von ihm so verehrten Millet. Im Herbst 1880 geht er dann nach Brüssel, wo er ein kleines Hotelzimmer belegt.

In Brüssel versucht Vincent sich mehr oder weniger autodidaktisch als Maler auszubilden. Er zeichnet nach Vorlagen und Studienbüchern und hält sich bevorzugt im Atelier des jungen Künstlers Anthon van Rappard auf, um von diesem zu lernen. Rappard erlebt van Gogh als »fanatisch-düstere« Person von heftiger, leicht aufbrausender Natur, aber mit einem »edlen Herzen«. Finanziell unterstützt wird Vincent von seinen Eltern und, nicht zuletzt, von seinem Bruder Theo.

Im Frühjahr 1881 kehrt er zu seinen Eltern nach Etten zurück. In der ländlichen Umgebung dieses kleinen nordbrabanter Ortes beginnt er, Landschaften sowie Dorfbewohner bei ihren einfachen Verrichtungen zu zeichnen. Im Sommer verliebt er sich unsterblich in seine Cousine Kee, Tochter der Strickers aus Amsterdam, die mit ihrem kleinen Sohn bei seinen Eltern zu Besuch ist. Kee, etwas älter als Vincent, ist immer noch in großer Trauer um ihren im Oktober 1878 verstorbenen Mann. Das überstürzte Liebesgeständnis ihres Cousins entsetzt die junge Witwe. Ihre Absage an eine gemeinsame Zukunft ist eindeutig: »Nein, nie, nimmer!« Bald darauf kehrt sie nach Amsterdam zu ihren Eltern zurück.

Vincent jedoch weigert sich, ihr Nein zu akzeptieren. In einer geradezu penetranten Weise setzt er sein Werben um sie fort. Da Kee auf seine Briefe nicht antwortet, reist er eines Tages selbst zu den Strickers, um die Cousine zur Rede zu stellen und – wie er hofft – in ihrem Nein umzustimmen. Doch er bekommt sie nicht zu Gesicht. Da hilft es auch nichts, dass er vor den Augen ihrer Eltern seine Hand in die Flamme einer Lampe hält und fordert: »Lasst mich sie so lange sehen, wie ich meine Hand in die Flamme halte.« Doch man bläst ihm nur die Lampe aus.

Frustriert und verärgert verlässt er Amsterdam und begibt sich für kurze Zeit nach Den Haag. Hier besucht er nicht nur den Maler Anton Mauve, der mit einer Cousine von ihm verheiratet ist, sondern sucht im städtischen Vergnügungsviertel auch eine Prostituierte auf. Seine Begründung gegenüber Theo in einem Brief: »Ich bin nur ein Mensch, und zwar ein Mensch mit Leidenschaften. Ich muss zu einer Frau, sonst erfriere ich oder versteinere ich.«

Zurück in Etten, wird das Verhältnis zu seinem Vater immer gespannter. Immer wieder kommt es zu erregten Wortwechseln und Meinungsverschiedenheiten zwischen Vater und Sohn. Nach einem erneuten heftigen Auftritt zu Weihnachten, gibt der Pfarrer Vincent zu verstehen, dass es besser sei, wenn dieser das Haus verließe.

Vincent van Gogh lässt sich mit Beginn des Jahres 1882 in Den Haag nieder. Bei Anton Mauve erhält er Unterricht im Malen. Und er nimmt den Kontakt zu jener Prostituierten auf, der er im vergangenen Jahr nach dem Desaster mit Kee begegnet war. Wohnt später auch mit ihr zusammen. »Sien«, wie er sie nennt, hat eine vierjährige Tochter und ist erneut schwanger. Sie ist älter als Vincent, hat ein pockennarbiges Gesicht und ist von nicht einfachem Charakter. Doch der Pastorensohn steht zu ihr und hofft, sie ändern und auf einen anderen Weg bringen zu können. Aufopferungsvoll, ja geradezu rührend ist er um sie, ihre Tochter und den im Verlauf des Jahres geborenen Jungen besorgt. (Dass dieses Kind von ihm sei, hat van Gogh aber stets bestritten.) Er, der immer von einer eigenen Familie und einem eigenen Heim träumte, hat sogar vor, sie zu heiraten, wovon er sich auch nicht von seinem Bruder abbringen lassen will, von dessen regelmäßigen Zuwendungen er abhängig ist.

In seinem Brief an Theo, in dem er ihm erstmals von seiner Begegnung mit Sien berichtet, gesteht er: »Es ist nicht das erste Mal, dass ich diesem Gefühl der Zuneigung und Liebe jenen Frauen gegenüber keinen Widerstand leisten konnte, besonders der Zuneigung und Liebe jenen Frauen gegenüber, die die Pastoren so verdammen und von der

Höhe der Kanzel herab verurteilen und verachten.« Über Kee behauptet er in dem Brief, dass diese »in einer Art Gefängnis [sitzt] [...], und ich glaube, die jesuitischen Denkweisen von Pastoren und frommen Damen machen viel mehr Eindruck auf sie als auf mich – jesuitische Denkweisen, mit denen mir [...] nicht mehr beizukommen ist, aber sie hängt daran und könnte es nicht ertragen, dass dieses System von Entsagung und Sünde und Gott und weiß ich was allem sich als leerer Wahn erwiese.« Die Bekenntnisse van Goghs, die er mit Anklagen und Unterstellungen gegen die »Frommen« und die Pastoren verbindet, machen deutlich, wie weit er sich inzwischen von dem christlichen Glauben seines Elternhauses entfernt hat und sich zu einer neuen Moral bekennt.

Theodorus van Gogh äußerte einmal zu Beginn von Vincents Verhältnis zu Sien nachdenklich: »Es kann geschehen, dass ein Mensch aus Widerspenstigkeit, aus dem Gefühl der Verlassenheit manchmal falsche Beziehungen anknüpft«. Mit dieser Befürchtung mag er möglicherweise gar nicht einmal so verkehrt gelegen haben. Doch obgleich er das Zusammenleben seines Sohnes mit der Ex-Prostituierten sicherlich nicht billigte, so hatte er es doch vermieden, in Fragen der Heirat ihm gegenüber eine eindeutige Position zu vertreten. Nach einem Besuch in Vincents Wohnung in Den Haag während des Winters schickt er ihm nicht nur einen »warmen« und »herzlichen« Brief mit mancherlei Aufmerksamkeiten (wie etwa einem Päckchen Zigarren, einem Kuchen oder einem Geldschein), sondern sogar – wie Vincent dem Bruder gerührt mitteilt – »eine Art warmen Mantel, ›ob ich den vielleicht gebrauchen könnte‹, ohne genau zu sagen wozu, doch offenbar in dem Gedanken, ›sie könnte vielleicht frieren‹«.

Anfangs schildert Vincent seinem Bruder Theo das Zusammenleben mit Sien und den beiden Kindern in leuchtenden Farben. Dann jedoch schweigt er sich längere Zeit über seine neue Lebensgefährtin aus, bis er schließlich Theo von den zunehmenden Schwierigkeiten seines Zusammenseins mit Sien berichtet. Sie ist willensschwach und launenhaft, vernachlässigt den Haushalt und macht das gemeinsame häusliche Leben für van Gogh doch recht schwer. Überdies muss er ernüchtert feststellen, dass sich seine Geliebte nach wie vor von dem unheilvollen Einfluss ihrer Mutter und Brüder bestimmen lässt. Auch reicht ihr das, was Vincent für sie und die Kinder von seinem (bzw. Theos!) Geld abzweigt, nicht aus. Van Gogh zieht es aufs Land. Zum einen, weil dort das Leben billiger ist als in der Stadt, zum andern der ländlichen Motive wegen. Sien und die Kinder aufzugeben, fällt ihm jedoch nicht leicht. Die Befürchtungen, die er über ihren weiteren Weg hegt, bedrücken ihn schwer.

Für ein knappes Vierteljahr hält er sich in der Moorlandschaft von Drenthe auf. Die Einsamkeit und die Geldnöte setzen ihm jedoch so zu, dass er noch im Winter 1883 beschließt, zu seinen Eltern zurückzukehren. Diese wohnen inzwischen in dem kleinen Ort Nuenen in der Nähe von Eindhoven. Sie tun alles, um ihrem nun schon fast 30 Jahre alten Sohn das Einleben zu erleichtern. So richten sie ihm eigens einen Raum her, den er als Atelier benutzen kann. Theodorus van Gogh an Theo: »Nun, wir beginnen diesen neuen Versuch wirklich guten Mutes und nehmen uns vor, ihn in seinen Absonderlichkeiten wie Kleidung usw. vollkommen frei zu lassen.«

Doch das Zusammenleben Vicents mit seinen Eltern gestaltet sich notvoll und ist voller Spannungen. Der Vater-

Sohn-Konflikt bricht wieder einmal voll aus. Man hat sich mittlerweile total entfremdet und auseinanderentwickelt. Vincent, der einst sein wollte wie sein Vater, ist bewusst geworden, wie *anders* als dieser er in Wirklichkeit ist. (»Im Charakter weiche ich von den verschiedenen Familienmitgliedern ziemlich ab, und eigentlich bin ich *kein* ›van Gogh‹.«) Einer vermag den anderen in seiner Andersartigkeit nicht mehr zu verstehen. Konventionen, die den Eltern viel bedeuten, sind für Vincent unwichtig. Hinzu kommt, dass er inzwischen völlig mit dem Glauben seines Vaters gebrochen hat. Er beklagt, dass die Eltern unfähig seien, »zu begreifen, dass Malen *ein Glaube* ist und *die Pflicht* mit sich bringt, sich nicht um die öffentliche Meinung zu kümmern«. Jähzornig und rechthaberisch wie er ist, attackiert er unerbittlich immer wieder den über 60-jährigen Vater in stundenlangen Streitgesprächen. Bei einem Besuch Anthon von Rappards in Nuenen bekommt dieser entsetzt mit, wie sein Freund während einer Diskussion am Mittagstisch »mit dem Tranchiermesser [...] von seinem Platz aufstand und den fassungslosen alten Mann bedrohte«. Kurz zuvor hatte Theodorus in einem Brief geäußert: »Wir hatten wieder schwierige Tage mit Vincent. [...] Er ist sehr reizbar und überspannt, traurig und unglücklich.« Auch führe die Melancholie zum Alkohol und dieser wiederum zur Gewalt.

Wie ein Pubertierender opponiert und provoziert der Sohn. Besuchern seiner Eltern stellt er sich als Atheist und schwarzes Schaf der Familie vor. Vor den Augen der erstaunten Dorfbewohner flucht er hemmungslos und trinkt aus einem Flachmann seinen Weinbrand. Beim Küster der katholischen Kirchengemeinde richtet er sich nach einiger Zeit ein neues Atelier ein. Auch das ein Affront gegen den

Vater. Dieser erleidet am 26. März 1885 einen so schweren Schlaganfall, dass er noch am gleichen Tag verstirbt.

Noch im selben Jahr malt Vincent van Gogh ein großes Stillleben voll symbolischer Bedeutung: Die Mitte füllt ein prachtvolles, makelloses Bibelexemplar des Vaters aus. Neben ihm befindet sich ein Kerzenhalter mit erloschener Kerze. Vor der Bibel auf dem Tisch liegt ein zerlesenes gelbes Buch, sorgfältig versehen mit dem Buchtitel und dem Namen des Autors sowie dem Erscheinungsort (Paris): Zolas *La joie de vivre* (»Die Lebensfreude«). Dem toten Vater (erloschene Kerze) und seiner Welt (die der Bibel und des Glaubens) wird ausgerechnet ein Werk aus der französischen Literatur (in gelber Farbe, dem Symbol des Lichts) vorgesetzt, jener Literatur, der Theodorus stets misstraut und entsprechend ablehnend gegenübergestanden hatte, für die Vincent aber enthusiastisch schwärmte. Ein bewusst gesetzter Kontrast.

War Vincent zu Beginn seiner Beziehung mit Sien noch von einem Verhältnis gegenseitiger Liebe und Treue ausgegangen, von einer »Rettung« jener Prostituierten aus ihrem verderblichen Leben hin zu einem »normalen« Ehe- und Familienleben, so setzt sich bei ihm nun – nach Beendigung ihrer beider Beziehung – eine ausgesprochen hedonistische Lebensmaxime durch. Zumindest auf sexuellem Gebiet. Wobei er die Prostituierten bedenkenlos als Mittel zum Zweck der Erfüllung der eigenen männlichen sexuellen Wünsche und Bedürfnisse benutzt. »Die Hure«, schreibt er einmal an Theo, »ist wie Fleisch im Metzgerladen, und ich verfalle wieder in meinen tierischen Zustand.«

Die letzten zweieinhalb Jahre seines Lebens, von Anfang 1888 bis Mitte 1890, hält sich Vincent van Gogh überwiegend in Südfrankreich auf. In einem Schaffensrausch sondergleichen entstehen in dieser Zeit über 400 Gemälde, die seinen späteren Weltruhm begründen sollen. Im Dezember 1888 wird er nach einem Anfall geistiger Verwirrung, bei dem er sich ein Ohr abschneidet, ins Hospital nach Arles eingeliefert. Seit Mai 1989 lebt er in einer Nervenheilanstalt bei Saint-Rémy und seit Mai 1890 in Auvers-sur-Oise, wo er von dem Arzt und Kunstliebhaber Gachet betreut wird. Wenige Wochen später, am 29. Juli, stirbt van Gogh im Alter von nur 37 Jahren, nachdem er sich zwei Tage zuvor in den Bauch geschossen hat.[6]

Die Gründe dafür, dass Vincent van Gogh als Evangelist gescheitert war und in seinem Glauben Schiffbruch erlitten hatte, sind vielschichtig und hängen wohl nicht zuletzt mit seiner komplizierten und widersprüchlichen Persönlichkeitsstruktur zusammen. Auch hatte er sich falsch eingeschätzt, als er Thomas von Kempen (und seinem eigenen Vater) nacheifern wollte. Er war kein Thomas von Kempen, er war auch, wie er es später gegenüber Theo ausdrückte, »kein van Gogh«. Er war durch und durch eine Künstlernatur! (Was ein christliches Glaubens- und Existenzverständnis selbstverständlich nicht ausschließt.)

Bei seiner eigensinnigen und leidenschaftlichen, ja fanatischen Natur neigte er zu Extremen, die – bei aller Anerkennung seiner Motive, bei allem Anrührenden seiner Frömmigkeit – seinen Ansichten und Verhaltensweisen zuweilen bizarre und maniehafte Züge verliehen, so dass sich für seine

---

6   Naifeh und Smith gehen in ihrer großen van Gogh-Biographie (Van Gogh. Sein Leben, 2012) mit durchaus plausibler Begründung nicht von Selbstmord, sondern von einem Unglücksfall aus, möglicherweise hervorgerufen durch Dritte.

Mitmenschen oftmals der Eindruck des Überspannten und Übertriebenen einstellte. Dabei ist es aber ein Kurzschluss zu meinen, dass das »fromme« Elternhaus bzw. der christliche Glaube als solcher Vincent seelisch »krank« und neurotisch gemacht hätten, vielmehr war es doch wohl so, dass bei ihm der Glaube auf eine neurotische und psychisch instabile Persönlichkeitsdisposition stieß und infolgedessen mit der Zeit neurotische und einseitige Züge annahm.

Man hätte es dem zu Selbstkasteiungen neigenden Pastorensohn wünschen mögen, dass er zu Martin Luthers befreiender und das Gewissen entlastender Erkenntnis des »simul iustus et peccator« (gerecht und Sünder zugleich) gefunden hätte. Der Erkenntnis nämlich, dass trotz allen eigenen Bemühens der Christ ein sündiger Mensch bleibt, aber durch das Erlösungswerk Christi ein geretteter, weil »gerechtfertigter« Sünder ist, so dass der junge van Gogh im Vertrauen darauf sich dann auch wesentlich entspannter und unverkrampfter in die Nachfolge Christi hätte »einüben« können. Dass diese reformatorische Sichtweise, dass überhaupt das Bekenntnis zu dem für unsere Sünden am Kreuz gestorbenen Gottessohn bei Vincent eher in den Hintergrund trat, das mag auch mit seiner besonderen Prägung durch seinen Vater zusammengehangen haben. Gehörte doch Theodorus van Gogh der sogenannten »Groninger Richtung« der niederländisch-reformierten Kirche an, die weniger auf Dogmen und Glaubensartikel Wert legte, sondern stattdessen den Vorbildcharakter Jesu Christi einseitig betonte.

Von der Transzendenz- und Gottesfrage ganz losgekommen ist Vincent wohl nie. Ergreifend seine Mitteilung an Theo aus der letzten Zeit seines Lebens: »Es tut mir wohl, so schwer zu arbeiten. Aber das hemmt nicht mein furchtbares

Bedürfnis, darf ich das Wort aussprechen, nach Religion. Dann gehe ich in die Nacht hinaus, um die Sterne zu malen. [...] Ich wünschte nur, man fände etwas, das uns Ruhe gäbe und uns tröstete, damit wir uns nicht mehr schuldig und unglücklich fühlen. Dann könnten wir schon fortschreiten, ohne uns in die Einsamkeit oder in das Nichts zu verlieren, oder in jedem Schritt voller Angst ein Übel zu fürchten oder erwarten zu müssen, dass wir, ohne es zu wollen, es dem andern zufügen.«

Der Welt ist mit dem holländischen Pastorensohn ein groß- und einzigartiger Künstler geschenkt worden. Dass sein Malgenie jedoch erst nach seinem Tod verstanden und gewürdigt wurde, auch das nur eine weitere tragische Note in dem an Tragik so reichen Lebensverlauf Vincent van Goghs.

Julien Green

Zwischen homosexuellen
Exzessen und
spiritueller Sehnsucht

Julien Green, dessen Lebensproblematik sich am deutlichsten in seinem Bekenntnis kundtut, dass er »immer nur zwei Menschen verstanden« habe, »den Mystiker und den Wüstling«, am 6. September 1900 in Paris als siebtes und letztes Kind der Eheleute Mary und Edward Green geboren worden. Seine Eltern, die den US-amerikanischen Südstaaten entstammen, lassen sich 1893 in Frankreich nieder. Einstmals sehr wohlhabend, hat Greens Vater um die Jahrhundertwende durch Spekulationen an der Börse große Verluste erlitten und das ererbte Baumwollexportunternehmen in Savannah (Georgia) verloren. Daraufhin wird er als einfacher Angestellter nach Frankreich geschickt, wo die Firma »Southern Cotton Seed Oil« einen Handelsposten unterhält. Auch wenn der Zuschnitt des häuslichen Lebens gutbürgerlich ist, so muss aufgrund der Schulden – die Edward Green gewissenhaft bis an sein Lebensende 1927 auf Heller und Pfennig abträgt – stets gespart werden. Julien Green nimmt seinen Vater als einen sehr gütigen und frommen, durch und durch integren Mann wahr. »Der gute Monsieur Green« wird Edward genannt, den jedermann liebt und schätzt. Allerdings besteht, in der Empfindung Juliens, zwischen Vater und Sohn »nicht gerade etwas wie Befangenheit, so doch ein Mangel an Intimität, der mir unbehaglich war. Dass er mich liebte, bezweifelte ich nicht [...]. Tatsache ist indessen, dass wir einander nichts zu sagen hatten. War es der Abstand von dreiundvierzig Jahren, der uns trennte? Ich fühlte mich anders als er, und er hatte keinen Zugang zu mir.« Und doch: »Ich für meine Person hätte niemals gewagt, zu meinem Vater anders als respektvoll zu reden. Heimlich bewunderte ich in ihm einen untadeligen Mann, dem alles Böse fremd war. Er und meine Mutter scheinen mir ohne Fehler zu sein. [...] Gerade das macht mich heute betroffen, ich habe Eltern gehabt, wie sie ein Heiliger hätte haben können.«

Eine ganz besonders enge Beziehung besteht zwischen Julien und seiner Mutter, deren Lieblingskind er ist. Zärtlichkeit, Aufmerksamkeit und liebevolle Zuwendung, das alles erhält der Jüngste reichlich von ihr. Und auch er selbst ist von einer abgöttischen Liebe zu seiner Mutter erfüllt – sein Leben lang: »Eine Frau in meinem Leben. Es hat eine gegeben. Ich habe sie mit einer wilden Liebe, einer fanatischen Liebe geliebt, die noch immer andauert: meine Mutter.« Doch die über jedes Maß geliebte Mutter entschließt sich eines Tages zu einer drastisch-brutalen Symbolhandlung gegenüber ihrem Sohn, um dessen sexuelle Reinheit sie fürchtet. Zum Zeitpunkt des Vorfalls ist der kleine Julien gerade mal um die fünf Jahre alt. Er ist zu Bett gebracht worden. Die Tür zum Schlafzimmer bleibt geöffnet: »Meine Mutter gab, so klein ich noch war, doch schon sehr auf mich acht, da sie vor gewissen Verfehlungen einen Horror empfand, wie ich ihn nur bei ihr angetroffen habe, und wenn sie selbst mich nicht im Auge behalten konnte – denn darauf kam es mehr oder weniger an –, so tat meine Schwester Mary es an ihrer statt.« Eines Abends nun argwöhnt diese, dass die Hände ihres Bruders unter der Bettdecke die Tabuzone seines Körpers erforschen. »Mit einer energischen Bewegung schlug sie das Betttuch bis zu meinen Füßen zurück und rief laut schreiend meine Mutter herbei, die mit dem Leuchter in der Hand auch schon erschien. Im Kerzenlicht lag ich da, wie ich war, verständnislos lächelnd und mit den Händen in der verbotenen Region. Es gab ein Geschrei, und nachdem sie den Leuchter abgesetzt hatte, verließ meine Mutter das Zimmer, um gleich darauf mit einem langen Messer, das wie eine Säge gezähnt war und zum Brotschneiden diente, wieder zurückzukommen. [...] ›I'll cut it off!‹, rief meine Mutter, während sie das Brotmesser schwang. Ich verstand nicht, was sie sagte. Um die Wahrheit zu sagen, ich verstand überhaupt nicht, was die Aufregung rings um mich her zu bedeuten hatte.« Während die herzugeeilte Köchin sich vor Lachen kaum halten kann, bricht der Junge ob der empörten Miene seiner Mutter in Tränen aus. Damit ist die sich bei gespenstisch flackerndem Kerzenlicht abspielende grotesk-makabre Szene auch schon beendet: »Meine Schwester murmelte irgendetwas und deckte mich, während sie mir einen Kuss gab, wieder zu. Die Kerze wurde ausgeblasen, alles verlief sich, und ich schlief ein.«

Dass seine Mutter offensichtlich von einer Art Sexualphobie befallen ist, macht Julien Green später auch an ihrem seltsamen Verhalten fest, wenn er gebadet wird. Nachdem sie dem Jungen wie üblich den Rücken gewaschen hat, überreicht sie ihm die Seife, damit er die weitere Körperreinigung selbst durchführt. »Ich spürte«, schreibt Green in seiner Erinnerung, »dass sie mich zugleich unzufrieden und aufmerksam musterte. ›Der Hals‹, sagte sie, ›und dann die Ohren [...]!‹ Ich gehorchte. ›Nun der Körper ... Unter den Armen und vorne ...‹ Der Körper, ›the body‹ – sie sprach dieses Wort so aus, dass ich bis zum Alter von fünfzehn oder sechzehn Jahren Scheu empfand, es zu gebrauchen, ganz als bezeichnete es etwas, dessen man sich schämen müsse. [...] Eines Tages entschlüpfte ihr ein Satz, den ich so gut behalten habe, weil ich ihn durchaus nicht verstand. [...] Ich lag ausgestreckt in dem lauwarmen Wasser [...], als plötzlich ihr Blick zu einem ganz bestimmten Teil meines Körpers hinabglitt. Im Tone jemandes, der mit sich selbst spricht, murmelte sie: ›Oh, wie hässlich das ist!‹, und wendete gleichsam schaudernd den Kopf. [...] Meine Mutter sah mich traurig an, wie man einen Schuldigen anschaut, den man nicht strafen kann, weil man ihn zu sehr liebt, und als ich mich wieder angekleidet hatte, drückte sie mich an ihr Herz.«

Später nimmt Julien Green an, dass die neurotischen Sexualängste seiner Mutter mit der Syphilis-Erkrankung ihres abgöttisch geliebten jüngsten Bruders Bill zusammenhing, die sich dieser durch ein sexuelles Verhältnis mit einem Dienstmädchen, von dem er im Alter von erst dreizehn Jahren verführt worden war, zugezogen hatte. Als Mary Green davon erfuhr, war das für sie ein Schock, der bei ihr ein lebenslanges Trauma hervorgerufen haben muss, welches sich mit einer krankhaften Furcht vor allem »Unreinen« verband und gleichzeitig den Wunsch hervorrief, den jüngsten Sohn, ihren Liebling, »vor dem Bösen abzuschirmen«.

Die Wirkung des mütterlichen Standpunktes zur Sexualität empfand Green im Übrigen nicht nur als negativ. Im Jahr

1983 war ihm in einer Fernsehsendung unterstellt worden: »Sie hatten eine tyrannische Mutter: das über dem kleinen Jungen geschwungene Brotmesser, dessen Schuld darin bestand, sich berührt zu haben.« Hierzu merkte Green in seinem Tagebuch an: »Arme Mama... Das ist alles, was man sich von ihr merkt. Diese so gar nicht tyrannische Frau liebte mich mit einer übermäßigen Liebe. [...] Es stimmt, dass meine Mutter mir in sexuellen Dingen eine mittelalterliche Erziehung zuteil werden ließ. [...] Ich habe darunter gelitten, aber genau das hat es mir erlaubt, mich nach einem mitunter bewegten Sinnesleben, in dem die Seele unterzugehen drohte, wieder in den Griff zu bekommen.«

Auch war die Mutter in den Augen ihres Sohnes alles andere als eine Puritanerin. Aber sie ließ es zu, dass sich bei dem Kind schon früh diffuse Vorstellungen von »rein« und »unrein« bildeten. Sie legte in ihrer übergroßen Liebe für den Sohn und in ihrer ebenso übergroßen Angst und Sorge um seine körperliche und seelische Unversehrtheit wohl die Grundlagen für dessen Lebenskonflikt, der sich zwischen den Polen Fleisch und Geist bzw. Körper und Seele abspielte. In dieser Zerrissenheit kam Green zur Auffassung von einer Art »Zweiheit« seiner Person und eines in ihr angesiedelten »Doppelgängers«. Dies wiederum führte ihn immer neu dazu, seine Identität infrage zu stellen, verbunden mit dem nie überwundenen Gefühl, vor Gott nicht der gewesen zu sein, der er hätte sein sollen.

Die Überreaktionen der Mutter in geschlechtlichen Dingen konnten indes nicht verhindern, dass Julien Green seine in der Geborgenheit elterlicher Liebe und Annahme durchlebte Kindheit stets in einem hellen Licht sah und sich manches Mal die Frage stellte, ob überhaupt je ein Kind eine so glückliche Kindheit gehabt habe wie er. Stark prägte ihn auch, wie Mary Green ihren Glauben lebte und versuchte, ihn den Kindern weiterzugeben. Sein Verhältnis zur Bibel, sein Verhältnis zu Jesus und das Verständnis seiner Botschaft, sein Bild von Gott als das eines liebenden Vaters – das alles verdankte er seiner Mutter. Über seine religiöse Erziehung schreibt er: »Ich wurde in die amerikanische protestantische Religion hineingeboren, die *Episcopal Church*. Meine Mutter, die sehr an ihrem Glauben hing, erzog mich so früh wie möglich in der täglichen Lektüre der Bibel. [...] Überhaupt war fast der gesamte Unterricht, den ich von ihr erhielt, in der menschlichen Person Jesu begründet. Mir scheint, sie erlaubte mir, bis in den Rhythmus des *Vaterunsers* hinein, das sie mich, den Kopf an ihre Schulter gelehnt, aufsagen ließ, die übernatürliche Zärtlichkeit ihres Glaubens zu spüren, und übertrug etwas davon auf mich. In meiner kindlichen Vorstellungskraft war es ihr möglich, den Herrn mit der Hand zu berühren [...]. Immerzu sprach sie mit Nachdruck von der Liebe, die Er für mich empfinde, und von Seinem fortwährendem Schutz. Diese Liebe vermachte sie mir, und das war eine Art Erbe, welches ebensoviel Wert besaß wie gelehrtere Theologien.« Vierzehn Jahre ist Julien alt, als die Mutter stirbt. Dieser Tag, einer der tragischsten seines Lebens, schlägt ihm »eine Wunde ins Herz, die nie ganz verheilt ist«.

Als Kind, und auch später als Erwachsener, erlebt Green – neben einem Grundgefühl der Freude – immer wieder einmal Augenblicke schier grenzenloser Lebenslust und übergroßer Glücksempfindungen, die sich besonders dann einstellen, wenn er auf etwas Erhaben-Schönes trifft oder seinen Sinnen etwas begegnet, das über die bloße Wirklichkeit der Welt hinauszugehen und ahnungsvoll auf etwas Überwirkliches, Jenseitiges zu verweisen scheint. Typisch für die Art solch intensiv-empfindsamen Erlebens mag das folgende Beispiel sein, das Julien Green in seiner Autobiographie *Junge Jahre* erzählt: »Es war eines Winterabends, und meine Mutter stand mit mir an ihrem Schlafzimmerfenster. Sie hatte den Musselinvorhang zurückgezogen und zeigte mir den Himmel in seiner wunderbaren Klarheit. Niemals zuvor hatte es sich ergeben, dass ich die Sterne so strahlend und so zahlreich sah, und auf dem dunklen Hintergrund des Firmaments flimmerten sie in unvorstellbaren Fernen wie vor meinen Augen. Indem sie die Stimme etwas senkte wie in der Kirche, sagte mir meine Mutter, ich solle den Himmel gut betrachten, er sei das Werk Gottes. Ihre freie Hand legte sie sanft auf meinen Kopf. Ich empfand dabei eine Freude, die ich nicht erklären noch wiedergeben kann. Sie entriss mich der Erde, und die Erinnerung daran beruhigt mich noch heute, da ich rings um uns die Welt, in der ich lebte, zusammenbrechen sehe.« Überhaupt ist Green eigentlich zeitlebens ein »Träumer«, der in der Schule traumverloren den Unterricht an sich vorüberziehen lassen kann und der nach eigenem Bekunden »ständig staunensstumm oder in Träumen verloren« ist. Unterstützt und verstärkt wird diese Eigenart durch die eidetische Fähigkeit seines Gehirns, die ihm Erinnerungen und Vorstellungen auf plastische, gleichsam fotografische Weise zu vergegenwärtigen vermag. Ob das ganze Leben nicht eigentlich ein Traum sei, diese Frage stellt Green sich oft.

Im Oktober 1915 passiert etwas, das Green selbst »als eines der merkwürdigsten Ereignisse seines Lebens« bezeichnet. Als er sich in seinem Zimmer, »mit irgendetwas beschäftigt«, aufhält, kommt ihm plötzlich der Gedanke, »aufzustehen und ins Badezimmer zu gehen. Ich musste«, schreibt Green weiter, »an meine Mutter denken, auf eine unerklärliche Weise schien sie mir anwesend zu sein. [...] Ich stand einen Augenblick abwartend vor dem Möbel, in das mein Vater seine Hemden einzuordnen pflegte, dann zog ich in einer plötzlichen Eingebung einen der rotgrünen Vorhänge zurück. Unter einem der Hemden lag, halb verborgen, [...] ein Buch, das meine Aufmerksamkeit auf sich zog. Es war ein kurzer Abriss der katholischen Lehre für den Gebrauch Neukonvertierter, von Kardinal Gibbons aus Baltimore.« Die Lektüre des Buches löst bei dem Jungen, der immer noch um seine Mutter trauert und zur anglikanischen Kirche, der er angehört, keine Beziehung hat, ein religiöses Aha-Erlebnis aus: »Vom ersten bis zum letzten Wort glaubte ich alles, was diese Seiten enthielten, ich glaubte es mit aller Kraft und Freudigkeit. Es kam mir vor, als werde mir in dem Augenblick, da ich am Verschmachten war, ein kühles Wasser aus unversieglicher Quelle gespendet, ein köstliches Nass, das mich mit Freude durchströmte. Was ich wissen wollte, wusste ich nunmehr, was ich glauben wollte, wurde mir in Fülle dargeboten [...]. Dieses Wasser, berauschender als Wein, verwandelte mich mit einem Schlage, ich wurde Katholik dem Verlangen nach, ohne irgendwelchen inneren Widerstand, in einem ungeheuren Aufschwung zu Gott.«

Wie immer man zu dem Erlebnis stehen mag, so kann doch festgestellt werden, dass bei Greens mystischer Veranlagung und seiner auf äußere Sinneseindrücke so resonanzbereiten Natur bei ihm nun einmal eine größere Affinität zur mehr »sinnlichen« und »augenfälligen« Spiritualität des Katholizismus als zum eher nüchternen Protestantismus bestanden hat und sein christlicher Werdegang in einer anderen als der katholischen Konfession nur schwer vorstellbar ist. Im Übrigen hatte sich Greens Mutter in ihren letzten Lebensjahren selbst immer stärker zum Katholizismus hingezogen gefühlt.

Seinem Vater bekennt Julien, auf das Buch gestoßen zu sein und Katholik werden zu wollen. Zu seiner großen Verblüffung gesteht ihm Edward Green, dass er vor kurzem selbst zur katholischen Kirche übergetreten sei. Er macht seinen Sohn mit dem Ordensmann Pater Crété bekannt, damit der ihm Glaubensunterweisung erteile. Der Geistliche nimmt sich sehr gewissenhaft des konvertierwilligen jungen Menschen an, welcher in den religiösen Dingen auffallend aufgeschlossen und ansprechbar, so leicht entflammbar ist. In dem guten Mann setzt sich der Gedanke fest, dass der Junge, von dem er sich ein idealisiertes Bild macht, zum Mönchtum berufen sein müsse. Auch die Wahl des Klosterortes und des Mönchsordens hat er für den Katechumenen bereits fest im Auge: ein Benediktinerkloster auf der Insel Wight. Julien Green selbst schreibt: »Was konnte es Romantischeres als ein Kloster geben? Ich sah mich in eine Kutte gehüllt. Welchen Effekt würde das machen! Julien hat sich in ein Kloster zurückgezogen ... [...] Ich eilte nach Hause, um mich vor dem Kruzifix [...] auf die Knie zu werfen. Ich war trunken von Liebe. Ich war gleichermaßen trunken von Hochmut, aber das wusste ich nicht. [...] Dennoch liebte ich Gott. Darin lag das Geheimnis. Ich liebte Gott mit einer Liebe, die mich berauschte und mich augenblicksweise mein Sein vergessen ließ.«

Die Konversion selbst findet am 29. April 1916 in der Kapellenkrypta der Weißen Schwestern in der Rue Cortembert statt, in unmittelbarer Nachbarschaft der Wohnung gelegen, die Greens Vater kurz zuvor mit seinen Kindern bezogen hatte. Julien wird »sub conditione« katholisch getauft. Was folgt, ist eine Zeit des Glücks: »Ich war«, bemerkt Green am 28.09.1933 rückblickend in seinem Tagebuch, »fünfzehn Jahre alt, glaubte fest an Gott und wünschte nichts anderes auf Erden, als ihm zu leben. Wenn ich, vor dem Bett kniend, mein Gebet verrichtete, entrückte mich ein solches Glücksempfinden, dass ich im Augenblick sterben wollte.« Doch mit dem zunehmenden Erwachen der Sexualität legt sich bei dem jugendlichen Klosteraspiranten nach und nach die Begeisterung für ein der Welt völlig ab- und nur Gott zugewandtes Leben der Askese. Als er sich schließlich im Verlauf des Jahres 1918 gegen ein künftiges Klosterleben ausspricht, ist das für Crété eine herbe Enttäuschung.

Anfang September 1919 wird Julien Green von seinem Vater nach Amerika zum Studium geschickt, das ihm ein in Georgia lebender Onkel finanziert. An der Universität von Virginia in Charlottesville studiert er Sprachen und Literatur. Im Großen und Ganzen ist Green in dieser universitären Männerwelt Einzelgänger und Außenseiter, dem das burschikose, ungestüme Leben und Gebaren seiner Kommilitonen wesensfremd ist. Schüchternheit und Minderwertigkeitsgefühle bedrängen den jungen Mann aus Frankreich. Seine fast noch kindlich anmutende Lebensfremdheit und Naivität, aber auch seine immer wieder einmal ausbrechenden frommen Anwandlungen und Reden setzen seine Kameraden eher in Verwunderung, als dass sie ihn ernst zu nehmen vermögen. Freunde, sofern sie diesen Namen überhaupt verdienen, hat er nur wenige: »Pater Crété lehrte mich, jene jungen Männer zu verachten, die ›das Böse taten‹. Er sagte mir, man müsse sie als *Parias* betrachten. Das Ergebnis war, dass ich die jungen Leute um mich herum an der Universität verurteilte und verachtete. [...] Es fiel mir schwer, mit jungen Leuten zu sprechen, die nicht so sprachen wie ich, ich sprach wie ein Engländer, nicht wie ein Amerikaner, das schuf eine Barriere, und dann war ich zudem Katholik, sie nicht. Ich litt sehr, durch Stolz, einen Stolz, der sich als Tugend verkleidete.«

Verwirrend und peinigend sind für Green seine ihn fast verzehren wollenden Empfindungen und Sehnsüchte, die so mancher attraktiv aussehende junge Mann auf dem Campus bei ihm auslöst. Wie unter einem Zwang stehend, muss er sie sich verstohlen immer wieder anschauen, fühlt er sich zu ihnen hingezogen – bei gleichzeitigen Gefühlen von nur schwer definierbarer innerer Angst, Unruhe und Abwehr. Sich diesen seinen Idolen zu nähern, sie anzusprechen und um ihre Freundschaft zu werben, nach der ihm doch so sehr verlangt, wagt er indes nicht. Doch seine Gedanken, Phantasien und Träumereien kreisen immer mehr um ihre beklemmende Schönheit, die für ihn den antikischen Götterstatuen gleicht, die er einst als Kind und Jugendlicher in der Skulpturensammlung des Louvre so sehr bestaunt hatte. Denn nur eine Schönheit, die in ihren harmonischen Proportionen dem griechischen Schönheitsideal nahe kommt, vermag Green in entzückende Bewunderung zu versetzen, nur von ihr fühlt er sich magisch angezogen. Und von der Schönheit eines Gesichts! Wenn zu der »Vollkommenheit« und Anmut eines Körpers ein makellos schönes, ebenmäßiges Gesicht dazukommt, wenn die Augen geheimnisvoll blicken und von einer bestimmten Farbe sind (bevorzugt schwarz), wenn der Teint rosa oder elfenbeinern schimmert und die Haare gar noch blond sind – dann vermag sich Green der auf ihn ausgeübten Faszination nicht zu entziehen.

Schließlich gelingt es ihm, sich mit dem Studienkollegen, für den er am meisten schwärmt, mit Bonton Owen (in seiner Autobiographie »Mark« genannt), anzufreunden. Ihm seine Liebe zu gestehen, davor scheut er jedoch zurück. Zu groß ist die Angst, sich bei der von ihm idealisierten und verklärten Person lächerlich zu machen oder gar dessen Zuneigung zu verlieren. Doch dass hinter seiner schwärmerischen Liebe zu schönen jungen Männern kein asexuelles, lediglich romantisches Liebes- und Freundschaftsgefühl steht, wie er es sich lange Zeit eingeredet hatte, dieser Tatsache kann er sich immer weniger entziehen. Vielmehr liegt den Schwärmereien ein zielgerichtetes sexuelles Begehren zugrunde oder ist ihnen zumindest beigemengt – und das bei ihm, dem doch immer noch die »animalische Sinnlichkeit« ein Gräuel ist und den »plötzlicher Ekel« befallen kann »vor jeder Form der Sexualität und insbesondere den männlichen Geschlechtsteilen«. Mit seiner 1950 herausgegebenen Erzählung *Moira* hat er später versucht, seine eigene Situation, seine Denk- und Verhaltensmuster während der in den USA verbrachten Studienjahre psychologisch auf Romanebene zu erhellen.

1922 kehrt Julien Green nach Paris zurück. Die folgenden Jahre, in denen er schon früh beginnt, sich als Schriftsteller einen Namen zu machen (1926: *Mont-Cinère*, 1927: *Adrienne Mesurat*, 1929: *Leviathan*), sind von einem vergnügungssüchtigen Lebensstil gekennzeichnet, von exzessiv gelebter sexueller Libertinage mit ihren flüchtigen, ständig wechselnden und nur aus Gründen eines kurzfristigen sexuellen Rauschs eingegangenen Männerbekanntschaften, wobei durch den »Taumel der Begierde« die Green eigene Abneigung gegen das Sexuelle immer wieder ausgeschaltet wird.

Später wird er über diese Phase seines Lebens schreiben: »Die Stunde kam, in der die Welt mich mit der Tyrannei ihrer Schönheit in Bann schlug. Jeder junge Mensch fühlt in sich die Auflehnung gären. Ich habe die illusorische Befreiung kennengelernt, die jeden Zwang aufhebt, und in genau diesen Augenblicken litt ich am stärksten unter dem Schrecken der Seele, die sich verlassen glaubt. [...] Das Erwachen kam jäh.« Und er nennt sich einen »Tölpel, der [...] sich in der Wüste und den Illusionen flüchtiger Oasen verlor«.

An sein »erstes Mal«, das im März 1923 erfolgte, erinnert Green sich später so: »Wie könnte ich diesen in meinem Leben so bedeutsamen Augenblick je vergessen? Den Augenblick, in dem der Dämon mich hinaustrieb in die Straßen der nächtlichen Stadt. Es wäre falsch, der Natur die Schuld zu geben. Ich kenne nur zu gut die unwiderstehliche Macht des Instinkts, bei dieser Gelegenheit aber war die Natur blind: Ich muss geführt worden sein, denn mir ist noch heute genau gegenwärtig, dass ich direkt dorthin ging, wo ich die besten Chancen hatte, jemanden zu treffen. [...] Ich wusste nicht genau, was ich wollte, meine erotischen Träumereien gaben mir darüber kaum Aufschluss, aber alle forderten sie die Schönheit des Gesichts, denn ohne sie war nichts möglich. Ich suchte den ewigen Olymp, den ich seit meiner Kindheit in mir trug. [...] Ohne es zu wissen, schlug ich die *günstige* Richtung ein, die geradewegs zu jenen dunklen Bereichen führt, aus denen die Rückkehr schwierig ist. Jemand erwartete mich, aber wer hatte ihn dort hingestellt? Von diesem Augenblick an wurden mir Freiheit, Entscheidungskraft und Selbstbeherrschung bis auf weiteres genommen; ich wurde zum ausgewählten Spielzeug in mächtigen Händen, von nun an war die Gewohnheit bereit, stets mit der unfehlbaren Genauigkeit einer Maschine zu funktionieren. [...] Ich verzichte darauf, den Unbekannten, der sich mir im Regen, beim beunruhigenden Schein der Laternen genähert hatte, zu beschreiben. Sein Gesicht hätte mich erschrecken sollen. Es war von einer auffallenden Hässlichkeit: Es übte die ungeheuerliche Anziehungskraft des Lasters auf mich aus, und ich konnte nur nachgeben, wie ein Tier, das vom Jäger fasziniert ist.«

Aus dem »ersten Mal« sind schnell viele Male geworden. Dennoch war Green schon bald klar, »dass man die Liebe nicht auf der Straße findet, und was suchte ich, wenn nicht die Liebe? Ist das nicht das Problem aller jungen Männer, die durch die Städte irren und die Lust mit der Freude verwechseln?« Anfangs erlebt der ehemalige Ordensaspirant noch den Konflikt und Kampf zwischen seiner religiösen Natur und seinen christlichen Bestrebungen einerseits und dem Ausleben seiner sexuellen Obsessionen andererseits. Auch quält ihn noch sein verletzter Stolz »angesichts dessen, was ich manchmal in einem Rausch der Erniedrigung hinnahm. [...] Ich war mir im Klaren darüber, wohin die Wege führten, die ich so gern einschlug, aber ich würde sie nicht zu Ende gehen. Dessen war ich mir sicher. In meinem Fall würde ein Wunder geschehen, eine Ausnahme.«

Doch diese Selbsttäuschung und Gespaltenheit kann auf Dauer nicht anhalten. So wie zum einen die lange Zeit verdrängte und geleugnete Sexualität nunmehr hemmungslos ausgelebt wird, so werden jetzt andererseits die religiösen Bedürfnisse, d. h. die Frage nach Gott und der Bezug des Lebens auf ihn hin, immer mehr verdrängt, immer weiter zur Seite geschoben. Green selbst stellte am 28.09.1941 über jene Jahre fest: »Ich kümmerte mich kaum um die Religion, mich zu amüsieren war die Faszination [...]. Von 1928 an betete ich kaum mehr. 1933 versuchte ich es vergeblich, dann 1937 mit mehr Erfolg.« Letztere Bemerkungen machen aber auch deutlich, dass Green auch in diesem Lebensabschnitt eigentlich nie von Gott so ganz losgekommen ist. Die Gottessehnsucht ließ sich doch nicht völlig, ließ sich erst recht nicht auf Dauer auslöschen. So heißt es beispielsweise am 02.09.1934 in seinem Tagebuch: »Ich trage eine große Sehnsucht nach Veränderung in mir und – ich darf es sagen, mag es auch noch so befremdlich scheinen – eine aufrichtige Liebe zu Christus. Gleichwohl weiß ich nicht, wie ich den Kampf gegen die Versuchungen aufnehmen könnte, denn darum handelt es sich.« Und am 30.10.1934: »Vorhin tranken wir in meinem Arbeitszimmer den Kaffee und hörten ein Beethoven-Quartett. Ich blätterte in Pater Brunos Buch über Johannes vom Kreuz. [...] Ich war tief bewegt, als hätte mich eine laute Stimme in der Stille gerufen. Eine Sekunde lang fühlte ich intuitiv, was mystisches Leben bedeuten und was, *von der anderen Seite aus gesehen*, das Leben bedeuten mag, das wir in der Welt führen.«

Wenige Wochen später, Ende November 1934, widerfuhr Green ein merkwürdiges übersinnliches Ereignis. Als er eher zufällig in einer Schublade auf einen Rosenkranz stieß, war er »auf die Idee gekommen«, einmal wieder die Gebete seines fünfzehnten Lebensjahres aufzusagen. Doch weder das Vaterunser noch das Ave Maria wollen – trotz allen Bemühens – über seine Lippen kommen. Am Abend des folgenden Tages lässt ihn jedoch plötzlich eine ihm unerklärliche Bewegung – »als wäre ich geschubst worden« – vor dem Fenster auf die Knie fallen, und er vermag wieder zu beten. Ihm ist, als wenn jemand hinter ihm stünde: »Eine wundervolle Gegenwart. Als ich geendet hatte, war ich wieder allein.« Doch diese Erfahrung löst bei Green noch keine Rückkehr zu Gott, auch keine zur katholischen Kirche aus, von der er sich inzwischen entfremdet hatte. Nach seinem eigenen Bekunden ist er schon lange »kein praktizierender Katholik mehr«, da er »ein Leben der Sinneslust nicht mit einem Leben religiöser Treue in Einklang bringen konnte«. Die Rückkehr zu Gott und zur katholischen Kirche, sie sollte erst fünf Jahre nach jenem oben beschriebenen Erlebnis erfolgen.

Vor dieser neuerlichen »Konversion« spielt sich allerdings in Greens Innern ein geistlicher Prozess ab, eine sukzessive Bewegung zu Gott hin, so dass er am Ende des Jahres 1940 konstatieren kann: »Mein Leben hat sich – von innen her – ziemlich verändert. In welchem Augenblick habe ich meine Wahl getroffen? Ich weiß es nicht mehr. Vielleicht habe ich es nie gewusst. Man entscheidet sich erst, wenn die unterirdische Arbeit fertig ist, wenn in jener geheimnisvollen Gegend, wo sich solche Vorgänge abspielen, das Für und Wider endgültig gezählt und gewogen ist. Es gab die Sekunde, in der ich ja sagte, aber diese Zustimmung war schon erlangt, bevor ich darum wusste.« Der Rückkehr zu Gott war im Übrigen eine Phase in Greens Leben vorausgegangen, in der er mit östlichen Religionen sympathisiert hatte, um auf diese Weise das metaphysische Vakuum, das seine Abwendung vom christlichen Glauben hinterlassen hatte, intellektuell und spirituell irgendwie zu füllen. Was hatte zur Beendigung von Greens Fremdgehen mit einer anderen Religion geführt? Auch darüber lässt uns Green nicht im Unklaren. »Gegen Januar 1939«, so schreibt er, »kam mir die *Abhandlung über das Fegefeuer* der heiligen Katharina von Genua in die Hände, ein Buch, das großen Eindruck auf mich machte. [...] Ein Gespräch über Aristoteles und Platon, das ich kurze Zeit darauf mit Maritain führte, erschütterte heftig den Glauben, den ich den Träumereien der hinduistischen Mystik geschenkt hatte. [...] Auf einmal schien es mir, dass ich statt Tausenden von Jahren nur noch ein paar Stunden vor mir hatte, um mein Heil zu erlangen, und das war ein heftiger Schock, doch fühlte ich auch, dass gleichzeitig ein ganzes Gebäude aus Irrtümern einstürzte.«

Bereits im Jahr zuvor – im September 1938, und damit ein Jahr vor Ausbruch des Zweiten Weltkriegs – kommt Green im Verlauf des immer aggressiver auftretenden Machtanspruchs des deutschen Nazireiches in einem Rotterdamer Hotelzimmer wie in einer Art Eingebung die plötzliche Gewissheit kommenden Unheils. Voller Entsetzen erkennt er: »Der Moloch hat seinen Albtraumrachen aufgerissen und wird vielleicht verschlingen, was mir auf der Welt das Liebste ist. In jenem Augenblick, in jenem Hotelzimmer ist meine Seelenangst stärker als meine Religiosität, auf die ich gezählt hatte, um diese Prüfung zu überstehen. *Ich bin nicht bereit.*«

Julien Green, der sehr unter den unsicheren, spannungsgeladenen politischen Verhältnissen leidet, beschließt, Frankreich im Frühjahr 1939 zu verlassen und wieder in die USA zurückzukehren. Sein kurz zuvor wiedergefundener Glaube, seine wiederaufgenommene Beziehung zu Christus vermitteln ihm nun in den Katastrophenjahren des Krieges den so nötigen inneren Halt und ein Grundgefühl der Geborgenheit. In sein Tagebuch trägt er am 30.01.1941 ein: »Fast vor Liebe sterben zu jemandem, dessen Gesicht man nie gesehen, dessen Stimme man nie gehört hat, das ist das ganze Christsein. Ein Mann steht an einem Fenster und schaut zu, wie der Schnee fällt, und auf einmal überkommt ihn eine Freude, die in der Sprache der Menschen nicht zu benennen ist. Eingetaucht in diesen seltsamen Augenblick empfindet er eine geheimnisvolle Ruhe, die keine zeitliche Sorge trübt; das ist die Zufluchtsstätte, die einzige, denn nichts anderes ist das Paradies als die Liebe zu Gott, und keine andere Hölle gibt es, als nicht bei Gott zu sein.« Und am 31.01.1941 ergänzt er: »›Ich habe dich aus Frankreich herausgeführt, damit du zu mir kommst.‹ Wie oft habe ich dieses Wort in der Stille gehört! Es war mir Stütze, mag es mich nicht verdammen!«

Für den bekannten französische Schriftsteller André Gide, der sich schon früh als homosexuell geoutet hatte und mit dem der um dreißig Jahre jüngere Green in freundschaftlicher Beziehung und regem Meinungsaustausch steht, ist dessen Bekehrung ein Ärgernis. Unverhüllt versucht er, ihn von seinem wiedergefundenen katholischen Glauben abzubringen. Einen Monat nach Gides Tod (19.02.1951) konstatiert Green: »Meine Rückkehr zur Kirche ist für ihn eine Art Skandal gewesen, mit dem er sich nie abgefunden hat. [...] Doch heute, da dies bereits weit zurückliegt, komme ich nicht umhin zu glauben, dass ich, hätte ich seinen Argumenten nachgegeben, vielleicht einen Teil seiner Achtung verloren hätte und dass es ihn interessierte zu sehen, ob ich standhalten würde. [...] Seit meiner Rückkehr nach Frankreich im Jahr 1945 hatte ich nie Gelegenheit, Gide zu sehen, ohne dass er auf die eine oder andere Weise versuchte, meinen Glauben zu erschüttern. [...] Er wollte mich für die Sache des Unglaubens gewinnen und verwendete darauf den Eifer eines Christen, der sich bemüht, einen Heiden zu überzeugen. Das war es, was mich erschütterte. [...] Schließlich merkte er, dass er seine Zeit verlor [...], doch verzichtete er nie vollständig darauf, mich zu *bekehren*; er tat es offensichtlich zur Beruhigung seines Gewissens und gelegentlich wider Willen. Als ich ihn das letzte Mal sah, stellte er mir eine Frage, aus der etwas zu folgern ich mich hüten werde, die aber in meinem Kopf die den *ultima verba* eigene Bedeutung annimmt. Mit der strengen Stimme, die so gut zu seinem Blick harmonierte, fragte er mich, ob ich täglich meine Bibel lese. [...] Ich antwortete, ja, ich läse sie immer noch, und einen Augenblick schwieg er. War er mit meiner Antwort zufrieden oder nicht? Ich weiß es nicht.«

Doch Greens Leben als Christ verläuft nicht ohne Krisen und Konflikte. Anfechtungen, Versuchungen und Rückfälle bleiben nicht aus. Da widerfährt ihm im Jahr 1948 eine Art mystisches Erlebnis, das sich bei ihm glaubensstärkend auswirkt. Nur Andeutungen finden sich hierzu in den zu seinen Lebzeiten veröffentlichten Tagebüchern: »Die seltsamste Stunde meines ganzen Lebens. Ich kann nur das Datum angeben. Zwischen ein und zwei Uhr morgens« (30.04.1948); »Alles, was ich heute darüber sagen kann, ist, dass ich von der Erinnerung an die Herrlichkeit Gottes zehre« (02.02.1970). Dass er dennoch in den Fünfzigerjahren in Gefahr steht, wieder abzugleiten, die »Welt« und ihre Vergnügungen erneut liebzugewinnen, ja sich bereits schon wieder auf »direktem Weg zur Hölle« dünkt, dann aber auf diesem abschüssigen Terrain und soghaften Gefälle sich noch rechtzeitig loszureißen vermag, das führt Green auf ein Wunder Gottes zurück: »Ich betone: ein Wunder. Ich flehte den Herrn an, mir beizustehen. Er selbst hatte bewirkt, dass ich ihn anflehte. Das geschah 1956 in Clairefontaine, nachdem ich einen Artikel über Mutter Marie Yvonne Aimée de Jésus gelesen hatte, den Anne bei ihrem Friseur aus einer Illustrierten herausgerissen hatte.« Greens Kurswechsel ist radikal und nachhaltig. Er hat das Empfinden, »ein anderer Mensch« geworden zu sein.

Dennoch besteht auch zukünftig die Gefahr, dass die Vergangenheit Green immer wieder einholt. Vor allem dann, wenn er auf bestimmte Briefe, Aufzeichnungen, Fotographien aus jener Zeit stößt, in der er ein junger Mann war, der die Ausschweifung liebte. Denn obgleich seine Seele in den Jahren sexueller Freizügigkeiten gelitten hatte, so hatten doch auch die Lust, das Vergnügen, die geschlechtlichen Ekstasen durchaus ihren Reiz gehabt. Wenn Green an solchen Tagen der Erinnerung mit der Vergangenheit konfrontiert wird, kommt es immer wieder einmal zu Tagebucheintragungen wie diesen: »Heute Nacht eine ziemliche Anzahl von Papieren verbrannt. Das hat mich sehr viel gekostet, ich gebe es zu. [...] Viele dieser Schriftstücke würden von der Mehrzahl der Menschen als harmlos angesehen werden, doch ich bin ein Mensch von jener Art, der an manchen Tagen alles zum Gift wird.« – »Ein bloßer Name, mitunter nur ein Wort genügen, um eine Bilderfolge auszulösen, und aus diesem Grunde fürchte ich die Einsamkeit. In Augenblicken des Friedens lese ich Paulus oder die Psalmen, und es gibt diese gesegneten Momente, wo die Seele Zuflucht findet und sich im Schatten der Flügel des Allmächtigen erholt. Ich möchte, dass man weiß, dass ich viel gerungen habe.« – »Gestern habe ich den großen Fehler begangen, meine Nase in mein Tagebuch der Jahre 29–31 zu stecken. [...] Das Gedächtnis wird eine wahre Folterkammer, die Sehnsucht ein Feuer, das die Seele verzehrt.«

Wechselnde sexuelle Beziehungen, die lediglich einer vorübergehenden sinnlichen Lustbefriedigung dienen, sind für Green schon seit längerem tabu. Umso bedeutender sind ihm tiefgehende, verlässliche und dauerhafte Freundschaften, nicht zuletzt die zu Robert de Saint Jean oder seinem Adoptivsohn (!) Jean-Eric Jourdan, einem jungen, talentierten Schriftsteller. Ihnen fühlt er sich in sublimierter, »platonischer« Liebe tief verbunden. (»Ich bin immer verliebt gewesen. Zwei platonische Lieben in meinem Leben, und beide tief eingewurzelt.«) Zu seinem großen Freundeskreis beiderlei Geschlechts gehören auch viele katholische Geistliche, mit denen er offenen, vertrauensvollen Meinungsaustausch pflegt.

Am 18. November 1997, wenige Monate vor seinem Tod, vermerkt Green in sein Tagebuch: »Von allen Seiten werde ich mit Freundschaft und Zuneigung überhäuft, und mein Lebensende gleicht diesem schönen Herbst. Dankbar empfange ich den Besuch jener, die mir lieb sind. Die Süße des Lebens wird mir also bis ans Ende zuteil. Was könnte ich mehr verlangen?« Und am 10. März 1998 heißt es: »*Non so piu cosa son.* Das Lied des Cherubino verfolgt mich. *Or di foco, ora sono di ghiaccio...* Alle Verliebten haben so gesprochen, haben diese Anwandlungen, diese Schwindelgefühle, diese Unschlüssigkeit durchgemacht; alle Verliebten sind vieles auf einmal, in ihnen gibt es weder Geschlecht noch Alter noch Grenzen. Bei der platonischen Liebe ist es genauso, allerdings ohne die Komplikationen und Katastrophen des Fleisches. Und auch auf der höchsten Ebene, der mystischen Liebe.«

Und dann ist da noch die Musik! Ein Leben, ja auch nur ein Tag des Lebens ohne Musik – sich das vorzustellen wäre für Green unmöglich. Sie ist für ihn »die große Erfrischung jedes Tages«. Immer wieder wird er von ihr bis hinein in die Tiefenschichten seines Bewusstseins emotional erfasst und beglückt. Mozart, Schubert, Schumann, Händel – sie und viele andere lassen sein Herz immer wieder höherschlagen. Und Bach. Der vor allem! Über ihn und seine Musik bemerkt Green: »Man hört mit einer Freude zu, die einen bis ins Innerste aufwühlt. [...] Es gibt Phrasen von Bach, die die Seele in die Knie zwingen, auf die natürlichste Weise der Welt.« Und: »Bach braucht nur eine Stimme und eine Flöte, und der Himmel tut sich uns auf.« Bei Luther liebt er vor allem die kraftvollen Choräle, »manche so wuchtig wie Festungen, über denen Wimpel mit dem Namen Christi flattern«.

Viel Kraft und Stabilität für sein (Glaubens-)Leben schöpft Green nicht zuletzt auch aus dem Gebet und einer intensiven Beschäftigung mit der Bibel: »So sehr sich auch das Leben verdüstert, darf man den Strom des Gebets nicht unterbrechen, denn das Gebet bringt alles in Ordnung, auch wenn die Sache verloren scheint.« Große Bedeutung hat für ihn das Vaterunser: »Überlegt einmal genau: Wenn ihr es betet und zugleich wirklich daran denkt, dann müsst ihr verrückt werden vor Glück.« Allein schon das bewusste Aussprechen und die Vergegenwärtigung der ersten beiden Worte des Gebets können für Green beim Beter viel Positives auslösen. Auch tut es ihm gut, »still vor Gott hinzutreten, vor ihm zu schweigen«. Ebenso könnte man sein Grundgefühl der Dankbarkeit als eine bestimmte Form des Betens bezeichnen. »Mit den Jahren«, schreibt er, »habe ich gelernt, dankbar für alles zu sein, für die Stille [...], für das Trommeln der Regentropfen auf dem Schieferdach, dafür, dass meine Hand lebendig ist, um diese Worte niederzuschreiben, dafür, dass ich atme. Jedesmal wenn ich aufblicke und über den Bäumen die Wolken sehe, erlebe ich eine Art Offenbarung, und das seit meiner Kindheit, doch wie ließe sich dergleichen in Worte fassen?«

Die herausragende Stellung, die die Bibel in seinem Leben innehatte, hat Green selbst als sein »protestantisches Erbe« empfunden. Selbst 1926 – in einer Zeit also, als er sich von der Kirche fernhielt – vermerkte er in seinem Tagebuch: »In der Bibel werde ich meine Wahrheit suchen. Wie auch immer mein Leben sein mag, niemals wird es sich dem Einfluss des Buches entziehen. Jedenfalls ist es nie ruhiger, als wenn es sich seinem Einfluss unterwirft.« Das Verhältnis zur Heiligen Schrift ist bei Green von lebendiger, geradezu personaler Art. In diesem Buch begegnet er einem göttlichen Du, das zu ihm spricht und ihn herausfordert: »Jedesmal, wenn ich mich in das Evangelium versenke, spricht eine vertraute und zugleich unerwartete Stimme zu mir. Es steckt eine Überraschung darin, die dem Augenblick zuzuschreiben ist, in dem sie empfangen wird, oft mit einem Schock.« Green liebt es, das Alte wie das Neue Testament in seinen Ursprachen zu lesen, aber er greift immer wieder auch zur altehrwürdigen, ihm von seinen Kindheitstagen an so vertrauten King-James-Bibel in der Übersetzung von 1611. Diese ist nun einmal das Buch, aus dem einst die Mutter ihm vorgelesen und das ihm »als Kind das Wort offenbart hatte«.

Besonders ergreift ihn, in welch liebevoller und barmherziger Weise Christus den bußbereiten Sündern begegnet, in denen Green sich wiedererkennt, wie etwa dem »Schächer« am Kreuz (»der große Liebling der Schuldigsten«), wie etwa Maria Magdalena oder der Samariterin am Brunnen zu Sichar. Zu Letzterer trägt Green am 31.01.1998 in sein Tagebuch ein: »Jedesmal, wenn ich das Evangelium aufschlage [...], finde ich mich einem Buch gegenüber, das ich gut zu kennen glaubte und das stets neu ist, mit neuen Überraschungen. [...] Alles ist auf unerwartete Weise wahr. [...] Ich staune ganz so wie die Samariterin, und plötzlich bin ich verliebt in den Gott der Samariterin. Jedesmal, wenn ein Leser diese Stelle liest, ist er versucht zu sagen: ›Ich hätte Christus gern kennengelernt‹, und Gott antwortet: ›Worauf wartest du?‹ Da sinkt die Seele vor lauter Liebe zu seinen Füßen nieder. Das habe ich mehrmals in meinem Leben empfunden. Ergriffenheit kann man nicht beschreiben.« Sein Lieblingsheiliger ist im Übrigen Franz von Assisi, über den er Anfang der Achtzigerjahre eine vielgelesene Biographie verfasste.

Schreiben – das ist Greens Element und Leidenschaft. Es ist ihm aber auch Therapie und Katharsis, bei der er sich das, was sich ihm aufdrängt, von der Seele schreibt. »Häufig gedacht, dass ich mir deshalb das Gleichgewicht bewahrt habe, weil ich meine Geschichten schrieb«, notiert er einmal in sein Tagebuch. Und so ist ihm das Schreiben auch eine Hilfe bei seiner »Suche nach Einheit«, wobei er sich als Romancier »in seinen Figuren multipliziert und sich in seinen Erfindungen, seinen Analysen und Träumen wiederzufinden [versucht]«. Was nicht ausschließt, dass ihm zuweilen Bedenken wegen des Inhalts seiner Bücher und ihrer möglicherweise schädlichen Wirkung bedrängen. Dabei muss man wissen, dass Green alles andere als ein »erbaulicher« oder dezidiert »katholischer« Schriftsteller ist. Für ihn hätte das geheißen, »die Religion herabzuwürdigen«. Vielmehr vergleicht Green den Romanschreiber mit einem »Späher, der ausgeschickt wird, die Tiefen der Seele zu erkunden. Er kehrt zurück und erzählt, was er gesehen hat.« Und so kommt auch die Sünde mannigfach in Greens Werken vor. Sie kommt vor in ihrer ganzen Tragik, da die Romanfiguren in ihren Leiden schaffenden Leidenschaften wie unter einem Fluch stehend immer neues Unheil über sich und andere heraufbeschwören und letztlich sich selbst wie auch die Objekte ihrer Begierden und Zwänge innerlich und äußerlich zerstören und zugrunde richten. Damit wird aber indirekt auch des Menschen Bedürftigkeit nach Erlösung und göttlicher Gnade relevant. Peter Hamm kommentierte das einmal so: »Es macht das Wunder seiner Romane aus, dass die Intensität, mit der sie die höllischen Qualen gleichsam auf sich genommen haben, für den Leser gar keine andere Lösung mehr zulässt als die – auch und gerade wenn von ihm nie ausdrücklich die Rede ist – zu Gott.«

Bis ins hohe Alter hinein zeichnet Green eine verblüffende geistige und körperliche Frische, dichterische Kreativität und Schaffenskraft aus. Kurz vor seinem Tod vermerkt der 97-Jährige in seinem Tagebuch: »Das Alter. Ich glaube noch immer nicht daran, obwohl es da ist. [...] Keine Leseorgien mehr wie früher, sondern substantiellere Lektüren. Ich möchte noch hinzufügen, dass mir die Evangelien jeden Morgen Einzelheiten enthüllen, die ich vorher nicht gesehen hatte, und dass sie mir die Freude schenken, zu leben, zu verstehen und zu lieben; ich besitze noch immer den Glauben desjenigen, der mit fünfzehn konvertierte, und den Glauben des Kindes, das mit Anwandlungen von Zärtlichkeit den Sternenhimmel betrachtete und auswendig die Psalmen der *King James* aufsagte.«

Am 13. August 1998 stirbt Julien Green dann im Alter von fast 98 Jahren in Paris. In der Stadtpfarrkirche St. Egid in Klagenfurt, wo er eine gemeinsame Gruft für sich und seinen Adoptivsohn erworben hatte, wird er wenig später beigesetzt. Auf der marmornen Grabplatte ist Greens Lieblingsvers eingraviert, Jesu Wort aus Joh 11,25: »Ego sum Resurrectio et Vita – Ich bin die Auferstehung und das Leben.«

Dass dieser Vers für Green besonders bedeutsam war, hing auch mit seiner Mutter zusammen. In sein Tagebuch schrieb er am 26.09.1996: »Ich werde gefragt, was für mich der wichtigste, jemals auf der Welt ausgesprochene Satz ist. Die Antwort weiß ich sofort: *Ego sum Resurrectio et Vita.* [...] Ich war sechs, und meine Mutter redete schon mit mir wie mit einem Mann. ›Denke immer daran‹, erklärte sie mir, ›was Christus gesagt hat, *Ich bin die Auferstehung und das Leben.* Darin ist alles enthalten.‹ Das war geheimnisvoll in seiner großen Einfachheit und mithin unvergesslich. Dieser Satz hat mich mein ganzes Leben lang begleitet. [...] Was wäre der Mensch ohne diese endgültige Hoffnung? Ein Schatten unter den Schatten einer zufälligen Schöpfung, ein Gemisch von Atomen, die von nirgendwo herkommen, um ins Nichts zu gehen, ein Wesen, das ohne Grund in einem unerklärlichen Universum aufgetaucht ist. Das ist die Vorstellung jener, die an das Nichts glauben. Aber es gibt dieses Wort Christi. Es löscht alle anderen, die seit Anbeginn unserer Geschichte ausgesprochen worden sind.«

Und ganz in der Nähe des Grabes, an der Außenwand der Seitenkapelle, ist die für Green so bezeichnende Inschrift angebracht, die einer Tagebucheintragung vom 16.11.1954 entnommen worden ist: »Wäre ich allein auf der Welt gewesen und hätte Gott dennoch seinen einzigen Sohn hergeschickt, damit er gekreuzigt werde und mich erlöse ... wer hätte ihn gerichtet, verurteilt, geschlagen und gekreuzigt? Zweifeln Sie keine Sekunde daran. Ich. Ich hätte das alles getan... Einen Jünger, der ihn verrät, einen Jünger, der ihn liebt? Das ist das Schmerzlichste an der ganzen Geschichte, auch das Geheimnisvollste, denn schließlich weißt du genau, dass ich beides sein werde.«

John Grisham

Frommer Baptist avanciert
zum Superstar
des Justiz-Thrillers

Die Schriftstellerkarriere eines der heute erfolgreichsten Romanautoren der Welt begann mit einem Flop. John Grisham arbeitete als junger Strafverteidiger in Southaven, einem Vorort von Memphis. Nebenbei saß er als demokratischer Abgeordneter im Repräsentantenhaus des Bundesstaates Mississippi. Doch der Anwaltsjob befriedigte ihn nicht wirklich. Und die Abgeordnetentätigkeit war für ihn frustrierend, da er merkte, wie wenig er als Abgeordneter tatsächlich bewirken konnte. So drängte es den Workaholic auch noch so ganz nebenbei zum Schreiben: »Nur als Hobby und gewissermaßen zum Spaß.«

Alles beginnt mit einem Prozess um eine Vergewaltigung an einer Minderjährigen in DeSoto County. Grisham wohnt tief berührt der Zeugenaussage des Vergewaltigungsopfers, einem schwarzen zwölfjährigen Mädchen, bei. Er fragt sich, wie die Jury richten würde, hätte der Vater die weißen Männer umgebracht, die seine Tochter gepeinigt hatten. Er ist entschlossen, aus dem Fall einen fiktiven Roman zu machen.

Doch als das mit *Die Jury* betitelte Werk fertiggestellt ist, winkt ein Verlag nach dem anderen ab. Bis sich schließlich ein kleiner, völlig unbekannter Verlag bereiterklärt, es in einer Auflage von 5.000 Exemplaren zu veröffentlichen. Von diesen übernimmt auch noch der Autor 1.000 Stück selbst, verstaut sie im Kofferraum seines Wagens und klappert in den umliegenden kleinen Ortschaften die Büchereien ab, in denen er Autorenlesungen organisiert hat.

Trotz des offenkundigen Misserfolgs seines Erstlingswerks arbeitet Grisham bereits an einem zweiten Roman. In ihm geht es um eine Anwaltskanzlei, die in Geschäften der Mafia verquickt ist. Mit *Die Firma* gelingt Grisham ein sensationeller Coup. Noch bevor der Thriller als Buch herausgekommen ist, erwirbt »Paramount Pictures« für 600.000 US-Dollar die Filmrechte. Kein Wunder, dass jetzt auch große Buchverlage auf den Jungautor aufmerksam werden. Das Rennen für *Die Firma*, und damit alle zukünftigen Romane, macht schließlich der renommierte Doubleday-Verlag. Der Krimi erweist sich als Megaseller und hält sich fast ein Jahr lang auf der Bestsellerliste der »New York Times«. Grisham hat es geschafft. Nachdem er bereits im September 1990 aus dem Parlament ausgeschieden ist, gibt er bald darauf auch seine ungeliebte Tätigkeit als Anwalt auf. Fortan lebt er als freier Schriftsteller. Mindestens einmal im Jahr erscheint ein neuer Bestseller von ihm. Seine Bücher sind mittlerweile in rund 40 Sprachen übersetzt. Ihre Gesamtauflage beträgt etwa 300 Millionen. Mehrere seiner Romane sind verfilmt worden. Er selbst wohnt mit seiner Frau Renée, mit der er seit 1981 verheiratet ist und zwei Kinder hat, auf einer knapp 30 Hektar großen Farm außerhalb von Oxford (Mississippi) und – für mehrere Monate im Jahr – auf einer Plantage nahe

Charlottesville (Virginia): »Es ist ein Leben auf dem Lande. Wir versuchen, es einfach zu halten, und wir vermeiden Hollywood, New York und alle anderen Orte, wo das ganze Getümmel ist.«

Dass er einmal zum Multimillionär mit Privatjet aufsteigen würde, hätte sich Grisham, der am 8. Februar 1955 in Jonesboro (Arkansas) geboren worden ist, wohl nicht träumen lassen. Er stammt aus sehr einfachen Verhältnissen: »Meine Kindheit war davon geprägt, dass meine Familie arm war. Nicht hungrig oder dreckig. Aber wir hatten kein Geld.« Während in anderen Familien der Fernseher bereits zur Standardeinrichtung gehört, haben die Grishams lange Zeit überhaupt keinen. Später besitzt man wenigstens ein winziges Schwarzweißgerät. »Kauf den Kindern doch einen richtigen Fernseher, hat meine Großmutter zu meinem Vater gesagt. Die Wahrheit war: Er konnte sich keinen leisten.«

Sein Vater arbeitet in Arkansas ursprünglich als Baumwollfarmer, bis er seine kleine Farm aufgeben muss. So zieht er mit seiner Familie nach Mississippi, wo er bei einer Baufirma Arbeit findet. Immer wieder versetzt ihn sein Arbeitgeber in eine andere Stadt. In die zieht er dann mit seiner Frau und seinen fünf Kindern. Dieser Umstand verlangt von den Kindern die Fähigkeit, sich immer wieder auf neue Menschen und Situationen einzustellen. Stets müssen alte Freunde zurückgelassen und neue Freundschaften geschlossen werden. Außerdem lernen sie, dass die Familie zusammenhalten muss. »Das Erste, was meine Familie nach einem Umzug tat«, so John Grisham, »war, sich einer örtlichen Gemeinde der Südlichen Baptisten anzuschließen. Das Zweite war, zur öffentlichen Bibliothek zu gehen und sich Leserausweise zu besorgen.« Die Initiative zu Letzterem geht auf Grishams

Mutter zurück, die vom Fernsehen nichts hält, umso mehr aber daran interessiert ist, dass ihre Kinder viel lesen. Diese leihen sich immer so viele Bücher aus, wie erlaubt ist. »Zu Hause haben wir dann auf dem Boden gesessen und die Bücher rumgehen lassen.« John liebt vor allem die Werke von Mark Twain und Charles Dickens oder Erich Kästners *Emil und die Detektive*. Doch nicht nur Bücher regen die Phantasie des kleinen John an. Auch das, was seine Eltern oder Großeltern am Küchentisch während der Mahlzeiten oder draußen auf der Veranda an Geschichten zu erzählen haben, saugt er begierig in sich auf. Dabei sind besonders sein Vater und seine beiden Großväter großartige Geschichtenerzähler. In einem Interview meint Grisham: »Das hat viel mit dem amerikanischen Süden zu tun. Man sitzt auf der Veranda, weil das Haus keine Klimaanlage hat, es ist heiß, und du hörst all die fantastischen Geschichten. Ich bezweifle, dass alle wahr waren. Aber sie werden wieder und wieder erzählt – und irgendwann sind sie Teil der Realität.« Außerdem liebt John das Baseball-Spielen. Seit seinem sechsten Lebensjahr träumt er davon, einmal ein großer Star zu werden. Als er sich mit zwanzig schließlich eingestehen muss, dass es für ihn nie zu einer Profikarriere reichen wird und er sich in einem ganz normalen Beruf wird bewähren müssen, ist das eine schmerzliche Erkenntnis für ihn.

Dass sie am kirchlichen Gemeindeleben teilnehmen und die sonntäglichen Gottesdienste besuchen, ist für die Grishams eine Selbstverständlichkeit. Die Baptisten, zu denen sie sich zählen, üben nicht die Säuglingstaufe aus, sondern die sogenannte Gläubigentaufe per Untertauchen in einem Fluss oder dem kirchlichen Taufbassin. Das heißt, wenn sich ein Mensch – ob bereits alt oder noch jung – sich dazu bekennt, dass er an Christus glaubt und ihm nachfolgen möchte und er den Wunsch äußert, getauft und in die Gemeinde aufgenommen zu werden, dann wird er getauft. Seine eigene Bekehrung und anschließende Taufe erlebt John Grisham, als er acht Jahre alt ist und die dritte Klasse der Sonntagsschule besucht. In einer dieser Unterrichtsstunden nun scheint sich der Junge besonders angesprochen zu fühlen. »Wir lebten zu der Zeit«, so Grisham über sein Bekehrungserlebnis, »in Arkansas. [...] Ich wurde innerlich überzeugt, als ich in der dritten Klasse war. Ich sprach meine Mutter daraufhin an. Ich sagte zu ihr: ›Ich verstehe das Ganze nicht so recht. Ich muss mit dir reden.‹ Wir redeten miteinander und sie führte mich zu Jesus. Am darauffolgenden Sonntag bekannte ich meinen Glauben öffentlich. In gewissem Sinne war das für einen Achtjährigen nichts Besonderes, aber es war das wichtigste Ereignis meines Lebens. Es hat mich nicht sofort verändert, aber es war gleichwohl sehr real.«

John Grisham hat gute Erinnerungen an seine Kindheit. Doch ein frommes Elternhaus bringt auch mit sich, dass manches als Sünde bezeichnet wird, womit man in anderen Familien lockerer umgehen mag. Daher kann Grisham es als Jugendlicher kaum abwarten, in einer fremden Stadt studieren zu können und damit von der elterlichen Aufsicht und Abhängigkeit fortzukommen. So verbummelt er die erste Zeit seines Studiums und will erst einmal seinen Spaß haben, bis er sich nach etwa zwei Jahren sagt: »Genug der Partys! Jetzt wird es ernst!« Er konzentriert sich nun auf sein Betriebswirtschafts- und anschließendes Jurastudium. Während seiner Hochschulzeit widerfährt ihm erneut ein geistliches Schlüsselerlebnis: »Einer meiner besten Freunde an der Hochschule verstarb mit 25 Jahren. Ich studierte Jura, und er rief mich eines Tages an und bat mich um ein Treffen. Wir saßen zusammen und er eröffnete mir, er habe Krebs im Endstadium. Ich konnte es nicht glauben. Ich fragte ihn: ›Was machst du, wenn du weißt, du wirst bald sterben?‹ Er sagte: ›Es ist ganz einfach. Du klärst die Dinge mit Gott und du verbringst so viel Zeit mit deinen Lieben, wie du kannst. Und du bereinigst die Angelegenheiten mit allen anderen.‹ Das hat mich sehr beeindruckt.«

Nachdem Grisham seine Anwaltstätigkeit an den Nagel gehängt hat und zum Bestseller-Autor avanciert ist, lässt er sich mit seiner Frau Renée und den beiden Kindern in Oxford nieder. Vorher hatten er und seine Frau sich bereits in der Sonntagsschularbeit ihrer Gemeinde engagiert. In Oxford beteiligt sich Grisham nun an einem mehrwöchigen missionarischen Arbeitseinsatz in Südamerika. Über sein Engagement meint er 1994 in einem Interview: »In meiner Kindheit in der Baptistengemeinde hörten wir wunderbare Geschichten und sahen Dias aus der ganzen Welt. Ich wollte immer an einer missionarischen Arbeit teilnehmen. Und im letzten Jahr war ich endlich in der Lage, mit ungefähr vierzig anderen Leuten aus unserem Ort nach Brasilien zu gehen. Wir gingen in einen entlegenen Teil des Landes und bauten eine Kirche in vier Tagen auf. Wir nahmen zwei Ärzte, einen Zahnarzt und einige Krankenschwestern mit und bildeten zwei oder drei medizinische Teams.« Es bleibt nicht bei dem einen Auslandseinsatz. Weitere Einsätze dieser Art in Brasilien schließen sich im Laufe der Zeit an.

Engagement ist überhaupt ein typischer Wesenszug Grishams. An einem seiner Wohnorte organisiert er eine lokale Baseball-Nachwuchsliga. Auf eigenem Grundstück lässt er mehrere Spielfelder herrichten, auf denen zahlreiche Teams mit insgesamt 300 bis 400 Nachwuchsspielern trainieren können. Er selbst ist mehrere Jahre lang Coach einer Knabenmannschaft, in der sein eigener Junge spielt. Aber sein Engagement erstreckt sich auch auf völlig andere Felder. So unterstützt er Organisationen, die sich darum bemühen, zu Unrecht verurteilte Häftlinge – und hierbei besonders solche, die zum Tode verurteilt sind – aus den Gefängnissen zu holen. Auch ist er Mitglied einer Organisation, die sich für Landschaftsschutz in Virginia einsetzt. Und in den Präsidentschaftsvorwahlen 2008 ist er Teil einer Unterstützungskampagne für Hillary Clinton.

Engagiert ist Grisham aber auch als Autor. Sicher, er will in erster Linie den Leser gut unterhalten und ihn durch eine spannend aufgebaute Handlung von der ersten bis zur letzten Seite fesseln. Dabei ist seine Sprache einfach und prägnant. Der Handlungsablauf ist auf Tempo getrimmt und die Charaktere der Protagonisten sind in Schwarz-Weiß-Manier in gut und böse voneinander geschieden. Alles das gehört zum Handwerk eines guten Krimiautors. Gleichzeitig will Grisham mit seinen Büchern aber auch etwas bewirken. Man kann sie zum Teil durchaus als sozial- und gesellschaftskritisch bezeichnen. Häufig werden die Auswüchse eines Rechtssystems angeklagt, das nach Grishams Ansicht, die Schwarzen benachteiligt und bei dem »skrupellose aalglatte Juristen mit immer neuen Eingaben, Widersprüchen, Prozessen und Verfügungen das Recht aushöhlen« (»Der Spiegel«). Und immer geht es in Grishams Krimis um den Kampf des kleinen David gegen einen übermächtig erscheinenden, skrupellosen Goliath. »Sie kochen stets nach Ihrem Erfolgsrezept«, wird ihm in einem Interview vorgehalten. »Man nehme einen David, also einen kleinen Anwalt. Und der tritt an gegen die Regierung, gegen die Mafia, gegen die Versiche-rungskonzerne ...« Worauf Grisham erwidert: »Ich habe als Anwalt zehn Jahre lang viele dieser kleinen Leute vertreten. Ich habe gewonnen, aber auch oft genug verloren. Oft waren das sehr hässliche Verfahren, je mächtiger der Gegner, desto gemeiner. Ich hasse diese Typen. Bis heute. In meinen Bü-chern kann ich die Kleinen wenigstens öfter gewinnen lassen.«

In seinen Werken geht es aber auch um Korruption und um Verbrechen an der Umwelt (etwa in *Die Berufung* oder *Die Akte*), um die Todesstrafe (etwa in *Die Kammer* oder *Das Geständnis*) oder um die Probleme sozial Benachteiligter (etwa in *Der Verrat* oder *Der Regenmacher*). Da ist es Gri-shams Absicht, »dass der Leser mal innehält, sich Gedanken macht. Er lässt sich in eine spannende Geschichte hineinzie-hen und stellt dann fest: Da gibt es ein ernsthaftes Problem. Vielleicht denkt er dann zum ersten Mal über die Todesstra-fe, über Obdachlose, falsche Urteile und korrupte Wahlen nach.« In seinem Bestreben, »Stellung zu beziehen« und »die Bösen bloßzustellen«, muss ihn manchmal seine Frau, die jedes seiner Manuskripte liest und seine »schärfste Kriti-kerin« ist, bremsen. »Hör mit dem Predigen auf«, sagt sie dann. »Komm von der Apfelsinenkiste runter!«

Auch wenn Grisham sich mehr »soziale Gerechtigkeit« wünscht, so bestreitet er doch, dass es in seinen Romanen stets um eine übergeordnete Moral gehe. So dürfe der Ro-manheld durchaus ein »fehlerhafter, beschädigter, verwun-deter Charakter sein«. Dennoch lege er Wert darauf, dass er »starke moralische Prinzipien« besitze. Seine Frau dürfe er nur betrügen, »wenn er teuer dafür bezahlt, wenn er leidet«. Und obgleich Grisham alles andere als prüde schreibt, so kommen doch ausgesprochene Sexszenen in seinen Büchern so gut wie nicht vor. Er gesteht, dass ihm sein christlicher Glaube in Bezug auf Sex und Gewalt Grenzen setzt. So habe er etwa die Vergewaltigungsszene in *Die Liste* nicht »ausgewalzt«, weil »dazu kein Anlass [besteht], jeder weiß ja, was passiert«.

Grisham bekennt sich dazu, »ein überzeugter Gläubiger« zu sein. Auf die Frage: »Was heißt es für Sie, Baptist zu sein?«, erwiderte er: »Es bedeutet, dass ich ein Leben führe, dass auf moralischen Werten und Glauben basiert. Ich glaube an Jesus Christus. Ich glaube an Mitgefühl und Vergebung. Familie und Ehe sind sehr wichtig für mich.« Zur gleichgeschlechtlichen Ehe meint er im gleichen Interview gegenüber »Focus«: »Ich denke, dass die Rechte eines schwulen Paares geschützt werden sollten. Ich trete für die ›Civil Union‹ ein, die Gleichstellung der homosexuellen Partnerschaft im zivilrechtlichen Sinn. Das betrifft die Gleichstellung in Bezug auf das Erbrecht, die Lebensversicherung oder die Haftpflicht. Doch ich bin gegen die gleichgeschlechtliche Ehe. Ich hänge der Idee an, dass nur Mann und Frau heiraten sollten und dass dieses Konzept nicht verletzt werden sollte.« Manchen evangelikalen Christen ist Grisham zu tolerant und liberal. Er wiederum stört sich daran, dass bei nicht wenigen Evangelikalen gerade in den Südstaaten der USA, dem sogenannten »Bibelgürtel«, der christliche Glaube verbunden ist mit einer per se konservativen politischen Haltung, die manchen mit der Tea-Party-Bewegung paktieren lässt. Grishams Oxforder Baptistengemeinde selbst gehört der Southern Baptist Convention an, die zu den eher konservativen Baptistenbünden der USA zählt. Aus ihr ist er inzwischen aus-

getreten und ist jetzt Mitglied einer »kleineren und liberale-
ren Kirche«.[7]

Dass Grisham im Übrigen Anhänger der liberalen Demokraten und nicht der konservativen Republikaner geworden
ist, hängt auch mit seinen früheren Erfahrungen als Anwalt
zusammen. So erklärte er selbst einmal: »Liberale Überzeu-
gungen entwickelte ich erst später als Anwalt. Meine Klien-
ten waren Menschen, denen unrechtmäßig gekündigt worden war, die arbeitsunfähig waren, die von ihren Schulden
erdrückt wurden – Menschen ohne Geld. Und meine Gegner
waren Banken, Versicherungen, Konzerne. Es war ein ewiger
Kampf, und es ging ihnen immer nur darum, meinen Klien-
ten was wegzunehmen. Ich habe über Nacht die Seiten ge-
wechselt. Nach einem Jahr sagte ich mir: ›Auf meiner Seite
der Straße sind diese kleinen Leute, die mich nicht einmal
bezahlen können. Die muss ich beschützen.‹ Und diese Leute, das waren alles Demokraten. Hart arbeitende Menschen.
Gewerkschaftsmitglieder. Auf der anderen Seite der Straße
waren die großen Unternehmer – alles Republikaner. Okay,
dachte ich mir, dann soll es so sein. Wir gegen die. Demokraten gegen Republikaner.«

---

7 Manchmal – z. B. in *Das Geständnis* – zeichnet Grisham ein auffallend
negatives Bild von Baptisten(gemeinden) in den südlichen US-Bundesstaa-
ten, nicht frei von Stereotypen und Klischees. Dabei gilt nicht zuletzt für
die USA, dass es die »typischen« Baptisten und Baptistengemeinden nicht
gibt. So gibt es neben den »konservativen« Gemeinden auch viele Gemeinden, die eher »moderat« ausgerichtet sind, vor allem unter den Gemeinden
der Northern Baptist Convention. Prominente Baptisten sind (und waren)
u. a. der Evangelist Billy Graham, der Menschenrechtler Martin Luther
King oder die Politiker Jimmy Carter, Al Gore und Bill Clinton (ein entfern-
ter Verwandter Grishams). Die Baptisten stellen in den USA die größte protestantische Denomination dar.

Warum er ein so erfolgreicher Schriftsteller ist, kann Grisham sich nicht wirklich erklären. Am Anfang seiner Erfolgslaufbahn als Thriller-Autor hatte er einmal geäußert: »Ich unternehme lange Spaziergänge im Wald und frage mich dabei, ob ich mich richtig verhalte. Ich weiß nicht, weshalb mir das alles zugefallen ist. Gott hat ein Ziel damit. Wir können recht viel für Gottes Arbeit geben, vielleicht ist das der Grund.«

Stark biographische Züge seiner Kindheit enthält Grishams Roman *Die Farm* aus dem Jahr 2001. Auch wenn der Ort und die Handlung erfunden sind und manches biographisch verfremdet ist: Das eigene Kindheitsmilieu ist doch unverkennbar. Schauplatz des Romans ist die Landgemeinde Black Oak und die in ihrem Bezirk liegende kleine, wenig rentable Baumwollfarm der Chandlers. Black Oak liegt im amerikanischen Süden: in Kansas, wo ja auch Grisham selbst herkommt. Hauptperson ist der siebenjährige Luke, der unfreiwillig Zeuge eines Mordes wird. In seiner Freizeit spielt Luke auf einem kleinen Vorplatz des Hauses Baseball. Manchmal unterstützt von seinem Vater oder seinem Großvater, die ebenso Baseballfans sind wie er. Mit ihnen gemeinsam verfolgt er im Radio in atemloser Spannung die Spiele der Cardinals Memphis. Wenn auch der Alltag der Familie äußerst hart ist und Luke während der Erntezeit mithelfen muss, so erlebt er doch die Geborgenheit einer, wenn auch nicht vollkommenen, so doch intakten Familie, die tapfer versucht, den schweren Alltag zu meistern, in der Freude und Schmerz miteinander geteilt werden und wo er sich bedingungslos geliebt und angenommen weiß. Nicht nur von der warmherzigen und verständnisvollen Mutter und der gütigen Großmutter, sondern auch von den beiden Männern auf der Farm, dem Vater und dem Großvater, obwohl diese ihre Gefühle nicht so zeigen können wie die Frauen. Und wenn der Junge einmal Mist gebaut hat und dafür – was selten vorkommt – von seinem Vater Schläge erhält, so ist eine solche »Züchtigung« zu der Zeit nichts Ungewöhnliches und kann die Beziehung nie infrage stellen. Im Vergleich zu anderen Kindern hat es Luke dabei sogar noch gut: Er darf vor dem eigentlichen Strafakt mit dem Vater über die Anzahl der Hiebe verhandeln.

Der ganze Roman nimmt gewissermaßen die Perspektive eines Kindes ein. Es geht darum, wie das Kind den Alltag seiner Eltern und Großeltern (und der mexikanischen Saisonarbeiter) erlebt und einordnet. Und so erlebt Luke auch ganz selbstverständlich den Glaubensalltag seiner Eltern und die Bedeutung, die ihre Baptistengemeinde für sie hat, mit: »Abgesehen von der Familie und der Farm, war uns nichts so wichtig wie die Baptistenkirche in Black Oak. Ich kannte jeden Einzelnen in unserer Kirchengemeinde, und sie kannten natürlich mich. Wir waren eine große Familie, in Freud und Leid. Wir liebten einander oder behaupteten es zumindest, und wenn einer von uns auch nur ein bisschen krank war, dann beteten wir für ihn und er wurde christlicher Fürsorge teilhaftig. [...] Die Erweckungsversammlungen im Frühjahr und im Herbst wurden Monate im Voraus geplant und voller Vorfreude erwartet. Mindestens einmal im Monat veranstalteten wir [...] ein Picknick unter den Bäumen hinter der Kirche, zu dem alle etwas beisteuerten, [...] Hochzeiten waren wichtig, besonders für die Frauen, aber sie boten nicht das große Drama der Beerdigungen.« Und es gibt klare Regeln: »Als Baptisten wussten wir, dass jede Art von Tanz nicht nur Teufelswerk war, sondern auch eine regelrechte Sünde. Tanzen stand zusammen mit Trinken und Fluchen ganz oben auf der Liste schwerwiegender Vergehen.« Der Pastor der Baptisten, der alte Bruder Akers, ist ein Hardliner und feuriger Bußprediger.

Grisham schildert diese Glaubenswelt, der er ja selbst entstammt, gelegentlich leicht karikierend, aber nie ohne Sympathie oder gar lieblos, sondern mit einem gewissen Augenzwinkern und einem gutmütig-humorigen Unterton. Dabei darf man nicht vergessen, dass die Geschichte in den Fünfzigerjahren spielt. Und damit spiegelt sie zwangsläufig nicht nur jenen gewissen »Charme« dieser Epoche wider, sondern auch einen gewissen »Mief«, der ihr auch eigen war. Und sie zeigt auf, dass auch die Frommen nicht fehlerlos, dass auch sie Kinder ihrer Zeit sind – auch in ihren Vorurteilen, zum Beispiel den »Yankees« gegenüber – und dass es auch bei ihnen und in ihren Kirchengemeinden »menschelt[e]«. Es ist ein (im positiven Sinne) »schlichter« Glaube, den die Eltern und Großeltern leben, der sich durch Unmittelbarkeit auszeichnet und sich in Hilfsbereitschaft und praktischer Nächstenliebe bewährt.

Zwei Jahre vor Erscheinen von *Die Farm* war mit *Das Testament* ein Roman erschienen, in dem deutlich Erfahrungen verarbeitet sind, die Grisham bei seinen diversen Brasilien-Aufenthalten gemacht hatte. Die Handlung spielt sich in wesentlichen Teilen im Pantanal ab, einer in den brasilianischen Staaten Mato Grosso und Mato Grosso do Sul gelegenen Schwemmlandschaft von faszinierender Schönheit. Hier sucht der Rechtsanwalt Nate O'Riley nach der Missionarin Rachel Lane, die unter einem vom Aussterben bedrohten Indianerstamm arbeitet. Diese Frau, eine uneheliche Tochter des exzentrischen und gewissenlosen Milliardärs Troy Phelan, ist von ihrem Vater zur Alleinerbin seines Vermögens eingesetzt worden, kurz bevor er sich aus dem elften Stock seiner Geschäftszentrale in den Tod stürzte. Nate O'Riley ist ein kaputter, desillusionierter Typ. Gezeichnet von einem ausschweifenden Lebenswandel und zerstörten Beziehungen. Ein Alkoholabhängiger, der bereits mehrere Entwöhnungskuren und wohl auch zwei Selbstmordversuche hinter sich hat. Dass er es nicht mehr lange machen wird, ist absehbar. O'Riley trifft nun nach einer langen und gefahrenreichen Odyssee durch das Pantanal auf die immer noch gut aussehende Missionarin Rachel Lane und lernt sie und ihren Glauben kennen. »Der triebgesteuerte Nate«, so Markus Spieker in einem Beitrag zu dem Buch, »hätte statt eines theologischen Disputs freilich lieber Sex mit der schönen Rachel. Die Solidarität der säkularen Leser ist ihm dabei sicher. Aber bei Grisham bekommen Protagonist und Publikum nicht, was sie wollen, sondern was sie brauchen. Seelenbalsam statt Lendenstimulanz, ein krasser Verstoß gegen die eisernen Regeln des Genres. Dort dürfen (Anti-)Helden so ziemlich alles – saufen, huren, töten; nur eins nicht: sich bessern, schon gar nicht: sich bekehren. [...] Aber Grisham ist kein Nihilist, sondern Moralist und Evangelist.«

Mit dem Buch wollte Grisham testen, ob es ihm gelingen würde, »eine spirituelle Reise in einer populären Erzählung zu verarbeiten. [...] Und genau so einen Typ [gemeint ist Nate O'Riley] schicke ich auf die Suche nach geistiger Heilung.« Das Experiment ist Grisham durchaus geglückt. Die Zeitung »USA Today« schrieb schon bald nach der Veröffentlichung des Buches, dass es der bisher beste Grisham-Roman sei. Er bringe ein »neues Element« ein, nämlich Gott, und sei »ungeniert geistlich, ohne doktrinär zu sein«. Schon bei der ersten Begegnung mit der Missionarin, die ihren Glauben so authentisch lebt, spürt O'Riley, dass diese Frau etwas besitzt, was ihm fehlt: Frieden und innerer Halt. Sie, die als Missionarin und Ärztin unter einfachsten, »primitiven« Verhältnissen arbeitet, lebt auf fast schon paradoxe Weise ganz offensichtlich ein zutiefst erfülltes Leben. In der Begegnung mit dieser schlichten und doch so beeindruckenden Frau, in ihren immer offener werdenden gemeinsamen Gesprächen, ergibt es sich fast von selbst, dass O'Riley auch auf seine persönliche Lebenstragik angesprochen wird. Nachdem er seiner Fassungslosigkeit Ausdruck verliehen hat, dass ihr das Milliardenerbe nichts bedeutet, kommt es zwischen Rachel und ihm zu folgendem bemerkenswerten Dialog: »›Sie verehren das Geld. Sie gehören einer Kultur an, in der Geld der Maßstab für alles ist. Es ist eine Religion.‹ ›Stimmt. Aber auch Sex ist ziemlich wichtig.‹ ›Von mir aus. Geld und Sex. Was noch?‹ ›Ruhm. Jeder möchte berühmt sein.‹ ›Eine traurige Kultur. Die Menschen machen sich verrückt. Sie arbeiten ununterbrochen, um Geld zu verdienen, damit sie sich Dinge kaufen können, mit denen sie andere Menschen beeindrucken wollen. Man schätzt jeden nach dem ein, was er besitzt.‹ ›Zählen Sie mich unter diese Menschen?‹ ›Und Sie selbst?‹ ›Ich denke schon.‹ ›Dann führen Sie ein Leben ohne Gott. Sie müssen ein sehr armer Mensch sein, Nate, das kann ich spüren. Sie kennen Gott nicht.‹ Er zuckte zusammen und überlegte, was er zu seiner Verteidigung sagen könnte, aber die Wahrheit entwaffnete ihn.«

Es sind ergreifende, berührende Gespräche und Szenen, in denen sich sukzessive der Einstellungs- und Sinneswandel O'Rileys abspielt. Als er bei einer Gelegenheit der Missionarin von seinem verkorksten Leben berichtet, fragt sie ihn in ihrer unaufdringlichen, natürlichen Art: »Haben Sie es je Gott gebeichtet?« »Ich bin sicher, dass Er das weiß.« »Natürlich weiß Er es. Aber Er hilft Ihnen erst, wenn Sie Ihn darum bitten. Er ist allmächtig, aber Sie müssen sich Ihm bußfertig im Gebet nähern.«

Nachdem O'Riley die Missionarin verlassen und in einem Krankenhaus von Corumbá lebensbedrohliche Dengue-Fieberanfälle durchmachen musste, folgte er schließlich in einer kleinen brasilianischen Kirche dem Rat, den ihm die Missionarin gegeben hatte: »Nate schloss die Augen und sagte den Namen Gottes. Gott wartete auf ihn. Murmelnd wiederholte er die Liste, sagte leise jede Schwäche, jede Sünde, jede Qual und jedes Übel vor sich hin, die ihn heimsuchten. Er beichtete alles. In einem einzigen langen Bekenntnis seines Versagens stellte er sich nackt und bloß vor Gott hin. Er verschwieg nichts. [...] ›Es tut mir leid‹, flüsterte er Gott zu. ›Bitte hilf mir.‹ Ebenso rasch, wie das Fieber seinen Körper verlassen hatte, fühlte er seine Seele von ihrer Last befreit. [...] Er öffnete die Augen und wischte sich die Wangen. Jetzt sah er nicht den jungen Mann auf der Kanzel, sondern das von Leid und Schmerz verzerrte Gesicht Christi, der am Kreuz starb. Für ihn. [...] Es war schön und gut, dass Gott ihm seine verblüffende Zahl von Missetaten vergab, und es kam Nate tatsächlich so vor, als wäre seine Last leichter geworden – aber dass von ihm erwartet wurde, die Nachfolge Christi anzutreten, dieser Schritt war sehr viel schwerer zu vollziehen.«

Grisham beschreibt glaubwürdig, wie O'Riley den vor ihm liegenden Weg als bewusster Christ realisiert. Bereits auf seinem Rückflug in die USA wird O'Riley klar, dass nunmehr Neuland und eine hoffnungsvolle Perspektive vor ihm liegen: »Er war achtundvierzig Jahre alt, würde in dreizehn

Monaten fünfzig werden und war zu einem anderen Leben
bereit. Gott hatte ihm Kraft gegeben und ihn in seiner Ent-
schlossenheit bestärkt. Dreißig weitere Jahre lagen vor ihm.
Er würde sie weder mit leeren Flaschen in den Händen noch
auf der Flucht verbringen.«

Seinen »religiösen Offenbarungseid« (Martin Spieker)
als Schriftsteller legt Grisham wohl spätestens mit dem 1994
erschienenen Roman *Die Kammer* ab. In ihm versucht der
junge Anwalt Adam Hall, seinen Großvater, den in die Jahre
gekommenen Rassisten und Ku-Klux-Klan-Mitglied Sam
Cayhall, quasi in letzter Minute mit allen noch zur Verfügung stehenden juristischen Möglichkeiten vor dem bereits
fest terminierten Vollzug der Todesstrafe zu retten. Der alte
Cayhall war einst nicht nur an grässlichen Lynchmorden,
sondern auch an Bombenanschlägen auf jüdische Mitbürger
beteiligt gewesen. Der letzte Anschlag hatte dabei zwei kleinen Kindern das Leben gekostet. Dass die Taten des in seinen rassistischen Vorurteilen und Hassgefühlen gefangenen
Sam Cayhall verabscheuungswürdig sind und über andere
Menschen unvorstellbares, nicht gutzumachendes Leid hervorgerufen haben, dessen ist sich der Enkel des in der Todes-
zelle sitzenden Mörders nur zu sehr bewusst. Doch die
Todesstrafe ist für ihn keine Lösung des Problems. Ihre Sinn-
haftigkeit leuchtet ihm nicht ein. Darum kämpft er um das
Leben seines Großvaters, obwohl er nur tiefste Verachtung
für ihn empfinden kann. Doch im Verlauf der intensiven
Begegnungen mit dem Todeskandidaten kommt Hall seinem
Großvater menschlich immer näher. Und er erkennt, wie der
scheinbar so hartgesottene, skrupellose Mann unter seiner
Schuld leidet. Sein Gewissen und die Reuegefühle, die er
über all die vielen Jahre bemüht war, zu verdrängen, werden

nun bei den intimen Gesprächen mit dem Enkel und dem Gefängnisseelsorger freigelegt. Gott und Gebet, Schuld, Sündenbekenntnis und Vergebung, Himmel und Hölle – allesamt Tabubegriffe der modernen Säkularliteratur – kommen dabei ins Spiel. Schließlich kommt es noch vor der Hinrichtung zur Umkehr des Mörders, zu seiner Bekehrung. Eine moderne Version der »Schächer am Kreuz«-Erfahrung sozusagen. Vom Autor bemerkenswert gut umgesetzt.

Einen Bekehrungsautomatismus gibt es bei Grisham jedoch nicht, wie der Roman *Das Geständnis* zeigt. In ihm wird der lutherische Reverend Keith Schroeder von dem an einem Tumor erkrankten Sexualstraftäter Travis Boyette aufgesucht: »Das Thema seiner Predigt am Vortag war Vergebung gewesen – Gottes grenzenlose und alles überstrahlende Macht, Sünden zu vergeben, ganz gleich wie abscheulich sie waren. Travis Boyettes Sünden waren entsetzlich, unfassbar und grausam. Sein menschliches Verbrechen würde ihn mit Gewissheit in die ewige Verdammnis führen. An diesem Punkt in seinem erbärmlichen Leben war Travis überzeugt, dass es für ihn keine Vergebung gab. Und doch wollte er es genauer wissen.« Und so gesteht Boyette dem entsetzten Geistlichen, dass er vor Jahren die 17-jährige Nicole Yarber vergewaltigt und anschließend ermordet habe. Für diese Tat war seinerzeit Donté Drumm, ein schwarzer Jugendlicher, aufgrund falscher Zeugenaussagen und fehlerhafter Ermittlungen zum Tode verurteilt worden. In vier Tagen steht seine Hinrichtung an. Im Wissen um den wahren Mörder bemüht sich Schroeder nun verzweifelt – und am Ende erfolglos – um einen Aufschub des Strafvollzugs. Mehrmals hat der Pfarrer Kontakt mit Boyette. Doch bei dessen Bekenntnissen spielen eher sentimentale Anwandlungen eine Rolle als wirkliches Schuldempfinden. Es wird nicht recht klar, was ernst gemeint und was nur Schau und Spiel ist. Seine Reuebekundungen fallen eher oberflächlich aus. Er ist um weinerliche Selbstrechtfertigungen bemüht. Selbstmitleid, nicht Fremdmitleid erfüllen ihn. Auch fehlt ihm ein ernstzunehmendes Verlangen nach tatsächlicher Veränderung. An Gott zeigt er im Grunde kein Interesse. Zu einer Bekehrung kommt es daher bei ihm nicht. Zwar bekennt er, um vielleicht doch noch Drumm vor der Hinrichtung zu retten, am Ende öffentlich, der Mörder von Nicole Yarber gewesen zu sein, aber es ist bereits zu spät.

Auch Grishams Roman *Der Anwalt* weist deutlich christliche Bezüge auf. Der Protagonist Kyle McAvoy hat nach Abschluss seines Jurastudiums infolge seiner bemerkenswerten Leistungen eine glänzende Anwaltskarriere vor sich. Doch er möchte zunächst als einfacher Rechtshilfeberater arbeiten. Da wird er mit einem ihn belastenden Video erpresst und gezwungen, bei der mächtigen Anwaltskanzlei »Scully & Pershing«, die auf den verheißungsvollen Jurastudenten aufmerksam geworden ist, einzutreten. Sein Auftrag: Er soll bestimmte geheime Dokumente der Kanzlei seinem erpresserischen Auftraggeber zuspielen. Die Kyle McAvoy belastenden Aufnahmen waren heimlich während seiner Collegezeit entstanden. Sie zeigen ihn mit drei weiteren Studienkameraden – alle sturzbesoffen – und einer jungen weiblichen Person, der Studentin Elaine Keenan, in höchst verfänglichen Szenen. Sie legen eine Vergewaltigung durch mindestens zwei Cliquenmitglieder nahe. Wenngleich nicht ersichtlich ist, ob auch Kyle sich an dem (ebenfalls alkoholisierten) Mädchen vergangen hat, so ist er doch durch das Video erheblich kompromittiert. Einer der drei früheren

Freunde Kyles war Baxter Tate. Er hat als Alkoholiker bereits diverse Entziehungskuren hinter sich. Da er seinen letzten Klinikaufenthalt vorzeitig abgebrochen hat, muss er sich vor seiner »Wiedereingliederung ins richtige Leben« noch vorübergehend in einem Übergangshaus in Reno aufhalten. »Hope Village« liegt in kirchlicher Hand und unterhält eine Suppenküche sowie ein Obdachlosenheim und kümmert sich um Alkohol- und Drogensüchtige. Gründer und Leiter von »Hope Village« ist Bruder Manny, ein Latino und ehemaliger Alkohol- und Drogenabhängiger, Dealer und Mitglied einer Gang, jetzt Priester und Therapeut für Sucht-kranke. Auch wenn der biografische Hintergrund von Bruder Manny ein völlig anderer ist als der des aus einer sehr wohlhabenden, angesehenen Familie stammenden Baxter Tate, so sind sich beide doch darin einig, dass für sie »nur das, was schlecht war«, zählte: »Vergnügen, Egoismus, Stolz«. Doch »das ist«, so die Erkenntnis des Priesters, »alles Sünde, Schmerz, Zerstörung, Verderben, dann Tod«. Und ungeschminkt lässt er Baxter wissen: »In diese Richtung sind Sie gerade unterwegs, und Sie haben es ganz schön eilig dabei.«

Als Baxter Manny darauf anspricht, wie es bei ihm zur Veränderung und Neuausrichtung seines Lebens gekommen sei, nachdem er wieder einmal im Gefängnis gelandet war und sich in einer Verfassung befand, in der er »sein Leben satt«, ja »sich selbst satt« hatte, da erzählt Bruder Manny dem verblüfften Baxter von der Bekanntschaft mit einem Mithäftling. Obwohl der als Berufsverbrecher fünfzehn Jah-re im Hochsicherheitstrakt verbracht und keine Chance hat-te, auf Bewährung freizukommen, habe er erstaunlich glück-lich und zufrieden gewirkt. »Ein Gefängnispriester hatte

ihm das Evangelium verkündet, und so hatte er zu Gott gefunden. Er sagte, er würde für mich beten [...]. Eines Abends
lud er mich zum Bibelstudium ein, und ich hörte zu, wie andere Gefangene ihre Lebensgeschichten erzählten und Gott
für seine Gnade, seine Liebe, seine Stärke und das Geschenk
der ewigen Erlösung dankten. Stellen Sie sich das mal vor:
Ein Haufen hartgesottener Krimineller, die in einem mor-
schen Gefängnis weggesperrt sind, singen Loblieder auf den
Herrn. Ziemlich starker Tobak, aber genau das habe ich ge-
braucht. Ich brauchte Vergebung, denn in meiner Vergangenheit gab es eine Menge Sünden. Ich brauchte Frieden,
denn mein ganzes Leben lang hatte ich Krieg gegen mich
selbst geführt. Ich brauchte Liebe, denn ich hasste jeden. Ich
brauchte Stärke, denn tief in meinem Innern wusste ich, wie
schwach ich war. Ich brauchte Glück, denn ich war so lange
unglücklich gewesen. Und so beteten wir zusammen [...],
und ich bekannte vor Gott, dass ich ein Sünder war und dass
ich durch Jesus Christus erlöst werden wollte.« Manny Luce-
ra fühlte sich daraufhin wie neu geboren. Er erlebte an und
in sich eine spürbare Veränderung, die er auf »die Kraft des
Heiligen Geistes« zurückführt.

Auch Baxter Tate wendet sich Gott zu. Er hält sich viel länger als geplant in »Hope Village« auf und packt als ehren-
amtlicher Helfer mit an. Dreimal in der Woche trifft er sich
mit einer Gruppe Anonymer Alkoholiker. »Entsprechend der
zwölf Schritte zur Gesundung verfasste er eine Liste mit den
Namen der Leute, denen er wehgetan hatte, und machte Pläne, um Wiedergutmachung zu leisten.« Bei seinem »Bestreben, mit der Vergangenheit ins Reine zu kommen«, drängt es
ihn auch, jene Elaine Keenan aufzusuchen, die er einst im
Suff missbraucht hatte, und sie um Verzeihung zu bitten.

Doch mit seinem Vorhaben löst Baxter bei seinen verständnislosen ehemaligen Freunden Panik aus ...

Grisham äußerte einmal: »Ich will als ein Christ schreiben, aber ich schreibe keine christliche Literatur.« Dennoch kann man ihn, wenn auch mit Einschränkung, als einen modernen christlichen Schriftsteller bezeichnen. Denn Grisham schreibt nicht nur »als Christ«. In einigen seiner Werke sind auch ganz unverhohlen christliche Bezüge eingebaut. Doch ist Grishams christliche »Message« in ihrem theologischen Gehalt nicht allzu anspruchslos? Sind seine »Bekehrungsgeschichten« nicht gar zu simpel? Wer so urteilt, übersieht, dass Grisham eigentlich nur die Kernbotschaft, ja die »Frohbotschaft« (= Evangelium!) des christlichen Glaubens und der frühen Christenheit ausdrückt: wie schuldbeladen und verpfuscht das Leben eines Menschen auch ist, wie halt- und sinnlos es ihm auch erscheinen mag: Durch Jesus Christus gibt es für jeden Menschen die Möglichkeit der Vergebung und die Chance eines Neuanfangs. Im Glauben und in der Bindung an Christus ist jedem Sinn- und Lebenserfüllung verheißen. Mit einer Perspektive, die über den Tod hinausreicht. Oder – um noch einmal Markus Spieker zu zitieren: »Grisham formuliert keine geschraubte Metaphysik, sondern sagt das christliche Einmaleins auf, locker und unverkrampft.«

Hermann Hesse

Sein Elternhaus –
»Folterkammer« oder
»Paradies«?[8]

Es war auf dem 10. Internationalen Hermann-Hesse-Kolloquium in Calw am 15. Mai 1999. Der »Vater der modernen
Musikbewegung« (»Die Zeit«), Joachim Ernst Berendt, sorgte
mit seinem Vortrag über Hermann Hesse für Aufsehen, und
Erstaunen, mahnte er doch nicht weniger als eine Revision
des immer wieder tradierten Bildes von Hesses frommer
Kindheit und Erziehung in einem pietistischen Elternhaus
an. Ein Bild, bei dem es, so Berendt, »ja Bildungsstandard ist,
dass er [d. i. Hesse] von den Eltern unterdrückt, gequält und
missverstanden wurde und fast daran zugrundegegangen
wäre«.

Doch Berendts Appell besaß letztlich nicht die Kraft, jene
von ihm so vehement kritisierten Deutungsmuster und Kli-

---

8   Siehe ausführlich zu Hermann Hesses Kindheit, Eltern und Großeltern
sowie seine Prägungen durch das pietistische Elternhaus: Matthias Hilbert: Hermann Hesse und sein Elternhaus – zwischen Rebellion und Liebe
(Calwer Verlag Stuttgart).

schees über die fromme Herkunft des späteren Literaturno-
belpreisträgers aufzubrechen. Dabei hatte der Musikforscher,
der selbst aus einem betont christlichen Elternhaus stammt
und wie Hesse gegen dieses in seiner Jugend heftig aufbe-
gehrte, in der Sache gar nicht einmal so unrecht. Die Bewer-
tungen und Unterstellungen in so manchen Darstellungen
über Hesses Elternhaus grenzen tatsächlich nahezu an post-
mortalen Rufmord. Da ist etwa von einem »religiösen Wahn«
der Eltern Hermann Hesses die Rede, von »traumatisieren-
den Erlebnissen seiner Kindheit«. Zudem wird behauptet,
dass die Eltern den Sohn »bis in die Nervenheilanstalt und
zum Selbstmord getrieben« hätten, ja dass überhaupt das Elternhaus eine »geistig-seelische Folterkammer« dargestellt
habe.

Sind solche Behauptungen schlicht der Ignoranz gegenüber Fakten oder der bewussten Verdrehung von Tatsachen
geschuldet? Auch ist eine gewisse Arroganz nicht zu übersehen, die retrospektiv vorgibt, immer ganz genau zu wissen,
was Hesses Eltern alles hätten anders machen müssen, und
die mit fast schon inquisitorischen Anklagen (und Verurtei-
lungen!) sofort zur Hand ist. Untersucht man jedoch unvor-
eingenommen die zur Verfügung stehenden Quellen und
nicht zuletzt auch Hermann Hesses zahlreiche eigene Äuße-
rungen und Darstellungen über seine Kindheit und sein
Elternhaus, so ergibt sich eindeutig, dass die Eltern des Dichters alles andere als jene bigotten, weltfremden und erzie-
hungsunfähigen Wesen waren, als die sie in teils grotesker
Form dargestellt werden.

Das gilt bereits für Hermann Hesses Großvater Dr. Hermann Gundert, der im Leben seines Enkels tiefe Spuren hinterlassen sollte. Gundert war viele Jahre mit Leib und Seele

Missionar in Indien. Im späteren Bundesstaat Kerala leistete er im Dienste der »Basler Mission« Pionierarbeit. Er baute das Schulwesen auf und erwarb sich um die Erforschung und Darstellung der Geschichte und Sprache der Keralesen so große Verdienste, dass man ihm im Jahr 2000 posthum ein überlebensgroßes Denkmal errichtete. Es war für ihn nicht leicht, als er Indien nach fast 25 Jahren Missionsarbeit aus gesundheitlichen Gründen verlassen musste. Fortan diente er dem mit der Basler Mission ideell verbundenen »Calwer Verlagsverein« als Schrift- und Verlagsleiter.

Als Kind wird der am 2. Juli 1877 geborene Hermann Hesse geradezu magisch von dem so geheimnisvoll und übermächtig erscheinenden Großvater angezogen. Vor allem hat es ihm eine aus Indien mitgebrachte tanzende Götterfigur angetan, die »in des Großvaters schätzereichem Glasschrank stand« und seine Phantasie erregt. Mit großer Ehrfurcht und ebenso großer Neugierde bewegt sich der Enkel im großväterlichen Studierzimmer: »Und in anderen Schränken des Großvaters stand und hing und lag noch viel anderes Wesen und Geräte, Ketten aus Holzperlen wie Rosenkränze, palmblätterne Rollen mit eingeritzter alter indischer Schrift beschrieben, Schildkröten aus grünem Speckstein geschnitten, kleine Götterbilder aus Holz, aus Glas, aus Quarz, aus Ton, gestickte seidene und leinene Decken [...], und alles roch nach Meer, Gewürz und Ferne. [...] Und alle diese Dinge gehörten dem Großvater [...]. Er verstand alle Sprachen der Menschen, mehr als dreißig, vielleicht auch die der Götter [...]. Ihn liebte, verehrte und fürchtete ich, von ihm erwartete ich alles.« Von all diesen geheimnisvollen und rätselhaft-anziehenden Eindrücken her rührt sicherlich auch Hesses spätere Affinität für die fernöstliche Glaubenswelt.

Johannes Hesse, der Vater, war ebenfalls eine Zeit lang in Indien als Missionar tätig gewesen. Später wurde er Mitarbeiter seines Schwiegervaters Dr. Hermann Gundert beim Calwer Verlagsverein. Durch seine lautere Art und sein authentisch gelebtes Christsein genoss er zeit seines Lebens bei vielen eine hohe Wertschätzung. Der spätere Bischof Theophil Wurm nannte ihn gar einen »Urchristen« und bezeichnete ihn als »einen der beiden verehrungswürdigsten Persönlichkeiten«, denen er in seinem Leben begegnet sei. Und selbst der Sohn, Hermann Hesse, bekennt einmal in einem Brief an seinen Vater: »Dass ich mir trotz aller Weltlichkeit meines Lebens doch eine tiefe Verehrung der echten Frömmigkeit bewahren konnte, liegt nur daran, dass ich diese echte Frömmigkeit eben von Kind auf sehen und kennenlernen konnte. Wenn es anginge, alle Menschen der Welt zu dieser Art Glauben zu bringen, ich wäre der Letzte, es anders zu wünschen!«

1874 heiratete Johannes Hesse die junge Missionarswitwe Marie Isenberg, Hermann Gunderts Tochter. Nach dem Tod seines Schwiegervaters im Jahr 1893 wurde er zum Vorstand des Calwer Verlagsvereins gewählt. Er redigierte Missionszeitschriften und war für das Buch- und Schriftprogramm des Verlags verantwortlich, das hauptsächlich aus theologischer Literatur und Missionsliteratur bestand. Daneben verfasste er aber auch selbst verschiedene Werke zur Mission. Gleichzeitig war er ein begehrter Festredner auf Missionsfesten im ganzen Land. »Er war«, so seine Tochter Adele, »der geborene Redner: immer lebendig, packend, herzandringend und gedankentief.«

Aufgrund seiner schwachen körperlichen und nervlichen Konstitution sah er sich 1905 genötigt, seine Arbeit in der

Leitung des Verlagsvereins niederzulegen. Im Kriegsjahr 1916 starb er dann ganz plötzlich. Sein Tod traf Hermann Hesse schwer. Den Weg zum Haus seines verstorbenen Vaters in der schwäbischen Brüdergemeinde Korntal, wo er sein Altersasyl gefunden hatte und, zunehmend erblindet, von seiner Tochter Marulla betreut worden war, beschreibt der Sohn so: »Friedlicher Gang durchs Dorf und die Vorfrühlingswiesen, Schneereste noch überall. O wie gut, wie unsäglich gut, dass ich gekommen war, dass ich da war, dass ich den Arm meiner Schwester hielt und meinem Bruder auf die Schulter klopfen konnte! Und wie traurig und wunderbar, den kleinen Berg hinan nach dem Hause zu gehen, in dem unser Vater lag und auf uns wartete. Das Fenster wiederzusehen, aus dem er bei jeder Abreise seinen Kindern gewinkt hatte.« Tief beeindruckt beschreibt Hesse den Anblick des Toten: »Unser Vater lag weiß in Blumen gebettet, die Hände leicht aufeinandergelegt. Sein Kopf lag weit zurückgelehnt, wie in einem tiefen Aufatmen, die hohe Stirn mächtig und königlich, die Augen still geschlossen. Und wie tief, wie innig atmete das Antlitz die erreichte Ruhe! Wie lag Rast und Erlösung und herzliches Genügen in seinen lieben Zügen! Er, den Schmerzen und Unrast sein Leben lang verfolgt und zum Kämpfer und Ritter gemacht hatten, er schien mit tiefem, innigem Erstaunen der unendlichen Stille zu lauschen, die ihn jetzt umgab. O Vater, Vater!«

Johannes Hesse, der es liebte, mit seinen Kindern zu spielen, und für sie immer neue Spielideen entwickelte, war von einem hohen pädagogischen Ethos durchdrungen. Er setzte in seiner an das Gute appellierenden Pädagogik auf Einsicht und Dialog, ja auf Freundschaft, nicht auf Prügel. Dem bekannten pädagogischen Grundsatz, nach dem »Erziehung

Beispiel und Liebe ist« (Fröbel), versuchte Johannes Hesse ohne Zweifel zu entsprechen. Gleiches galt für seine Frau Marie, einer gemütstiefen und warmherzigen Persönlichkeit, voll leidenschaftlichen Temperaments. Hermann Hesse liebte und verehrte sie wie kaum eine zweite Person. Sie war musisch begabt und den Kindern eine großartige, fesselnde Erzählerin. »O ihr wunderbar lichten, goldgründigen Jesusgeschichten, du Bethlehem, du Knabe im Tempel, du Gang nach Emmaus! Die ganze überschwänglich reiche Welt des Kinderlebens hat kein süßeres und heiligeres Bild als das der erzählenden Mutter, an deren Knie sich ein Blondkopf mit Staunaugen schmiegt«, schreibt der Sohn später über sie.

Es ist eine ungezwungene Kindheit, die Hermann Hesse erleben darf. In der Natur und Umgebung des Elternhauses kann er seinen Freiheitsdrang unbeaufsichtigt ausleben. Seine Eltern legen nicht nur auf altersgemäßes Spielzeug großen Wert, sondern bieten ihren Kindern auch kulturell viele Anreize. Die Welt seiner Kindheit ist Hesse stets »heilig«, ist ihm »Paradies«. Immer wieder beschwört er sie später herauf. Bereits 1898 lässt er eine Brieffreundin wissen: »Ich rühme mit Liebe und Dankbarkeit, dass kein Glücklicher vollkommenere, gütigere, edlere Eltern haben kann als ich.« Und nach Abschluss seiner Tübinger Lehrzeit zum Buchhändler bekennt er in Hinblick auf seine Eltern: »Das Beste von allem habe ich diesen beiden zu danken.«

Und doch ist Hermann Hesse von Anfang an ein sehr schwieriges Kind. Er reagiert auffallend allergisch auf jede Art von Ge- und Verboten und macht es seinen Eltern (und sich selbst!) damit alles andere als leicht. Während der Pubertät kommt es dann zur Eskalation. Ab September 1891 ist er Internatsschüler des angesehenen Klosterseminars Maulbronn, wo er sich anfangs noch recht wacker schlägt. Doch dann haut er am 7. März 1892 plötzlich aus dem Klosterseminar ab und wird am nächsten Tag von Gendarmen wieder nach Maulbronn zurückgebracht. Ein konsultierter Arzt schickt ihn wenige Tage später vorzeitig in die Osterferien nach Hause.

Am 23. April kehrt der Junge nach Maulbronn zurück. Hier verängstigt er jedoch Lehrer und Mitschüler durch seltsame Verhaltensweisen. So erklärt er etwa einem Schulkameraden, dass er ihn umbringen wolle. Etwas muss nun bei dem überdrehten, unberechenbaren Zustand des Jungen geschehen, zumal die herbeigeeilte Mutter im Maulbronner Klosterseminar erfahren muss, dass bereits »drei Lehrer und der Arzt um H.s Entfernung gebeten hatten«. Man glaubt dort sogar an eine Geistesstörung.

Marie und Johannes Hesse machen es sich bei ihrer Entscheidung, wie es mit dem Sohn weitergehen soll, nicht leicht. Alles wehrt sich in der Mutter, dem Rat des Calwer Hausarztes Dr. Zahn zu folgen und Hermann in eine »Irrenanstalt« zu bringen. Ihr Kind gehört doch nicht eingeschlossen und in die Hände von Irrenärzten! Nervenschwach ist der Sohn sicherlich – aber auch geisteskrank und verrückt? Schließlich kommen die Eltern bei ihren Überlegungen auf Bad Boll. Dort nämlich leitet der von den Eltern geschätzte Pfarrer Christoph Blumhardt (1842–1919) als Hausvater und Seelsorger das Kurhaus, das sein Vater, der nicht weniger bekannte Johann Christoph Blumhardt (1805–1880), einst mit Hilfe vermögender Freunde und des württembergischen Königs hatte erwerben können.

Blumhardt d. J. erklärt sich sofort bereit, den Hesse-Sohn aufzunehmen. Mehrere Wochen befindet sich Hermann nun in der Obhut des berühmten Pfarrers. Doch dass der Junge in Boll habe »beten, beten, beten« müssen und Blumhardt versucht habe, ihm »den Teufel auszutreiben« – wie in manchen Darstellungen suggeriert wird –, davon kann jedenfalls nicht die Rede sein. Vielmehr sagt Blumhardts unkonventionelles und geradezu als »ganzheitlich« zu bezeichnendes Therapiekonzept Hermann Hesse sehr zu. Der Junge kann musizieren und lesen, kegeln und Billard spielen. Er sammelt »alles mögliche aus der Natur« und präpariert mit großem Interesse einen Wildkatzenschädel. Seine Eltern lässt er wissen: »Die prächtige Luft, die schöne Gegend, die gute Gesellschaft, der frei familiäre Ton gefällt mir so gut!« Kein Wunder, dass er am liebsten »immer hierbleiben wollt«.

Und er verliebt sich! Doch leider ist die junge Dame (»Elise«) bereits 22 Jahre alt und erwidert seine Schwärmerei nicht. Ein missglückter Selbstmordversuch – er hatte sich zuvor einen Revolver besorgt – ist die Folge. Da fühlt sich dann auch Blumhardt überfordert und weigert sich, den Jungen weiter in Boll zu behalten. Den Eltern rät er, ihren Sohn »mit Sack und Pack« in eine Heilanstalt in Stetten zu bringen, der ein Pfarrer namens Schall vorstehe. Da auch Johannes und Marie Hesse sich bei dem diffusen und zu größter Sorge Anlass gebenden »Krankheitsbild« ihres Kindes keinen anderen Rat mehr wissen, geben sie den Pubertierenden vorübergehend in die von Blumhardt vorgeschlagene Heilanstalt. Am 21. Juni trägt die Mutter in ihr Tagebuch ein: »Der edle Inspektor behielt unser Kind aus herzlichem Erbarmen zur Probe da [...]. Als H. zuerst in den Hof trat, rief er empört: ›In das Gefängnis wollt ihr mich sperren? Lieber spring ich in den Brunnen dort.‹ Nachdem aber Pfarrer Schall nur etliche

Worte mit ihm gesprochen, erklärte er sich bereit, freiwillig dazubleiben.«

Und tatsächlich, Hermanns Zustand scheint sich schon bald zu bessern und seine hochgradige Erregtheit abzunehmen. Die körperliche Betätigung auf dem Anstaltsgelände wirkt sich offenkundig positiv auf seine Verfassung aus. Die Briefe, die aus Stetten kommen – sowohl vom Anstaltsleiter wie auch vom Jungen selbst –, klingen verheißungsvoll. Schließlich äußert Hermann den Wunsch, dass man ihn doch auf ein Gymnasium geben möge. Und nachdem sowohl der Inspektor Schall wie auch der behandelnde Arzt ihre Zustimmung zur Entlassung gegeben haben, nimmt der Vater ihn rechtzeitig zur Ferienzeit Anfang August mit nach Hause.

Doch die Bemühungen um ein auswärtiges Gymnasium – Calw besitzt ja kein eigenes – gestalten sich äußerst schwierig. So lehnt beispielsweise der Rektor des Reutlinger Gymnasiums die Aufnahme rundweg ab, da man es »in diesem Falle mit einem sehr schwierigen Schüler zu tun bekommen würde«.

Und was noch schlimmer ist: Die häuslichen Probleme mit Hermann nehmen schon bald massiv zu. Marie Hesse vermerkt über die Zeit, die ihr Sohn in jenem »ungewöhnlich heißen Sommer« bei ihnen verbringt: »Hermann war entsetzlich aufgeregt und gereizt, trutzte und schimpfte [...] und tat nicht, was Vater und Doktor verlangten. Schließlich sah sich Johannes genötigt, ihn am 22. August nach Stetten zurückzuschicken. Furchtbare Erbitterung bei H. gegen uns war die Folge. Dass wir vergeblich beraten, gesucht, dahin und dorthin geschrieben hatten, um eine passende Bleibstätte für Hermann zu finden und aus Not ihn dahin zurücktaten, schien er nicht zu begreifen.«

Sämtliche alternativen Lösungswege, um die man sich bemühte, haben sich also zerschlagen. Auch von ärztlicher Seite wird unter den obwaltenden Umständen ein Schulbesuch nicht befürwortet. Selbst die Ausstellung eines benötigten Gesundheitszeugnisses verweigert der Calwer Arzt Dr. Zahn. Nach seiner Meinung sollte der Junge »ein Vierteljahr Handarbeit treibe[n], eh man's wieder mit geistiger Beschäftigung probiere«.

Dass er wieder nach Stetten zurückmuss, empfindet Hermann als entehrenden Rauswurf. Er ist empört, zutiefst gekränkt und fühlt sich unverstanden. Diesmal ist er nicht bereit, sich dem Anstaltsleben anzupassen. Er macht Schwierigkeiten und führt in affektgeladenen Briefen einen Privatkrieg mit den Eltern, namentlich mit dem Vater. Verletzt von der elterlichen Entscheidung, will er nun seinerseits verletzen. Johannes Hesse bemüht sich, hilf- und machtlos zugleich, geradezu verzweifelt um seinen Sohn. Er will ihn auch jetzt noch überzeugen, zurückgewinnen, zur Umkehr bringen. Aber der Sohn antwortet nur mit Hohn und Spott, Vorwurf und Verachtung. Brüsk bricht der gerade einmal 15-Jährige mit dem Glauben der Eltern und damit doch auch mit seinem eigenen Kinderglauben. Mehrmals droht Hermann, teils versteckt und in Anspielung, teils unverhohlen, mit Selbstmord. Gleichzeitig geistert aber auch immer noch und immer wieder jene schwärmerische, aber unerwiderte Liebe aus Boller Tagen in ihm herum. Bewältigt, verarbeitet ist die Abweisung noch nicht.

In den Briefen reden Vater und Sohn letztendlich aneinander vorbei. Zu unterschiedlich sind ihre Interessen und Motive. Hermanns Intention ist, es aus der verhassten Anstalt rauszukommen. Alles kreist um die eigene Freiheit.

Dem Willen der Eltern und den Ansprüchen und Erwartungen der Umwelt will er keineswegs nachkommen. Für den Vater wiederum muss erst erkennbar und von den Ärzten auch bestätigt werden, dass sich das Befinden und Verhalten des Sohnes verbessert hat.

Mit einem Mal ändert sich in einem Brief der sonst von Hermann angeschlagene aggressive Ton. Am 22. September lässt er die »lieben Eltern« unter anderem wissen: »Jetzt erst, da ich Eure Liebe verloren, fühle ich, dass ich Euch doch so sehr liebe, aber ich möchte nimmer heim, ich kann es nicht.« Der Sohn unterbreitet einen Vorschlag, der es den Eltern vielleicht doch ermöglichen könnte, ihn aus Stetten zu nehmen. Er erinnert an den ihm und den Eltern aus der Basler Zeit her gut bekannten Pfarrer Pfisterer, den Hausvater im dortigen Missionsknabenhaus, in dem er einen Teil seiner Kindheit verbracht hatte. Das war in jener Zeit, als Johannes Hesse vorübergehend (von 1881–1886) am Basler Missionshaus als Lehrer und Herausgeber des Missionsmagazin tätig gewesen war. Ganz offensichtlich hat Hermann jenen Pfisterer noch in bester Erinnerung. Und so fragt er denn, ob es vielleicht möglich wäre, dass dieser ihn eine Zeit lang bei sich aufnehmen könnte.

Der Vater reagiert umgehend und versichert dem Sohn seine »unveränderte Liebe«. Er hat inzwischen wohl auch selbst eingesehen, dass Stetten doch nicht der richtige Ort für den Jungen ist. Er verspricht, sich sogleich mit Jakob Pfisterer in Verbindung zu setzen. Der ist auch ohne weiteres bereit, den jungen Hesse für eine Weile in seine eigene Familie aufzunehmen. Er lädt Hermann mit freundlichen Worten persönlich zum Kommen ein und grüßt ihn als »alten Lehrer und Freund«.

Am 1. Oktober 1892 kommt Hesse bei den Pfisterers an. Bei ihnen und in der ihm noch von Kindheitstagen so vertrauten und geliebten Basler Umgebung fühlt er sich sofort wohl, blüht er auf. Es zeigt sich nur zu bald, dass dieser Pfarrer Pfisterer ein wahrer Glücksfall für die Eltern wie auch für Hermann selbst ist. Von beiden Seiten hat er das Vertrauen, und er agiert wie ein guter Makler in dem Konflikt. Den Eltern teilt er schließlich Ende Oktober Hermanns Gedanken zu seiner Zukunft mit: Studieren wolle er nicht unbedingt, aber das Einjährige würde er schon gerne erlangen. Als Gymnasium habe er das zu Cannstatt vorgeschlagen, da Johannes Hesse mit dessen Rektor bekannt und die Schülerzahl nicht zu groß sei. Und: »Von Verrücktheit habe ich, ehrlich gestanden, noch keine Spur bemerkt [...]. Ich würde in Gottes Namen es wagen und die Doktoren beiseitelassen.«

Und so geben dann die Eltern ihren Jungen im November 1892 nach Cannstatt in Pension, damit er die dortige weiterführende Schule besuchen kann. Die Schülerpension wird von dem Präzeptor Geiger und seiner Frau geführt. Damit sich Hermann nicht ein Zimmer mit mehreren Stubengenossen teilen muss, ermöglichen ihm die Eltern zusätzlich eine separate Unterkunft im gegenüberliegenden »Dachstübchen«, das zur Wohnung einer Frau Montigel gehört.

Doch überwunden ist die pubertäre Krise bei Hermann noch nicht. Die Mutter lässt er wissen: »Täusche Dich nicht über mich; ich bin noch ebenso krank und unglücklich wie damals in Boll und stürbe am liebsten gleich!« Er fühlt sich müde und schwach. Wird von Kopfschmerzen gepeinigt. In der Schule mitzukommen, fällt ihm schwer. Zumal er sich für nichts interessiert: »Da schwatzt man Tag für Tag an mich hin, von Sprachen, Verfassungen, Kriegen, [...] Kräften,

Elektroskopen, und wie der Schwindel heißt [...]. Ob diese lateinische Satzperiode klassisch ist oder nicht, ob dieser Kirchenvater ein Römer oder ein anderer Esel gewesen, ist mir so ganz einerlei.«

Immer wieder ruft auch der Liebesschmerz um »Elischen, das Kind« schwere depressive Verstimmungen hervor. Und wiederum besorgt er sich einen Revolver. Erschrocken eilt die Mutter zu ihm nach Cannstatt. Sie findet den Sohn »sehr krank, zornig, unglücklich«. Doch zu einem erneuten Suizidversuch kommt es glücklicherweise nicht.

Schließlich flüchtet sich der Junge in Zechereien. Und er macht Schulden. Den Vater lässt er wissen: »Wenn Du keinen Kredit gibst, gibt es Krach hier.«

Frau Montigel, seine Zimmerwirtin, denkt daran, ihm die Wohnung zu kündigen, da er die Hausordnung ignoriert, nachts betrunken zurückkehrt, die Nachtruhe anderer stört. Und die Pensionsmutter, Frau Geiger, erklärt ihm, »dass für ihn eine tüchtige Tracht Prügel das Richtigste wäre, um ihm zum Bewusstsein zu bringen, dass er, wenn auch reich begabt und sehr frühreif, die Rechte und Freiheiten des Mannes in Anspruch zu nehmen noch nicht befugt und reif genug, vielmehr nur ein undankbarer 15–16jähriger Bube sei« (Frau Geiger in einem Brief an die Eltern).

Doch Hermann darf wohnen bleiben. Mit Müh und Not schafft er sogar das sogenannte »Einjährig-Freiwilligen-Examen«, die Obersekundarreife. Allerdings ist er wie am Anfang, so auch am Ende des Schuljahres erschöpft. Wie ausgebrannt. Sieht in einem weiteren Schulbesuch keinen Sinn. »Es tut mir furchtbar weh«, teilt er den Eltern mit, »Euch schon wieder schwerzufallen, aber ich muss es sagen, ich kann nicht länger das aushalten.« Und wie ein Burnout-Befallener wünscht er: »Könnte ich nur nach Hause kommen, [...] im Garten arbeiten; wenig, aber genug gehen!«

Am 18. Oktober 1893 kehrt Hermann Hesse dann heim nach Calw. Erst im Verlauf seiner späteren Lehrjahre als Buchhändler in Tübingen (Oktober 1895 bis Juli 1899) sollte es ihm gelingen, seine schwere Pubertätskrise zu überwinden.

Hat das »fromme Elternhaus« nun Schuld gehabt an Hermann Hesses schwerer Pubertätskrise? Oder durchlebte der junge Hesse in seiner Jugend nur schlicht eine ungewöhnlich schwere Identitäts- und Entwicklungsstörung, ohne dass seine Eltern dafür ursächlich haftbar gemacht werden können? Offensichtlich gestaltete sich der Individuations- und Sozialisationsprozess bei seiner komplexen und eher labilen Persönlichkeitsstruktur (verbunden mit einer gewissen manisch-depressiven Disposition) nun einmal wesentlich schwieriger als bei anderen Altersgenossen.

Tatsächlich ist es nicht zuletzt den beharrlichen und opferbereiten Liebesbemühungen der Eltern zu verdanken, dass ihr Sohn schließlich aus den Irrungen und Wirrungen seiner Pubertätszeit herausfand. Spätestens von Beginn seiner Lehre zum Buchhändler in Tübingen an hatte sich dann auch sein Verhältnis zu ihnen auffallend entspannt. Der profunde Kenner und Erforscher der Hesse'schen Familiengeschichte, der ehemalige Calwer Oberstudienrat Siegfried Greiner, kommt zu dem Urteil, »dass es in jener Zeit wohl wenige Elternhäuser gegeben hätte, die mehr Geduld und mehr Verständnis für die verschiedenen ›Ausbrüche‹ Hermanns aus Schule und Lehre und für seine langwährende Unsicherheit bei der Berufsfindung gehabt hätten wie das Haus Hesse«. Völlig zu Recht zog der eingangs zitierte J. E.

Berendt in seinem Calwer Vortrag dann auch das Resümee: »Je mehr man sich die Geschichte dieser Jugend ansieht, umso deutlicher wird: Hermann Hesse hat genau die Kindheit gehabt, die er brauchte, um der werden zu können, der er geworden ist. Er hat genau die Eltern gehabt, die dafür nötig waren. Er hätte ihnen dankbar sein müssen dafür – und er ist das ja schließlich auch geworden.«

Im Übrigen hat Hermann Hesse seinen Eltern wegen seiner Schwierigkeiten nie Vorwürfe gemacht. Im Gegenteil! Ihm war schon früh bewusst gewesen, was die Eltern Schweres mit ihm in jener Zeit zu (er)tragen hatten. So heißt es etwa in seinen *Biographischen Notizen* (1923): »Im Seminar fingen meine Nöte an. Die Not der Pubertätszeit traf zusammen mit der Berufswahl, denn es war mir schon damals durchaus klar, dass ich nichts andres als ein Dichter werden wollte. [...] In Maulbronn war ich nicht lange, noch vor Ablauf des ersten Jahres entlief ich dort, es kam meine erste Verliebtheit (in der ich den Werther las) dazu, es gab eine Krise und Katastrophe, lange galt ich für krank, nervenkrank, wurde geschont und zu Hause gepflegt, und in der Tat habe ich damals eine schwere Neurose notdürftig überstanden. Herbst 1892 kam ich nach monatelangem Herumsitzen ins Gymnasium Cannstatt, wo ich wenig länger als ein Jahr blieb [...]. Ich geriet damals in Kameradschaft mit [...] übel angesehenen älteren Schülern, lernte die Abende verbotenerweise in Wirtshäusern hinbringen [...]. Als ich mich im Gymnasium nicht mehr halten konnte, wurde ich in die Lehre zu einem kleinen Buchhändler nach Eßlingen geschickt, wo ich [...] schon nach drei Tagen davonlief. [...] Schließlich stellte ich mich dem Vater, wurde betrübt, aber nicht allzu böse empfangen und mit nach Calw genommen, und dort

saß ich nun gegen zwei Jahre herum, eine Unglückszeit [...],
in der ich aber in der sehr großen Bibliothek meines Großvaters und Vaters ziemlich gründliche und mannigfaltige Pri-
vatstudien machte, d. h., vor allem die deutsche Literatur des
18. Jahrhunderts [...] kennenlernte. [...] Dann, im Herbst 1895
fasste ich den Entschluss, es nochmals mit dem Buchhandel
zu probieren [...], irgendwo, wo mein Interesse für Bücher
und Literatur wirklich Nahrung finden könne, und mein Vater war einverstanden [...], und es gelang, mich als Lehrling
in einer alten soliden Buchhandlung in Tübingen unterzubringen [...]. Dort biss ich mich durch die nicht leichte drei-
jährige Lehrzeit durch.«

Im Jahr 1896 scheint es sogar, als ob der inzwischen
18-jährige Hesse, der noch während seiner schweren Pubertätskrise heftig gegen den Glauben seiner Eltern opponiert
und polemisiert hatte, kurz vor einer »Bekehrung« stehen
würde. Als ihm seine Mutter im Januar von einer wundersa-
men Krankenheilung infolge eines Heilungsgebets des damals sehr bekannten Evangelisten Elias Schrenk berichtet –
sie hatte an einer schweren Osteomalazie (Knochenerwei-
chung) gelitten –, da schreibt der Sohn seiner »lieben, einzigen Mutter« ergriffen und voller Freude aus Tübingen
zurück: »Mir fehlt Besonnenheit und Zeit – und was sollen
heute die armen Worte! Der Herr hat Großes an uns getan,
des sind wir fröhlich. In mir ist ein Frühling aufgegangen,
seit ich Deinen Brief gelesen.« Und einen Monat später heißt
es in einem Brief an den Vater: »Bei Euch ist Gott eingekehrt
und ich kann nicht sagen, wie ich mit ganzer Seele an Euch
denke, an Mama, an die ›Stunde‹, an alles. Mir gelingt es
nicht, das Innigste und Höchste, das in mir ist, auszuspre-
chen, es sei denn zuweilen in einem Lied. Ein solches lege ich

bei, das mir beim Anschauen des ›Ecce homo‹ aufgegangen
ist. [...] Nimm es wohl auf, es sagt wenigstens, dass ich an Golgatha nimmer vorbeigehen kann.« In dem Gedicht, das mit
Jesus am Kreuze betitelt ist, heißt es u. a.:

> Die Sonne hat sich stumm verhüllt,
> Schwül weht der Abend übers Land,
> Rings Wolken – nur dein bleiches Bild
> Ist licht dem Himmel zugewandt,
> [...].
> Doch aus den Augen schmerzverklärt
> Ein Strahl der Liebe sehnend bricht –
> Der sterbend wohlzutun begehrt;
> Das ist des Schmerzes Flamme nicht,
> Das ist des Himmels Licht –
> Ecce deus!

In der Bibel liest Hermann Hesse schon des Längeren wieder. »Sie kann«, so seine Ansicht, »mit Menschen-, mit Dich-
termacht nicht bewältigt werden, weil sie über uns steht und
dem, der sie liebt, in ein paar kleinen Versen, in einem einzigen Kapitel für ein ganzes Leben zu staunen und zu sinnen
gibt.«

Doch dann fällt so etwas wie ein Schatten auf die neu ge-
fundene Unbefangenheit und Offenheit, mit der Hesse dem
elterlichen Glauben inzwischen gegenübersteht. Seine Mutter spricht nämlich mit Elias Schrenk auch über die ersehnte
Bekehrung ihres Sohnes. Das nimmt jener zum Anlass, Hermann Hesse in einem persönlichen Schreiben in kurzen,
markigen Worten aufzufordern, »sich dem Heiland zu über-
geben mit Leib und Seele«. Sein »Brieflein« vertraut er Marie
Hesse an, die es nun, seinem Wunsch entsprechend, an den

Sohn weiterleitet. Doch der fühlt sich bedrängt. In seiner Antwort lässt er die Eltern wissen: »Ich habe den Brief von Herrn Schrenk nicht missverstanden [...]; obwohl es mich anfangs befremdete. Ich bitte nur, lasst uns selber zusammenhalten und herzlich verkehren – weshalb durch Dritte? [...] Es mag Euch schmerzlich sein, dass unsre Gottesdienst mich nicht fesseln, dass ich nicht zum Abendmahl gehe, überhaupt lieber im eignen Zimmer und Herzen mich erbaue [...], und vielleicht wird sich mein Empfinden auch hierin noch wesentlich ändern, aber dass dies durch eine Absicht Dritter in plötzlicher Weise geschehe, widerstrebt im Innersten meiner ganzen Eigenart.«

Aber Hermann Hesse spürt ganz offensichtlich in den folgenden Wochen und Monaten, dass er einer Entscheidung bezüglich der Glaubensfrage nicht mehr ausweichen kann. Nicht zuletzt merkt er dies bei seinen Aufenthalten in dem christlichen Erholungsheim »Palmwald« in Freudenstadt. Der mit seinem Vater befreundete Leiter Martin Huppenbauer beeindruckt den Jugendlichen durch seine Frömmigkeit sowie seine ganze humorvolle, originelle Art sehr. In einem Gedicht, das Hermann Hesse für das Gästebuch des Hauses verfasst, drückt er deutlich sein Empfinden in der besonderen Atmosphäre dieses Ortes aus. Er gesteht:

[...]

Da wird die Brust so weit, so offen
Und klar der Blick; es schlägt das Herz
Zu neuem Lieben, neuem Hoffen
In neuer Flamme himmelwärts.
Und in des Hauses stillem Wesen
Ist mir das Heimweh auch erwacht
Nach einem ewigen Genesen,

Nach einem Stern in unsrer Nacht
O ewig banges Ungenügen!
O endlos herbe Erdenlast,
Bis wir geborgen endlich liegen
Im Bretterhaus zur letzten Rast!
O Gott der Liebe! sieh uns irren,
O reiche uns Deine starke Hand
Und führ uns durch des Lebens Wirren
Nach Haus, nach Haus ins Friedensland!

Noch deutlicher, wenngleich ein wenig verworren und nebulös, äußert sich Hesse im September 1896 von Tübingen aus in einem Brief nach Hause: »Die Eindrücke von Freudenstadt kommen wieder, ich bin dort ein ›Gottsucher‹ geworden. [...] An einem Abend, dem letzten in Freudenstadt, da ich mit Pfarrer Strauß und dem lieben Herrn Huppenbauer spazieren ging, da schien mir eine Türe aufzugehen, da hörte ich ihn vorübergehen, den ich suchte, und ich lag die lange Nacht wach und betend, er möge bei mir bleiben, er möge mir alles nehmen für die Gewissheit, dass er mir helfen wolle. Und diese Nacht kam wieder und wieder – und jetzt bin ich oft leer wie ein ausgeschöpfter Brunnen und nur ärmer geworden. Ich suche wieder die Sterne meiner bisherigen Ideale und will wieder versuchen, durch den poetischen Pantheismus zum Geheimnis des Friedens und der Gesundheit zu dringen. [...] Aber ich weiß jetzt, dass der Christenglaube keine Form und kein Gleichnis, sondern eine starke, lebende Kraft ist, und dass keine andere Macht eine solche heilige Gemeinschaft und Liebe zu schaffen und zu erhalten vermag.«

Was Hermann Hesse tatsächlich gesucht, gewollt in jener Nacht, das bleibt verschwommen. Erwartete er die Wiederholung eines bestimmten religiösen Gefühls? Oder eine Art private Offenbarung Christi? Erhoffte er eine Spontanheilung, die ihm seine häufigen körperlichen Beschwerden, wie etwa das fast schon chronische Kopfweh nehmen, ihn aber auch von seiner melancholischen Veranlagung befreien sollte? Wollte er den Zwiespalt in seinem Innern, in dem er sich so häufig befand, quasi kampflos und mit einem Schlag überwunden wissen? Oder scheute er die Konsequenzen des Christseins?

Der Brief deutet an, wie seine Entscheidung ausfallen sollte. Einem »poetischen Pantheismus«, einer »Welt der Poesie« will er als Glaubensersatz anhangen, obgleich ihm die Begrenzungen dieser Weltanschauung im Vergleich zu der Wirksamkeit des Christentums durchaus bewusst sind. Wenige Monate später teilt er seinem Halbbruder Karl mit: »Meine ›Centrale‹ habe ich im Glauben an das Schöne gefunden, der mit dem Glauben an die Kunst annähernd zusammenfällt.«

Im Verlauf seines weiteren Lebens versucht Hermann Hesse dann, aus einem Konglomerat unterschiedlicher Religionen und Glaubensweisen sein eigenes religiöses Verständnis zu entwickeln. An Klaus Mann schreibt er einmal, seine »Religion« sei »aus indischen, chinesischen, christlichen und jüdischen Quellen langsam zusammengeronnen und [...] einer verantwortlichen Formulierung nicht fähig«.

Auch wenn Hermann Hesse während seiner dramatisch verlaufenden Pubertätsjahre heftig gegen den pietistischen Glauben und die Erziehung seines Elternhauses revoltierte und auch später den Glauben seiner Väter für sich selbst nicht übernehmen sollte, so hatte doch die authentisch gelebte Frömmigkeit seiner Eltern und Großeltern ihn nicht nur tief beeindruckt, sondern auch lebenslange Spuren hinterlassen. An vielen Stellen hat er sich dankbar und positiv über sein Elternhaus geäußert, so auch in dem 1903 verfassten Lebenslauf, in dem es z. B. heißt: »Meine Eltern waren fromme Christen, dabei gebildete, für Musik und Dichtung begabte und empfängliche Leute, die mir viel Sorgfalt und Liebe erwiesen und denen ich unendlich viel verdanke. Von ihnen erbte ich, der ich in religiösen Dingen ohne Standpunkt bin, doch die Ehrfurcht vor der Natur und dem Dasein großer Gesetze in Leben und Geschichte.«

Während der Zeit des Zweiten Weltkriegs schreibt er an seine Schwester Adele: »Unsre Eltern haben uns viel mitgegeben [...], einfach und leicht ist das Erbe nicht, aber es ist reich und edel, es ruft auf und verpflichtet, und es hilft einem oft die Augen offen behalten und klar sehen und urteilen, wenn die meisten mit Schlagworten zufrieden sind.« Nach dem Ende der Kriegszeit lässt er seine Schwester wissen: »Von dort herüber, vom Großvater und den Eltern, strahlt alles, was unsre Jugend schön und noch unser spätes Leben fruchtbar, warm und liebevoll gemacht hat. Die gütige Weisheit des Großvaters, die unerschöpfliche Phantasie und Liebeskraft unsrer Mutter und die verfeinerte Leidensfähigkeit und das empfindliche Gewissen unsres Vaters, sie haben uns erzogen, und wenn wir uns auch niemals gleichen Ranges mit ihnen erschienen, ihresgleichen und an ihrem Vorbild gebildet sind wir doch und haben von dorther in die düster und unvertraut werdende Welt noch etwas von ihrer Strahlung getragen.«

Die profilierte Frömmigkeit der Vorfahren und der mit ihnen verbundenen pietistischen Freunde hatte durch die Verbindlichkeit ihres an der Bibel orientierten Lebensstils gewissermaßen eine Art Kontrastgesellschaft geschaffen. Und so trennt Hermann Hesse später immer auch etwas von den »Weltleuten«, von ihren einseitig dem Materiellen zugewandten Werten und Lebenszielen und ihrer Oberflächlichkeit in religiösen Dingen. Geradezu »pietistisch« klingt es, wenn er in *Mein Glauben* bekennt: »Dass Menschen ihr Leben als Lehen von Gott ansehen und es nicht im egoistischen Trieb, sondern als Dienst und Opfer vor Gott zu leben suchen, dies größte Erlebnis und Erbe meiner Kindheit hat mein Leben stark beeinflusst. Ich habe die ›Welt‹ und die Weltleute nie ganz ernst genommen, und tue es mit den Jahren immer weniger.«

In den Dreißigerjahren entsteht Hesses abgeklärtes Alterswerk *Das Glasperlenspiel*. Im Verlauf der Romanerstellung beschäftigt er sich intensiv mit dem Frühpietismus, von dessen einzelnen Vertretern er sich stark angesprochen fühlt. Seiner Cousine Fanny Schiler teilt er mit: »Ich lese seit einiger Zeit [...] einige alte Calwer Schmöker, namentlich die Beschreibungen vom Leben frommer Schwaben: Bengel, Oetinger etc. [...] Und ich entdecke hinter diesen Schmökern allerlei, was mich freut, einige Typen, wie Bengel, sind echte Weise und Verwandelte gewesen. Dabei ist es mir eine gewisse Freude zu sehen, wie diese dickköpfigen Schwabenchristen damals aller Glätte und Vernünftigkeit der Aufklärungszeit widerstanden haben, sie sind die einzigen Theologen, die man noch lesen kann.«

Und es sind auch die Dreißigerjahre, in denen es vorübergehend den Anschein hat, als stehe Hesses bewusste Hinwendung zum christlichen Glauben unmittelbar bevor. Sein 1933 geschriebenes Gedicht *Besinnung* erregt Aufsehen. Heißt es dort doch gleich zu Beginn: »Göttlich ist und ewig der Geist. / Ihm entgegen, dessen wir Bild und Werkzeug sind, / führt unser Weg.« Doch diesen Weg seiner Berufung zu gehen, ist für den Menschen nicht leicht, denn »schwer ist sein Weg, Sünde und Tod seine Speise, / oft verirrt er ins Finstre, oft wär ihm / besser, niemals erschaffen zu sein. / Ewig aber strahlt über ihm seine Sehnsucht, / seine Bestimmung: das Licht, der Geist. / Und wir fühlen: ihn, den Gefährdeten, / liebt der Ewige mit besonderer Liebe.« Hesse selbst äußerte sich zu jenem Gedicht folgendermaßen: »Ich habe bisher erst ein einziges Mal, eben in jenem Gedicht, den Versuch gemacht, etwas von dem zu äußern, was man meine Rückkehr zum Glauben der Väter nennen könnte.« Und: »Ich muss mich hüten, das Bekenntnis meines Gedichts voreilig auszubauen, sondern auf meinem Weg bleiben, der mich vielleicht vollends zum Christen macht.«

Dass es dazu in der Folgezeit jedoch nicht kommt, liegt unter anderem an Hesses Verständnis von einer unterschiedslosen Gleichwertigkeit der Religionen und an der Bestreitung einer exklusiven Gottessohnschaft Christi. Doch der pietistische »Schwabenvater« Oetinger scheint den Dichter in seinem letzten Lebensjahr noch einmal beschäftigt zu haben. Jedenfalls vereinbarte Hesse noch kurz vor seinem am 9. August 1962 eingetretenen plötzlichen Tod mit einem Freund, mit diesem gemeinsam die Werke Oetingers lesen zu wollen ...

Resümee

Fromme Eltern = fromme Kinder? Oder: Fromme Eltern = unfromme Kinder? Die in diesem Buch vorgestellten Glaubens- und Lebensgeschichten namhafter Personen aus »frommen« Elternhäusern machen deutlich, dass weder die eine noch die andere Gleichung ohne weiteres aufgeht. Einen Automatismus scheint es in dieser Frage nicht zu geben. So können wir bei den betroffenen Personen höchst unterschiedliche Reaktionen auf ihren pointiert christlichen Hintergrund ausmachen:

Da ist zum einen der Unternehmer Heinz-Horst Deichmann. Beeindruckt davon, wie der christliche Glaube seiner Eltern sich in deren Lebens- und Berufsalltag ganz konkret bewährte, nimmt er sich nicht zuletzt den Vater zum Vorbild, der ihm seine Glaubensüberzeugungen stets authentisch vorzuleben wusste – mit weitreichenden Folgen für ein beispielhaftes weltweites soziales Engagement des Sohnes!

Auch John Grisham vermittelt nicht den Eindruck, als habe ihm das fromme Milieu seines Elternhauses geschadet. Ganz im Gegenteil: Er übernimmt bereits als Kind bewusst den von den Eltern vermittelten Glauben und entscheidet sich später als Student dann erneut für ihn. Bis heute lässt er sich von den Konsequenzen des Glaubens herausfordern.

Und Julien Green? Dieser Schriftsteller, der sein eigenes Leben in die spannungsgeladene Polarität eines »Wüstlings« und eines »Mystikers« gestellt sah, geht im Rückblick auffällig souverän und entspannt mit der fromm-prüden Erziehung um, die ihm nicht zuletzt seine Mutter hatte zuteilwerden lassen. Sogar ihre makabre Kastrationsandrohung nimmt er – als Erwachsener! – nicht ohne Humor hin. Ganz offensichtlich hat er ein Mutterbild verinnerlicht, das emotional äußerst positiv besetzt ist. So ist es möglich, dass viele Züge des innigen Glaubensverhältnisses seiner Mutter zu Christus Greens eigenen Glauben später positiv bestimmen können.

Selbst Hermann Hesse, der den Glauben seiner Eltern nicht übernimmt und bewusst seinen eigenen Weg gehen will, empfindet zeitlebens eine hohe Wertschätzung für Vater und Mutter. Das liegt vor allen Dingen daran, dass er sich von ihnen– auch in seinen pubertären Krisen – stets bedingungslos geliebt und angenommen weiß und ihrem überzeugend gelebten Christsein großen Respekt entgegenbringt.

Regelrecht tragisch zu nennen sind die Lebensverläufe von Gudrun Ensslin und Vincent van Gogh. Dass hierfür aber nicht pauschal die Herkunft aus einem Pfarrhaus haftbar gemacht werden kann, mögen die Porträts in diesem Buch deutlich gemacht haben. Auch wurde offenbar, dass sich zuweilen außerfamiliäre Einflüsse gesellschaftlicher und ideologischer Art, aber auch freundschaftliche Bindungen, ganz einfach als stärker erweisen können als die innerfamiliären Prägungen und elterlichen Vorbilder.

In gewisser Weise mag dies auch auf Friedrich Engels zutreffen. Hier kommt – neben seinem frühen Ehrgeiz, sich einen Namen zu machen, und dem Bestreben, sich von dem Einfluss seines Vaters zu befreien und sich von ihm abzusetzen – eine gewisse Irritation hinzu. Diese drückt der Engels-Forscher Michael Knieriem in Hinblick auf Engels frühe Wuppertaler Briefe einmal so aus: »Einen geradlinig den-

kenden Menschen, wie Friedrich Engels jun. es war, musste
der Widerspruch zwischen dem tagtäglich Erlebten, der öko-
nomischen und sozialen Realität des Wuppertals und den
hohen Ansprüchen der Religion geradezu herausfordern. Er
mag als 18-Jähriger das hinausgeschrien haben, was ihm auf
der Seele brannte und ihn bedrückte. Vor diesem Hintergrund scheinen seine ›Briefe aus dem Wuppertal‹ tatsächlich auch das zu sein, was sie sind: ein noch jugendlich dilet-
tantischer Versuch, engagierte Kritik an den sozialen und religiösen Zuständen seiner Heimatstadt zu üben [...].« Hier
bahnte sich also schon in Engels' jungen Jahren etwas an, das
ihn dazu führte, sich vom Glauben seines Elternhauses zu
lösen und sich stattdessen dem Glauben an einen pseudo-
religiösen »wissenschaftlichen Marxismus« zuzuwenden
und ein Gegenmodell zur Lebens- und Glaubenswelt seiner
Eltern zu errichten.

Das Motiv der »Rebellion gegen den Vater« spielt auch im
Leben von Friedrich Dürrenmatt eine nicht unerhebliche
Rolle. Dabei empfindet Dürrenmatt eine aufrichtige Liebe
für den Vater, der seinen Glauben vorbildlich lebt und Friedrich frei von autoritärem Gehabe oder gar Gewalt erzieht.
Dennoch opponiert Dürrenmatt lange gegen seinen Vater
und damit auch gegen dessen (und der Mutter) Glauben. Bis
er endlich den geradezu zwanghaften Mechanismus seiner
destruktiven Protesthaltung durchschaut und nun versucht,
eine eigenständige, ihm angemessen erscheinende Position
zum christlichen Glauben zu finden.

Den acht porträtierten Personen ist gemein, dass sie alle
in ihrer Kindheit und Jugend ein hohes Maß an Liebe und
Zuwendung durch ihre frommen Väter und Mütter erfahren
haben. Auch sind die Eltern in aller Regel ehrlich um Authen-

tizität ihres Glaubens und Lebens bemüht. Das erleichtert es manchen von ihren Kindern offensichtlich, sich später ebenfalls zum christlichen Glauben zu bekennen. Manche gehen auch, losgelöst vom christlichen Glauben ihres Elternhauses, andere Wege. Aber alle haben sich mit dem Glauben ihrer Eltern auseinandergesetzt – und dann ihre eigene Wahl getroffen. Daran wird deutlich, dass ein Mensch – auch wenn er einem frommen Elternhaus entstammt – stets darin frei ist, welchen Glaubens- und Lebensweg er für sich selbst wählt. Diese persönliche Entscheidung – und die damit verbundene Verantwortung – kann ihm keiner abnehmen. Denn das Christsein kann weder anerzogen noch vererbt werden. Jesus selbst ist es ja, der zum Glauben an ihn und zu seiner Nachfolge einlädt.

Johannes Rau, der selber einem pietistischen Elternhaus entstammte und bekennender Christ war, meinte einmal auf die Frage, was er heute seinen Kindern als »geistiges Gepäck« mitgeben würde: »Das ist viel schwieriger geworden. Weil wir als Eltern Miterzieher haben, die es früher nicht gegeben hat. Ich bin ohne Radio und Fernsehen, ohne Telefon, E-Mail und Internet aufgewachsen. Meine Kinder haben ein Programmangebot, das mir nie zur Verfügung stand. Also kann nur das gelebte Vorbild der Eltern sie für die Welt des Glaubens neugierig machen. Wenn das gelingt, dann ist schon viel gewonnen. [...] Es ist schon gut, wenn man erreicht, dass sie nicht verächtlich über den christlichen Glauben reden.«

Literatur- und Quellennachweis

Heinz-Horst Deichmann

Brors, Peter / Kewes Tanja: Wie die Bibel den Schuhgroßhändler leitet. URL: www.handelsblatt.com/unternehmen/mittelstand/heinrich-deichmann-wie-die-bibel-den-schuhgrosshaendler-leitet/6344046.html (19.03.2012).

Deichmann, Heinz-Horst: Mir gehört nur, was ich verschenke. Christ und Unternehmer. Witten: SCM ²2008.

Der Medizin-Mann. Die Medizinische Fakultät der Universität Duisburg-Essen verleiht Heinz-Horst Deichmann die Ehrendoktorwürde. In: WAZ (12.07.2012).

Goy, Martina: Unser Sozialtopf für die Notfälle des Lebens ist immer gut gefüllt. Interview mit Heinz-Horst Deichmann und Heinrich Deichmann. URL: www.welt.de/print-wams/article101015/Unser-Sozialtopf-fuer-die-Notfaelle-des-Lebens-ist-immer-gut-gefuellt.html (05.10.2003).

Malessa, Andreas / Schott, Hanna: Warum sind Sie reich, Herr Deichmann? Die Deichmann-Story: über den Umgang mit Geld und Verantwortung. Wuppertal: R. Brockhaus ⁴2007.

Meinke, Ulf: Er machte Deichmann groß. In: WAZ (07.10.2014).

Meinke, Ulf / Tyrock, Andreas: Wie Deichmann für die Zukunft plant. URL: www.derwesten.de/wirtschaft/wie-der-schuh-unternehmer-deichmann-fuer-die-zukunft-plant-id10366823.html (18.02.2015).

Schubert, Martina: Drei Fragen an Heinz-Horst Deichmann. In: pro-Christliches Medienmagazin 5/2014.

Friedrich Dürrenmatt

Dürrenmatt, Friedrich: Der Besuch der alten Dame. Eine tragische Komödie. Zürich: Diogenes 1985.

Dürrenmatt, Friedrich: Die Kriminalromane. Zürich: Diogenes 2011.

Dürrenmatt, Friedrich: Es steht geschrieben. Der Blinde. Zürich: Diogenes 1998.

Dürrenmatt, Friedrich: Gesammelte Werke. Band 3, Stücke 3 und Hörspiele. Zürich: Diogenes 1996.

Dürrenmatt, Friedrich: Gesammelte Werke. Band 5, Erzählungen. Zürich: Diogenes 1996.

Dürrenmatt, Friedrich: Gesammelte Werke. Band 6, Stoffe, Zusammenhänge. Zürich: Diogenes 1996.

Dürrenmatt, Friedrich: Labyrinth. Stoffe I–III. Zürich: Diogenes 1998.

Dürrenmatt, Friedrich: Pilatus. Zürich: Verlag der Arche 1952.

Kranz, Gisbert: Christliches in der Weltliteratur. Ein neuer Zugang zu großen Romanen und Erzählungen. Augsburg: Sankt-Ulrich 2007.

Kranz, Gisbert: Lexikon der christlichen Weltliteratur. Freiburg i. Br., Basel, Wien: Herder 1978.

Müller, André: Interview mit Friedrich Dürrenmatt 1980. URL: www.a-e-m-gmbh.com/andremuller/friedrich%20duerrenmatt%20(Interview).html (20.12.1980).

Rüedi, Peter: Dürrenmatt oder Die Ahnung vom Ganzen. Biographie. Zürich: Diogenes 2011.

Tantow, Lutz: Friedrich Dürrenmatt. Moralist und Komödiant. München: Heyne 1992.

Friedrich Engels

Deimling, Gerhard / Seeger, Harald: Tante Hanna. Die Arbeiterin Hanna Faust als Volksmissionarin. Zürich: Brockhaus / Wuppertal: Evangelische Gesellschaft 1989.

Gogos, Manuel: Der Missionar des Sozialismus (Deutschlandfunk vom 27.05.2013 – »Tag für Tag«.)

Hirsch, Helmut: Friedrich Engels in Selbstzeugnissen und Bilddokumenten. Reinbek: Rowohlt [5]1975.

Hunt, Tristram: Friedrich Engels. Der Mann, der den Marxismus erfand. Berlin: Propyläen 2012.

Knieriem, Michael: Friedrich Engels Vater und Sohn. Eine biographische Skizze. In: Zeitschrift des Bergischen Geschichtsvereins 96/1995. S. 79–112.

König, Johann-Günther: Friedrich Engels. Die Bremer Jahre 1838 bis 1841. Bremen: SachBuchVerl. Kellner 2008.

Kupisch, Karl: Vom Pietismus zum Kommunismus. Zur Jugendentwicklung von Friedrich Engels. Berlin: Lettner [2]1965.

Gudrun Ensslin

Bressan, Susanne / Jander, Martin: Gudrun Ensslin. In: Kraushaar,
   Wolfgang (Hrsg.): Die RAF und der linke Terrorismus. Band 1.
   Hamburg: Hamburger Edition 2006.
Der Seitenweg. In: Der Spiegel 25/1972.
Ensslin, Gudrun: Zieht den Trennungsstrich, jede Minute. Briefe an ihre
   Schwester Christiane und ihren Bruder Gottfried aus dem Gefängnis
   1972–1973. Hrsg. von Christiane Ensslin und Gottfried Ensslin.
   Hamburg: Konkret Literatur 2005.
Ensslin, Helmut: All jene Eltern ... URL: www.spiegel.de/spiegel/
   print/d-42972192.html (21.02.1972).
Homann, Peter: Aber nicht andere nur, auch uns töten wir. URL: www.
   spiegel.de/spiegel/print/d-25499005.html (21.10.2002).
Jaenecke, Heinrich: Ein Kind aus gutem Hause. Gudrun Ensslin, ihre
   Moral, ihre Leidenschaft, ihre Irrtümer. In: Stern 26/1972.
Koenen, Gerd: Vesper, Ensslin, Baader. Urszenen des deutschen Terroris-
   mus. Frankfurt a. M.: Fischer 2005.
Kommen Sie raus: Ihre Chance ist null. In: Der Spiegel 24/1972.
Schrep, Bruno: Furchtbare Moralisten. In: Spiegel Special 2/2004.
Thielicke, Helmut: Verständnis und Widerstand. Kann man gegenüber
   Verblendeten noch argumentieren? Hrsg. von GJW. In: Studenten-
   brief 2/1977.

Vincent van Gogh

Arnold, Matthias: Vincent van Gogh. Biographie. München: Kindler 1993.
Gogh, Vincent van: Sämtliche Briefe. Band 1–4, An den Bruder Theo. Hrsg.
   von Fritz Erpel; in der Neuübersetzung von Eva Schumann. Berlin:
   Henschel 1965 ff.
Gogh, Vincent van: Sämtliche Briefe. Band 6, Dokumente und Zeugnisse.
   Hrsg. von Fritz Erpel; in der Neuübersetzung von Eva Schumann.
   Zürich: Kindler 1968.
Metzger, Rainer / Walther, Ingo F.: Van Gogh 1853–1890. Köln: Taschen
   1995.
Naifeh, Steven / Smith, Gregory White: Van Gogh. Sein Leben. Frankfurt
   a. M.: Fischer 2012.
Nigg, Walter: Religiöse Denker. Zürich: Büchergilde Guttenberg 1948.

Julien Green

Green, Julien: Junge Jahre. Autobiographie. München: Dt. Taschenbuch-Verlag 1988.

Green, Julien: Jugend. Autobiographie 1919–1930. München: Dt. Taschenbuch-Verlag 1989.

Green, Julien: Tagebücher. 1926–1942. München/Leipzig: List 1991.

Green, Julien: Tagebücher. 1943–1954. München/Leipzig: List 1992.

Green, Julien: Tagebücher. 1955–1972. München/Leipzig: List 1993.

Green, Julien: Tagebücher. 1972–1981. München/Leipzig: List 1994.

Green, Julien: Tagebücher. 1981–1990. München/Leipzig: List 1995.

Green, Julien: Tagebücher. 1990–1996. München/Leipzig: List 1999.

Green, Julien: Tagebücher. 1996–1998. München/Leipzig: List 2000.

Green, Julien: Dem Unsichtbaren zu. Auswahl aus den Tagebüchern. Wien: Europaverlag 1975.

Green, Julien: Der Träumer mit dem zweiten Gesicht. Über Julien Green. München: Carl Hanser 1986.

Kock, Erich: Unerkannt ging Jesus mit. Julien Green – sein Grab macht Hoffnung. In: Rheinischer Merkur 43/2004.

Kraft, Werner: Julien Green. Dichter der Schwermut. In: Green, Julien: Christine. Bonn: Heusch 1987.

Maek-Gérard, Eva: Das Tagebuch ist die eigentliche Biographie. Ein Gespräch mit Julien Green. In: Börsenblatt für den dt. Buchhandel 22/1992.

Matz, Wolfgang: Julien Green. Das Jahrhundert und sein Schatten. München: Ed. Text und Kritik 1997.

Radisch, Iris: Altern ist Sünde. Ein Gespräch mit dem französichen Schriftsteller Julien Green. In: Die Zeit (19.04.1991).

Radisch, Iris: Tagebuch zum Tode. Julien Greens Aufzeichnungen seiner letzten Jahre. In: Die Zeit 50/2000.

John Grisham

Academy of Achievement: John Grisham Interview, Best-Selling Author. URL: www.achievement.org/autodoc/page/grioint-1:john-grisham (02.06.1995).

»Author John Grisham« mit »PAST INTERVIEW". URL: www.bookreporter.com.asp1-14.dfw1-2.websitetestlink.com/authors/au-grisham-john.asp (05.1997).

Conversations: Why John Grisham Teaches Sunday School? (Interview).
In: Christianity Today, October 3, 1994. URL: www.christianitytoday.
com/st/article_print.html?id-14452 (29.03.2011).

Die Promi-Geburtstage vom 8. Februar 2015: John Grisham (DPA). In:
Lausitzer Rundschau (08.02.2015).

»Einer lügt immer« (Interview). In: Berliner Morgenpost (12.09.2010).

Fornacon, Frank: So sind sie, die Baptisten – wirklich? Die geistliche Welt
des John Grisham. In: Die Gemeinde 5/2003.

Grisham – Ich schreibe, um das Unrecht anzuprangern. In: Welt Online.
URL: www.welt.de/kultur/article9708934/Grisham-Ich-schreibe-um-
das Unrecht-anzuprangern (18.09.2010).

Grisham, John: Die Farm. München: Heyne 2002.

Grisham, John: Das Testament. München: Heyne 2001.

Grisham, John: Die Kammer. München: Heyne 2006.

Grisham, John: Der Anwalt. München: Heyne 2006.

John Grisham, Der Gute (Interview). In: Brigitte 23/2008.

John Grisham, König des Thrillers. In: FOCUS-Magazin 23/1993.

John Grisham, Vom Anwalt zum Schriftsteller von Weltruhm. URL: www.
focus.de/kultur/vermischtes/john-grisham-john-grisham-vom-anwalt-
zum-schriftsteller-von-weltruhm_aid_1069593.html (12.08.2013).

Kritiker werfen Ihnen holzschnittartige Charaktere vor (Interview). In:
Stern 42/2010.

Kronsbein, Joachim: Kind unter Killern. In: Der Spiegel 28/1993.

»Obama? Der Typ spielt doch mehr Golf als ich« (Interview). In: Stern
(27.02.2014).

Rösler, Klaus: Neuer Grisham-Roman: »Das Testament« – neues Buch des
amerikanischen Autors. In: Die Gemeinde 18/1999.

Spieker, Markus: Die Thriller des frommen John Grisham. In: IDEA
SPEKTRUM 17/1997.

Spieker, Markus: Eine Werbebroschüre für den Glauben? Der amerikanische Erfolgsautor John Grisham geht unter die Missionare. In: IDEA
SPEKTRUM 19/2000.

Stoff für fünf Romane (Interview). In: FOCUS-Magazin 23/1993.

Überzeugungstäter (Interview). In: FOCUS-Magazin 14/2004.

US-Bestsellerautor: Wie kann man ein glückliches Leben führen? ›Das
Testament‹: John Grisham nimmt Leser mit auf eine spirituelle Reise.
In: Die Gemeinde 5/2000.

»Wir brauchen ein Happy End« (Interview). In: Frankfurter Rundschau
(16.11.2010).

»Wo ist unser Held?« (Interview). In: Der Spiegel 44/2010.

Hermann Hesse

Hesse, Hermann: Sämtliche Werke in 20 Bänden. Band 1, Jugendschriften.
Frankfurt a. M.: Suhrkamp 2001.

Hesse, Hermann: Sämtliche Werke in 20 Bänden. Band 2, Die Romane.
Frankfurt a. M.: Suhrkamp 2001.

Hesse, Hermann: Sämtliche Werke in 20 Bänden. Band 7, Die Erzählungen 2. Frankfurt a. M.: Suhrkamp 2001.

Hesse, Hermann: Sämtliche Werke in 20 Bänden. Band 9, Die Märchen.
Legenden. Übertragungen. Dramatische Idyllen. Frankfurt a. M.:
Suhrkamp 2002.

Hesse, Hermann: Sämtliche Werke in 20 Bänden. Band 10, Die Gedichte.
Frankfurt a. M.: Suhrkamp 2002.

Hesse, Hermann: Sämtliche Werke in 20 Bänden. Band 12, Autobiographische Schriften 2. Frankfurt a. M.: Suhrkamp 2003.

Hesse, Hermann: Ausgewählte Briefe. Frankfurt a. M.: Suhrkamp [7]2000.

Hesse, Hermann: Eigensinn. Frankfurt a. M.: Suhrkamp 1972.

Hesse, Hermann: Gesammelte Briefe. Band 1. Hrsg. von Ursula Michels /
Volker Michels. Frankfurt a. M.: Suhrkamp 1973.

Hesse, Hermann: Gesammelte Briefe. Band 2. Hrsg. von Ursula Michels /
Volker Michels. Frankfurt a. M.: Suhrkamp 1979.

Hesse, Hermann: Gesammelte Briefe. Band 3. Hrsg. von Ursula Michels /
Volker Michels. Frankfurt a. M.: Suhrkamp 1982.

Hesse, Hermann und Adele: Zum Gedächtnis unseres Vaters. Tübingen:
Rainer Wunderlich 1930.

Hesse, Ninon (Hrsg.): Kindheit und Jugend vor Neunzehnhundert.
Hermann Hesse in Briefen und Selbstzeugnissen. Band 1, 1877–1895.
Frankfurt a. M.: Suhrkamp [2]1993.

Hesse, Ninon (Hrsg.): Kindheit und Jugend vor Neunzehnhundert.
Hermann Hesse in Briefen und Selbstzeugnissen. 2. Band: 1895–1900.
(Fortgesetzt u. erw. von Gerhard Kirchhoff.) Frankfurt a. M.: Suhrkamp 2002.

Berendt, J. E.: Hermann Hesse als Beginn einer Ära. In: Limberg, Michael
(Hrsg.): Zwischen Eigen-Sinn und Anpassung. 10. Internationales
Hermann-Hesse-Kolloquium in Calw 1999. Bad Liebenzell; Calw:
Gengenbach 1999.

Greiner, Siegfried: Marie Hesse (Essay). In: Gundert, Adele: Marie
Hesse – die Mutter von Hermann Hesse. Ein Lebensbild in Briefen
und Tagebüchern. Frankfurt a. M. u. Leipzig: Insel [9]1999.

Hilbert, Matthias: Hermann Hesse und sein Elternhaus – Zwischen
  Rebellion und Liebe. Eine biographische Spurensuche. Stuttgart:
  Calwer 2005.
Hilbert, Matthias: Hermann Hesses Kindheit im frommen Elternhaus.
  Wenn Vorurteil auf Wirklichkeit trifft. In: Stimmen der Zeit 5/2013.
Michels, Volker (Hrsg.): Materialien zu Hermann Hesses »Das Glasperlen-
  spiel«. Band 1. Frankfurt a. M.: Suhrkamp 1973.